Research on the Historical Evolution and Deepening
Reform of China's Taxation System

中国税收制度的历史演进与深化改革研究

陈平花 著

中国财经出版传媒集团
经济科学出版社
Economic Science Press
北京

图书在版编目（CIP）数据

中国税收制度的历史演进与深化改革研究/陈平花
著 . -- 北京：经济科学出版社，2023.4
ISBN 978 - 7 - 5218 - 4655 - 3

Ⅰ. ①中… Ⅱ. ①陈… Ⅲ. ①税收制度 - 经济史 - 研
究 - 中国②税收改革 - 研究 - 中国 Ⅳ. ①F812.9
②F812.422

中国国家版本馆 CIP 数据核字（2023）第 055273 号

责任编辑：何　宁　王文泽
责任校对：易　超
责任印制：张佳裕

中国税收制度的历史演进与深化改革研究
陈平花　著
经济科学出版社出版、发行　新华书店经销
社址：北京市海淀区阜成路甲 28 号　邮编：100142
总编部电话：010 - 88191217　发行部电话：010 - 88191522
网址：www. esp. com. cn
电子邮箱：esp@ esp. com. cn
天猫网店：经济科学出版社旗舰店
网址：http://jjkxcbs. tmall. com
北京密兴印刷有限公司印装
710×1000　16 开　22 印张　350000 字
2023 年 4 月第 1 版　2023 年 4 月第 1 次印刷
ISBN 978 - 7 - 5218 - 4655 - 3　定价：96.00 元
（图书出现印装问题，本社负责调换。电话：010 - 88191545）
（版权所有　侵权必究　打击盗版　举报热线：010 - 88191661
QQ：2242791300　营销中心电话：010 - 88191537
电子邮箱：dbts@ esp. com. cn）

　　本书受福建省社会科学基金（项目名称：生存风险视角下福建省中小微企业减税降费政策效果评估与优化路径研究；项目号：FJ2022C050）以及福建江夏学院学术著作资助项目资助出版。

摘　要

自改革开放以来，我国经济取得了巨大成就，与此相伴随的社会收入分配差距不断扩大、资源短缺、环境污染等社会生态问题也日趋严重。面对这些错综复杂的问题，2013 年党的十八届三中全会从政治、经济、社会、文化、生态等领域部署了全面深化改革的工作内容，提出推进国家治理体系和治理能力现代化建设的总目标。在这一目标的指引下，以"基本建成现代税收制度，逐步提高直接税比重"为主要任务的税收制度改革工作稳步推进。然而截至 2020 年，我国间接税收入占税收总收入的比重仍高达59.12%。这种以间接税为主体的税制结构不仅限制了税收稳定经济发展职能的发挥，也不利于促进收入分配公平问题的解决，直接阻碍了国家治理现代化的进程。对此，2021 年 3 月全国两会发布的《中华人民共和国国民经济和社会发展第十四个五年规划和二〇三五年远景目标纲要》再次要求完善现代税收制度，进一步提高直接税比重。

在这一背景下，本书首先构建一个统一的理论逻辑分析框架考察新中国成立 70 多年来的税收制度历史演进过程。其次遵循这一逻辑分析框架，在总结税收制度改革成效与存在的不足基础上，从发挥税收整体性功能视角指出国家治理目标导向下的现代税制应当形成以直接税为主体的税制结构，但改革不可避免地受到税收征管水平不高、中央与地方税收关系紧张、纳税人税收遵从意识不强等条件的制约。进而以 2013 ~ 2020 年 31 个省（自治区、直辖市）的数据为样本，在评估省域层面的国家治理绩效水平基础上实证检验了近 8 年来税收制度改革的国家治理效应。最后在借鉴国际经验基础上，根据理论和实证分析结果，从总体思路、基本要求、具体措施和配套机制四个维度给出税收制度深化改革的政策建议。论文的主要观点和结论包括：

第一，新中国成立70多年的税收制度改革始终服务于政府工作目标，并受到财政汲取能力、税收征管水平、中央与地方关系以及税收意识形态等现实条件的约束，进而形成符合时代特征的税制结构。以2013年党的十八届三中全会为界，过去60多年的政府工作主要围绕建设和发展社会主义市场经济这一目标展开，当下或未来很长一段时间，政府工作应当围绕推进国家治理体系和治理能力现代化这个目标进行。

第二，经过70多年的税制改革，我国税收制度取得的积极成效可归纳为以下四个方面：一是税收收入实现持续增长，税收财政功能应显尽显；二是税制结构不断优化，税收宏观调控能力显著提高；三是税收制度内容更为科学，税收法治化进程逐步加快；四是减税降费力度持续加大，税收红利惠及经济和民生。

第三，从税制结构的视角来看，我国目前形成了以间接税为主体的税制结构。这一税制结构虽能够较好地保障国家财政收入，但不利于稳定经济发展和调节社会收入分配职能的发挥，资源优化配置的效果也不显著。进一步地，通过剖析现行税制发现：在货劳税制中，"营改增"后的增值税存在部分抵扣链条不完善、征抵不一致、税收优惠烦冗复杂等问题，带来一定的市场要素价格扭曲。消费税存在征税范围狭窄、税基侵蚀严重等问题，影响其市场调节功能的发挥。在所得税制中，企业所得税存在税率相对偏高、税收优惠受益面较窄、亏损结转弥补制度不完善等问题，导致企业税收负担偏重，企业转型升级的激励作用有限。个人所得税虽改用综合与分类相结合的计征模式，但在征税对象、税率、专项附加扣除等税制要素上仍存在不足，实践中稳定经济发展和调节收入分配的效果并不突出。在其他辅助税制中，财产税存在重复征税和税种缺位等问题，抑制其增加地方政府财政收入、调节社会收入分配功能的发挥。资源税和环境保护税也并未充分发挥其应有的优化资源配置职能。

第四，国家治理目标导向下的现代税收制度应当在保障国家财政收入的基础上充分发挥税收优化资源配置、调节收入分配和稳定经济发展的功能，形成以直接税为主体的税制结构。如此，对照上一条研究结论，改革的方向是完善现代税收制度，逐步提高直接税比重。但是改革过程中不可避免地受到税收征管水平不高、中央与地方税收关系紧张、纳税人税收遵从意识不强等客观条件的约束。

第五，基于税制结构的视角，税收制度改革的国家治理效应实证分析结果表明，在税系结构层面，直接税对国家治理绩效具有正向促进作用。在税类结构层面，货劳税比重提高对国家治理绩效具有显著抑制效应，而所得税比重提高能够在一定程度上提升国家治理水平。在税种结构层面，增值税比重的提高不利于国家治理，个人所得税和城镇土地使用税比重的提高会带来一定的国家治理效用，而消费税、企业所得税、房产税、土地增值税和资源税对国家治理效用的影响并不显著。

第六，国际经验表明，西方国家税制改革的目标基本是形成以"直接税"为主体的税制结构，改革的基本主线是降低间接税税率、拓宽直接税税基。改革内容统筹考虑了税收公平与效率原则。改革过程中强调税权合理配置，充分调动中央与地方积极性，同时注重完善税收征管机制，提高税收征管效率。

第七，基于理论和实证分析结果并结合国际经验，税收制度的深化改革应当以逐步提高直接税比重、降低间接税比重为方向，不断完善货劳税、所得税、财产税等其他辅助税类中各税种制度要素设置存在的不足。具体地说，就货劳税而言，增值税应当尽量贯彻"征抵一致"的原则，充分发挥税收中性优势；消费税应当动态调整征税范围，后移纳税环节，并将其改成"价外税"。就所得税而言，企业所得税应将改革重点放在税收优惠上，进一步减轻企业税收负担；个人所得税应当以家庭为计征单位、缩减税率级次并细化专项附加扣除内容，努力将其培育成所得税类中的主体税种；除此之外，还应适时开征社会保障税。就财产税而言，一要以取消城镇土地使用税、土地增值税等重复性税种为前提，积极推进房地产税改革立法；二要在完善财产登记制度、提高纳税遵从意识的基础上适时开征遗产税。就资源税、环境保护税等其他辅助税种而言，资源税应进一步扩大征税范围，在考虑资源稀缺性及开采的负外部性基础上合理设置税率。环境保护税应进一步扩大征税范围、优化计税方法并完善相关税收优惠政策。

目录
CONTENTS

绪　　论

一、研究背景及意义

（一）研究背景

税收自诞生以来地位就十分重要，是影响国家经济发展和社会稳定的关键因素。例如，东汉著名史学家班固曾指出："财者，帝王所以聚人守位，养成群生，奉天顺德，治国安民之本也。"[①] 唐代财政改革家杨炎也指出："财赋者，邦国大本，而生人之喉命，天下治乱重轻系焉。"（《新唐书·杨炎传》）北宋思想家李觏也曾言："民之大命，谷米也；国之所宝，租税也。"[②] 进入现代社会，税收的作用更加突出，不仅是国家筹集财政收入的主要方式，而且成为其加强社会经济管理的重要手段。也正因此，不同历史时期的国家政府都试图通过税收制度改革，构建一套与当时的经济发展相适应，且更好地服务于政府社会治理的税收制度体系。

综观我国当前的社会经济形势，改革开放四十多年的努力已经取得了巨大成就。例如，2009 年，我国出口贸易总额高达 1.2 万亿美元，成为全球第一大出口国；2010 年，我国 GDP 总量为 5.8 万亿美元，成为世界第二大经济体；2013 年，我国的进出口贸易总额超过 4 万亿美元，成为全球第一大货物贸易国。[③] 然而，在经济高速发展的同时，也带来了愈加严重的社会

---

① 金少英，李庆善. 汉书食货志集释 [M]. 北京：中华书局，2017.
② 李觏. 盱江集：卷一六 [M]. 北京：中华书局，1981.
③ 陈宇. 中国税制改革路径与效应：基于税收超额负担的视角 [M]. 北京：中国税务出版社，2018.

生态问题。一方面，我国 2000 年以来的基尼系数一直保持在 0.4 的国际警戒线水平以上，2019 年基尼系数为 0.465，① 侧面反映出我国国民收入的分配矛盾十分突出；另一方面，据 2020 年的生态环境数据统计，目前仍有 43.3% 的地级及以上城市存在空气质量超标现象，资源短缺、环境污染问题依然十分严峻。② 除此之外，区域之间发展不平衡、人口老龄化进程加速、消极腐败现象多发等问题也接踵而至。这些问题都说明我国社会经济形势已经发生了根本性转变。全面深化改革，推进国家治理体系和治理能力现代化是社会经济发展的必然要求，也是当前政府工作的主要目标。在这样的关键时刻，税收制度肩负着光荣而艰巨的历史使命，在未来中国经济社会的长期发展中发挥着重要作用。

税制结构问题一直是税收制度改革的焦点问题。虽然自 1994 年税制改革以来，我国以货劳税为主体的间接税占税收总收入的比例呈逐年下降态势。但到 2020 年，这一比重仍高达 59.12%。③ 这种以间接税为主体的税制结构不仅限制了税收稳定经济发展职能的发挥，也不利于促进社会收入分配公平，直接阻碍国家治理现代化的进程。不得不承认，当前以税制结构优化为目标的税收制度改革还需进一步深化。对此，2021 年 3 月全国两会发布的《中华人民共和国国民经济和社会发展第十四个五年规划和二〇三五年远景目标纲要》又一次强调指出要完善现代税收制度，适当提高直接税比重。

常言道，"以史为镜，可以知兴替"④。完善现代税收制度，适当提高直接税比重离不开对其历史经验的总结与反思。故而本书首先以深化税收制度改革，优化税制结构为主要研究目标，在构建一个理论逻辑分析框架考察新中国成立 70 多年来的税制演变历程基础上总结税收制度改革取得的成效与

---

① 国家统计局住户调查办公室．中国住户调查年鉴 2020 ［M］．北京：中国统计出版社，2020．

② 生态环境部．2020 中国生态环境状况公报 ［EB/OL］．https：//www.mee.gov.cn/hjzl/sthjzk/，2020 - 05 - 26．

③ 根据 2021 年《中国税务年鉴》的数据整理得出。

④ 刘煦等．二十四史：旧唐书（繁体竖排版）［M］．北京：中华书局，1975．

存在的不足。其次从发挥税收整体性功能的角度指出国家治理现代化建设这一目标导向下的税收制度改革应当形成以直接税为主体的税制结构，但改革不可避免地受到税收征管水平、中央与地方关系以及税收意识形态等条件的制约。最后在实证分析税收制度改革的国家治理效应和借鉴国际经验的基础上，给出税收制度深化改革的总体思路与政策建议，以期为我国下一阶段的税制改革提供参考。

（二）研究意义

就理论价值而言，基于服务国家政府工作目标建设这一导向，我国税收制度围绕助力经济体制改革这一主线，改革进程大致可分为四个阶段，分别为计划经济时期（1949～1977 年）、经济转轨时期（1978～1993 年）、社会主义市场经济建设时期（1994～2012 年）和全面深化改革时期（2013 年至今）。然现有研究大多是分析改革开放尤其是 1994 年分税制以来的税收制度问题，对计划经济时期的税制研究成果并不多见，而且这些少见的成果大多以史料汇编形式出现，缺少一定的价值分析。本书试图将计划经济时期的税收制度变革与改革开放后的税收制度改革置于一个统一的理论框架下分析，系统完整地展示新中国成立 70 多年以来的税收制度演变历程。这样既可以充实计划经济时期税制史研究的内容，也可以丰富新中国成立 70 多年整个历史阶段通史的内容。

就现实意义而言，在当前加快完善社会主义市场经济、推进国家治理体系和治理能力现代化建设的时代背景下，我国以间接税为主体的税制结构虽然有利于保障政府财政收入，但并未充分发挥其优化资源配置、调节收入分配、稳定经济发展等方面功能，难以适应社会经济发展形势的需要。本书基于历史变迁的视角，在构建一个理论逻辑分析框架考察新中国 70 多年的税制演变历程基础上总结税收制度改革取得的成效与存在的不足，进而遵循这一逻辑分析框架，在理论和实证研究的基础上给出当前国家治理现代化目标导向下税收制度深化改革的政策建议，这对于"十四五"乃至未来更长一段时期的现代税收制度完善均具有十分重要的现实指导意义。

二、文献综述

国内外学术界对税收制度改革问题的研究成果浩如烟海，研究的角度和方法也相当丰富，但综合来看，主要包括以下内容。

（一）税收制度改革的历史进程

关于税收制度改革历史进程的研究并不是对税收制度进行简单的历史阶段划分，而是将其置于某一研究目的或是研究视角中加以考察。近两年，尤其是新中国成立 70 周年之际，对这一方面的研究成果颇为丰硕。例如，杨志勇（2018）基于经济、社会和国家治理的视角回顾了改革开放 40 年的税收制度改革历程，认为税收制度的演变是随着改革开放事业的发展而进行。徐进、陈志刚（2018）为了探究税收制度改革的公平逻辑，将新中国成立以来的税收制度改革分为改革开放前和改革开放后两个阶段。陈少强和覃凤琴（2019）从治理理念变迁的视角将税收制度改革分成计划经济时期（1949～1977 年）、经济转型时期（1978～1994 年）、市场化改革时期（1994～2012 年）和新时代社会主义市场经济时期（2012 年至今）四个阶段。李万甫（2019）从社会经济背景、演进路径、标志事件、阶段特征四个维度梳理新中国成立 70 多年的税制演变历程，认为税收制度主要经历如下四个阶段：社会主义过渡和建设时期（1949～1977 年），改革开放初期（1978～1992 年），社会主义市场经济建立和完善时期（1993～2012 年）和新时代社会主义市场经济时期（2013 年至今）。国家税务总局（2019）在回顾新中国成立 70 多年的税收制度改革历程时，也将税制演进过程分为改革开放以前（1949～1978 年）、经济转轨时期（1978～1993 年）、建立社会主义市场经济体制时期（1994～2013 年）和全面深化改革时期（2013 年至今）四个阶段。马国强（2020）在梳理当代中国治税思想时，认为中华人民共和国的税收历史大致可分为过渡时期、大规模社会主义建设时期、改革开放和社会主义建设时期以及社会主义新时代四个阶段。吕冰洋和张兆强（2020）根据税收制度嵌入对象的转移方向不同，将新中国成立以来的税收制度演进分为嵌入单位（1949～1980年）、嵌入企业（1980～2013年）和嵌入社会（2014年至今）三个阶段。

（二）税收制度改革的影响因素

国内外学者普遍认为税收制度改革会受到多重因素的影响。例如，国外学者肯尼和维纳（Kenny and Winer，2006）基于1975～1992年100个国家的面板数据的实证分析结果表明，政府规模、民主程度等政治和经济因素均会对税制变迁产生显著影响。海恩斯和萨默斯（Hines and Summers，2009）以1972～2006年的跨国面板数据为样本，从截面和时序两个层面实证检验了国际化程度对税制改革的影响，研究结果表明人口规模越大、人均收入水平越高的国家，其所得税占税收总收入的比重越高，货劳税比重越低。马丁内斯－巴斯克斯（Martinez－Vazquezetal，2009）分别以供给和需求两个视角考察税制改革的影响因素，并采用1975～2005年116个国家的样本数据进行回归分析发现，宏观税负水平、人口规模、区域经济开放水平、财政分权程度、社会民主程度等均会影响改革进程中形成的税制结构类型。国内学者对税收制度改革影响因素的分析多集中在理论研究层面，实证分析内容相对较少。例如，朱青（1995）认为税制结构优化应考虑税收工具范围、征管条件、政策目标、财政支出水平及阶级对立等多个因素。安体富（2010）指出税制变迁的影响因素主要表现为经济发展状况、税收征管水平、财政支出规模以及税收政策目标四大方面。胡怡建和徐曙娜（2014）认为，我国当前直接税比重偏低的原因除了经济性和制度性因素影响外，征管能力的作用也不容忽视。李华和樊丽明（2014）则认为，我国税制改革既受到经济发展状况、税收征管能力、社会文化水平等客观条件的制约，也受到政府保障财政收入、调节收入分配、促进生态文明等主观条件的约束。岳树民（2003）通过分析西方发达国家的税制变迁历程认为，经济发展水平是决定税收制度改革的根本原因，而财政压力则对其起着重要推动作用，并且政府关于公平与效率目标的选择也成了税制变迁的重要原因。毕秋丽（2003）认为我国税制变迁主要受到政治制度、经济制度、中央与地方关系以及社会历史文化状况等因素的制约。刘振亚和李伟（2016）通过聚类分析得出，政府目标取向是影响我国税制演变的显著性因素，而所有制结构、经济发展水平、对外依赖程度、中央与地方税权分配状况则是税制演变的潜在影响因素。韩仁月（2011）基于税制结构视角，将税制改革影响因素归结为经济、制度和社会三个层面，进而以31个省份的税收数据为样本进行实证分析发现，经济发展水平对税制结构具有显著的门槛效应，当经济发展到一定程度时，税制结构波动的幅度也会减弱。

（三）改革进程中的税制结构效应

一般而言，税收制度改革的进程也是税制结构优化的过程。因此，学术界对税收制度改革效应的研究多是分析税制结构的经济增长效应和收入分配效应。

在税制结构的经济增长效应分析上，当前学术界主要存在两种观点。一种观点认为以直接税为主的税制结构能够推动经济增长，而以间接税为主的税制结构则起到反向作用。例如，国外学者布兰森（Branson，2001）首次估计了经济增长率最大化下的税收负担和税制结构，结果表明大约35%的间接税占比会使得真实GDP增加17%。史蒂芬等（Steven et al.，2005）以同样的方法研究南非税制结构与经济增长的关系，发现降低间接税比重有利于经济增长。阿比扎德等（Abizadeh et al.，2005）在测算个人所得税、企业所得税、商品消费税等税种收入比重的基础上分析其与经济增长的关系，发现间接税为主体的税制结构会阻碍经济增长。迪桑佐·西尔维斯特等（Di Sanzo Silvestro et al.，2017）以经济合作与发展组织（OECD）的20个国家为研究样本，采用VAR及不对称模型对1970~2012年的经济增长与税制结构变量进行实证分析，发现相较于直接税，间接税并没有更好的经济促进作用。国内学者余红艳、沈坤荣（2016）采用直接税与间接税比值作为税制结构变量，选取GDP增长率为经济变量，实证分析分税制改革20年来两大税系结构的经济影响效果，发现现阶段以间接税为主体的"效率型"税制结构会阻碍经济增长绩效的提升。马海涛、段琦（2016）通过建立VAR模型比较分析了供给侧改革背景下直接税与间接税存在的经济效率，得出直接税的经济效率显著高于间接税的结论。王乔、席卫群（2018）认为适当降低间接税比重、增加直接税比重将有利于经济的稳健增长。韩彬、吴俊培等（2018）以 1998～2016 年的省级面板数据为样本，分别从税系、税类和税种三个层面分析论证了税制结构对我国经济增长的影响，研究发现间接税和流转税对经济增长存在负向作用，而所得税和财产税对经济增长具有正向效应。吕炜、邵娇（2020）通过构建动态面板联立方程模型实证考察税制结构对经济高质量发展的影响效应，发现直接税比重提高显著提升了经济高质量发展水平。

　　另一种观点认为以间接税为主的税制结构能够推动经济增长，而以直接税为主的税制结构将阻碍经济增长。例如，奥康纳（O'Connor，2013）主要通过工资所得税的最高边际税率阈值来分析爱尔兰的税制结构对经济增长的影响，实证研究结果表明，从税收中性的角度看，要使 GDP 和就业率永久性增长，应从对劳动征税转向对消费或财产征税。萨拉克（Sarac，2015）通过测算土耳其各类税种占 GDP 的比重来分析税收负担与经济增长的关系，发现间接税对经济具有正相关作用。弗拉布利科瓦（Vrablikova Vera，2016）基于人力资本扩张的新古典模型分析欧洲国家税制结构与经济增长的关系，研究结果表明以直接税为主的税制结构阻碍了经济发展。国内学者李忠（2012）基于税类结构视角实证分析税制结构与经济增长的关系，得出提高流转税比重能够带来 GDP 增长率增加，而提高所得税比重只能起到反作用的结论。郭婧（2013）以 1998～2011 年省级面板数据为样本，通过工具变量法实证分析我国现行税制结构对经济增长的影响，研究表明增值税对经济发展的作用虽不显著，但是企业所得税对经济发展存在明显的反向作用。明雯雯（2015）利用我国 1998～2012 年省级面板数据分析税制结构同经济增长的关系，研究结果表明流转税比重带来的经济增长效应虽不明确，但提高所得税比重将不利于经济发展。储德银、费冒盛（2021）通过构建面板数据模型和采取系统 GMM 估计实证考察税制结构对经济增长质量的影响效应，发现间接税占比提升抑或直接税占比降低均会显著抑制地方经济增长质量。

　　在税制结构的收入分配效应研究上，多数学者的实证分析结果均表明，存在"累进性"特征的税制结构将有助于实现收入分配公平。例如，国外学者皮凯蒂和萨伊兹（Piketty and Saez，2007）认为直接税的累进性特点使得以这一税种为主体的税制结构有助于调节收入分配差距。亚当（Adam，2015）的研究表明，相对于劳动所得税，更多的资本所得税会导致收入分配不公平，而这里的劳动所得税正是累进性税种的代表。尤尔根（Jung and Tran，2018）在 Bewley – Grossman 健康资本积累模型中研究个人收入和健康风险下的所得税最优累进性问题时，得出美国累进所得税制结构有利于调节收入分配公平的结论。而一些学者却认为存在"累进性"特征的税制结构对收入分配的影响并不显著。例如，恩格尔·埃姆拉（Engel EMRA，1999）实证分析了智利的税制结构对家庭收入分配的影响，研究结果表明税制累进性对收入再分配的影响范围相当有限，如将增值税从18%提高到25%，或以20%的固定税率代替目前的累进所得税，对税后分配的影响都很小。詹姆斯等（James Alm et al.，2005）以美国1978～1998年的数据为样本分析所得税的收入分配效应，研究发现联邦所得税法起初对居民税前收入存在诱导效应，但自20世纪90年代以来，美国个人所得税对平衡税后收入的作用并不明显，所得税的收入再分配功能随着时间的推移而减弱。奥纳勒和特梅利（Onal and Temelli，2011）基于土耳其1960～2009年的税制结构和收入分配数据分析二者之间的关系，研究发现1960～1980年相对公平的土耳其税制结构能够较好地提高社会收入分配质量，但在1980年后，尽管土耳其开始推行不公平的税收制度，社会收入分配情况也没有出现恶化。国内一些学者基于我国实际情况研究了税制结构的收入分配效应。例如，刘成龙（2014）通过构建累进性模型分析我国税制结构对收入分配的影响，研究发现存在累退性特征的间接税会对社会收入分配起反向作用，而存在累进性特征的直接税对社会收入分配存在正向作用，并进一步指出由于我国当前实行以间接税为主体的税制结构，税制结构对社会收入分配的影响整体是负效应。胡小梅（2016）以我国2005～2012年的281个地级市数据为样本，运用门槛估计模型考察货劳税和所得税对城乡收入差距的非线性效应。研究发现随着经济发展水平提高，税制结构对城乡收入差距产生先抑制后促进的非线性作用效果。王庆、杨移（2016）对我国1994～2014年的税制结构与基尼系数关系进行实证分析发现二者之间存在长期稳定的均衡关系，进而得出税制结构的优劣直接影响居民收入分配公平性的结论。储德银、迟淑娴（2017）在测算我国 1998～2013 年城乡居民收入基尼系数的基础上，运用面板数据模型实证分析了税制结构对收入分配的影响。研究发现，所得税能够显著缩小城乡居民收入分配差距，而商品税由于其较强的累退性特征，在一定程度上起到了反向推动作用。刘元生等（2020）在税收收入中性约束下分析了提高直接税比重对收入分配的影响。研究发现在保持总税收收入稳定条件下，提高劳动所得税和资本所得税比重可以缩小收入和财富分配差距。

（四）税收制度改革的政策建议

基于中国税收制度改革的实际背景，周克清、毛锐（2014）指出今后的税收制度改革应当以"营改增"为抓手逐步降低我国税制结构中的流转税比重，并适时开展财产税和所得税的制度内容建设。杨志勇（2014）认为要加强税收的社会收入调节作用应当协调好直接税与间接税的关系，其中提高直接税比重可通过改进个人所得税和房产税实现，而降低间接税比重则可以"营改增"为切入点。安体富（2015）认为我国目前已基本具备加强直接税制建设的条件，税制改革应在"稳定税负"的前提下逐步降低间接税比重，提高直接税比重。李升（2017）认为我国当前的直接税改革在短期内很难取得实质性突破，而其中税收征管是影响直接税和间接税关系调整的重要约束条件。张斌（2018）认为我国今后的税制建设工作应当以习近平新时代中国特色社会主义思想为指导，围绕建设现代财政制度这一目标，从全面落实税收法定原则、优化税制结构、建立现代复合税制体系等方面深化改革。王乔、席卫群（2018）认为在当前社会经济发展形势下，我国税制改革应当形成以流转税和所得税为主、财产税为辅的双主体税制结构。李时宇（2018）从营业税取消的现实背景出发，认为未来中国税制的建设方向将围绕健全地方税体系展开，而中央与地方两个积极性也将成为改革的重要约束条件。徐进、陈志刚（2018）等基于对新中国成立以来的数次税收制度改革逻辑分析后认为，税制改革历经了平均主义—淡化公平—注重效率—公平与效率兼顾—更加注重公平的逻辑变化过程，他们进而指出，未来的税制改革应当在充分落实税收法定原则基础上尽可能促进社会的起点公平、过程公平和结果公平。陈少克和王银迪（2019）基于税制结构的视角指出在当前国家治理现代化建设背景下，应当加强直接税制建设，协调好直接税与间接税的关系，处理好直接税内部各税种之间的关系，同时解决好直接税比重提高与应对财税风险、加强税收征管之间的关系。孙玉栋和庞伟（2019）认为税收作为国家治理的重要手段，在新时代背景下应当坚持新的目标和问题导向，着力解决发展不平衡不充分的问题。蔡昌和刘万敏（2020）基于法治背景认为消费税改革应置于整体税制改革框架下，改革内容包括增强税制要素的确定性、以价税关系调整经济行为、确定收入权属划分、完善纳税人权利救济机制和现代税收征管制度等。高培勇（2020）认为应当将新时代的税收制度改革全面渗透到经济、政治、社会、文化、生态文明等领域的体制机制改革中，增强其对国家治理现代化建设的推动作用。闫少譞（2020）认为在当前经济高质量发展阶段，应当通过简化税制设计、优化税收结构等方式构建现代税收制度，以期实现增强企业市场竞争力、调节居民收入分配、保障地方财力可持续、提升公共服务供给质量的目标。张斌（2020）认为由于我国当前税制结构存在生产流通环节税负重、税收累退性强的特征，要发挥税收对经济高质量发展的作用，应当逐步提高直接税比重。朱青（2021）基于税制结构优化的视角指出，当前我国税制改革的重点是优化个人所得税制和财产税制，逐步提高直接税比重。

（五）研究评述

通过对上述文献的梳理不难看出，当前学术界对税收制度改革的历程、成因及效应等内容均做出了全面系统的分析，对未来税收制度的改革方向也给出了不同的政策建议。这些成果为本书提供了良好的研究基础，具体表现为：一是现有研究对税收制度历史演进过程的梳理脉络清晰、资料丰富，对大多数历史阶段的划分也基本达成共识，这为本书对税收制度改革历史阶段的划分提供了经验借鉴。二是关于税收制度改革影响因素的分析较为系统全面，既存在单因素的重点研究，也含有多因素的综合分析，为本书构建税收制度改革的逻辑分析框架提供一定的理论参考。三是关于改革进程中的税制结构效应内容研究视角、研究方法和结论均呈现出多元化发展的特征，丰富了本书实证研究部分的方法选择。四是关于税收制度改革的政策建议较为客观，一定程度上佐证了本书研究结论和政策建议的正确性和可取性。

当然，现有研究也存在一些不足之处。一是对税收制度改革影响因素的分析多是基于对某一国家某一阶段的历史考察或实证研究，尚未考虑这些因素对新中国成立70多年税收制度改革影响的适配性。二是对改革进程中税制结构效应的分析要么是基于经济增长的视角，要么是基于收入分配的视角，从国家治理的视角进行实证检验的研究相对较少。三是对税收制度改革的政策建议多是简单表达各自的观点，缺乏全面深入的分析，也并未给出具体可操作的建议。本书在借鉴前人研究成果的基础上，首先构建一个统一的理论逻辑分析框架考察我国70多年来的税收制度历史演进过程，并总结了税收制度改革所取得的成效与存在的不足。其次遵循这一逻辑分析框架，在理论和实证研究的基础上，给出当前国家治理现代化建设目标导向下税收制度深化改革的政策建议，力求为我国下一阶段的税制改革提供有益参考。

三、研究思路、内容与方法

（一）研究思路与内容

在当前推进国家治理体系和治理能力现代化建设的新时代背景下，本书首先构建一个理论逻辑分析框架考察新中国成立70多年税收制度的历史演进过程，总结税收制度改革取得的成效与存在的不足。进而遵循这一逻辑分析框架，指出国家治理目标导向下的税收制度改革应当形成以直接税为主体的税制结构，但改革不可避免地受到税收征管水平、中央与地方关系以及税收意识形态等条件的约束。更进一步地，以2013～2020年31个省份的数据为样本，在评估省域层面的国家治理绩效水平基础上实证分析了近8年来税收制度改革的国家治理效应。最后基于理论和实证的分析结果，给出国家治理目标导向下税收制度深化改革的政策建议。具体而言，全书拟分成四个部分，共十一章。

第一部分包括绪论、第一章和第二章，主要介绍本书的研究背景及研究意义，国内外研究现状，本书的逻辑结构与研究方法等。在此基础上，对研究中所涉及的主要概念和基础理论进行梳理归纳，并运用所掌握的基础知识尽可能地构建新中国成立70多年来的税收制度改革逻辑分析框架。

第二部分包括第三章至第六章，即将新中国成立70多年来的税收制度改革进程按四个阶段进行梳理，包括计划经济时期税收制度的历史沿革、经济转轨时期税收制度的改革探索、社会主义市场经济建设时期的税制改革和全面深化改革时期的税制改革。写作思路是分阶段梳理税收制度改革的基本内容并基于前文构建的逻辑分析框架作出简要评述。

第三部分包括第七章至第九章，主要是在总结税收制度改革取得的成效与存在的不足基础上，从发挥税收整体性功能视角指出国家治理目标导向下的现代税制建设应当形成以直接税为主体的税制结构，但改革不可避免地受到税收征管水平、中央与地方关系以及税收意识形态等条件的制约。进而以2013～2020年31个省份的数据为样本，在评估省域层面的国家治理绩效水平基础上实证分析了近8年来税收制度改革的国家治理效应。

第四部分为第十章和第十一章，主要是在借鉴美国、英国、日本和俄罗斯等西方国家税制改革经验的基础上，以建立直接税为主体的税制结构为目标，给出国家治理目标导向下深化我国税收制度改革的总体思路和具体建议。

本书的研究路线如图0－1所示。

（二）研究方法

根据本书的研究思路与内容，写作过程中采用的研究方法主要包括以下几种。

1. 文献分析法。为准确把握新中国成立70多年税收制度改革的历史特征，笔者通过查阅历年财政统计年鉴、赋税史、财政史、经济史等大量历史文献。通过对这些文献的分析了解我国税收制度的历史变迁和基本现状，进而对我国税收制度的发展路径形成总体认识和系统了解。

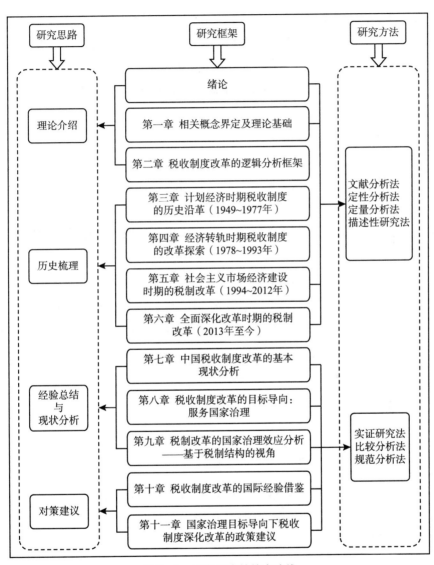

图 0-1 本书研究的技术路线

2. 规范分析法。书稿写作过程中运用马克思主义税收理论、税收功能理论、税制优化理论等税收基础知识，在构建中国税制改革的理论逻辑分析框架基础上，梳理了新中国成立 70 多年来的税收制度历史演进过程，总结了税制改革取得的成效与存在的不足，进而从发挥税收整体性功能的视角指出，国家治理目标导向下的现代税制建设应当形成以直接税为主体的税制结构。

3. 实证研究法。笔者在分析税收制度改革的国家治理效应时，首先通过规范分析构建一个包含 22 个定量指标的国家治理绩效评价体系，其次在采用加权综合法评价我国省域层面的国家治理绩效水平基础上，以 2013 ~ 2020 年全国 31 个省份的税制结构、财政透明度、财政自给率、市场化指数和社会治安水平等指标数据为样本，实证分析了税收制度改革的国家治理效应。

4. 比较分析法。笔者在论证"我国现代税制应当形成以直接税为主体的税制结构"这一观点时分析了 OECD 国家的税制结构演变趋势。同时在借鉴西方国家税收制度改革经验的过程中，对比分析了美国、英国、日本和俄罗斯的税收制度改革的基本特征。

四、研究创新点与存在的不足

（一）研究的创新点

从经济史的视角分析税收制度改革问题本身带有很强的系统性和针对性，既需要总结历史经验，又需要具体分析现实问题；既需要高度概括源自历史的实践性理论，又需要用这一理论指导现实问题，进而给出较为合理的税制改革建议。本书坚持马克思历史唯物和辩证唯物主义思想的指导，全面系统地梳理了新中国成立 70 多年来的税收制度历史演进过程，在理论和实证分析的基础上给出了国家治理目标导向下税收制度深化改革的政策建议。本书研究的主要突破和创新点在于以下几个方面。

一是将新中国成立 70 多年来的税收制度改革内置于一个统一的理论逻

辑分析框架内进行分析。在这一理论框架下，本书认为税收制度改革始终服务于政府工作目标，并受到财政汲取能力、税收征管水平、中央与地方关系以及税收意识形态等条件的制约，进而形成符合时代特征的税制结构。而纵观新中国成立 70 多年的政府工作内容，以 2013 年党的十八届三中全会为界，过去 60 多年的政府工作主要围绕建设和发展社会主义市场经济这一目标展开，当下或未来很长一段时间，政府工作将围绕推进国家治理体系和治理能力现代化这个目标进行。这就要求今后的税制改革要从服务经济扩展至社会、文化、生态等多个领域。与现有研究相比，这样的逻辑思路更为清晰，内容也相对丰富充实。

二是对国家治理目标导向下税收制度改革效应的实证分析结果相对惟新和客观。就这一问题的研究，本书在评估 2013～2020 年各省份的国家治理指数基础上，选取相应期间的税制结构、财政透明度、财政自给率、市场化指数和社会治安水平等数据为样本，采用面板数据回归分析中的双向固定效应模型检验税制改革的国家治理效应。与现有多数关于税制结构经济增长效应和收入分配效应的实证研究相比，本书以国家治理指数为因变量的研究内容相对更为新颖，得出的结论也更符合客观实际。

三是对税收制度改革这一问题有自己的研究认识和体会。本书认为国家治理现代化建设中的税收制度改革应当在稳定财政收入基础上，充分发挥税收优化资源配置、调节收入分配和稳定经济发展的功能，形成以直接税为主体的税制结构。然而基于对当前税制结构特征的考量，改革的思路并不是简单的提高直接税比重、降低间接税比重，而是站在发挥税收整体性功能的高度，以问题为导向，合理增减税种或者调整税收制度要素。

（二）研究存在的不足

一是建立一个相对完善的税收制度改革逻辑分析框架非常具有挑战性。尽管笔者尽了最大努力，但目前初步形成的解释性分析框架仍存在缺陷，如基本未将经济全球化与国际税收竞争背景纳入税制变迁的影响因素中分析，对这一框架的检验和完善可能还需要细致扎实的税收史方面的工作，这也是笔者下一步研究的基本方向。

　　二是关于税收制度的历史资料较为庞杂，且这些资料多按照时间序列进行白描式编纂，要根据统一的理论分析框架进行史料分析，并结合新时代背景给出税收制度深化改革的政策建议，难度着实较大，对个人综合理解能力要求也较高。尽管笔者在导师指导下竭力钻研，但还是难免存在疏漏。而且对税收制度的改革研究是一个跨学科议题，需要整合马克思主义税收理论、财政学、经济学、历史学等多学科理论成果，恐力有不逮。

第一章

相关概念界定及理论基础

在开展具体研究工作之前，本章就可能涉及的核心概念和基本理论做出系统介绍，为税制研究的深入开展奠定理论基础。

第一节　相关概念界定

一、税收

古今中外关于税收的定义散见于有关理论文章、教科书和辞典条目中，主要形成了三种代表性观点。第一种观点认为税收是国家取得财政收入的手段、工具或形式。例如，许慎在《说文解字》中指出："税，租也""赋，敛也"。这里他把"税"说成是"敛"就含有一种"手段"的韵味。孟德斯鸠指出："租税者，市民欲得财产安固，或欲由财产而享安乐，乃割其一部分供给国家也"①。塞利格曼也曾表示，税收是国家强制执行的用于获取公共事务费用的工具，并无给付特种利益的关系。第二种观点认为税收是国家与公民之间形成的一种特殊分配关系。例如，在《国家税收》这本教材

---

① 孟德斯鸠. 论法的精神 ［M］. 许明龙，译. 北京：商务印书馆，2012.

中，税收是指国家凭借政治权力并按照特定标准无偿地参与公民收入分配的一种特定关系①。《中国社会主义税收》一书中将税收定义为国家凭借政治权利无偿且强制地向公民获取财政收入的行为关系②。第三种观点认为税收是政府财富的主要收入来源，以实物或货币为表现形式。早在1935年，胡善恒在其《赋税论》中指出："税收是政府机关为谋求国家公共利益，遵照国家经济政策以适当的方法向国民征收的财富"③。英国著名经济学家亚当·斯密也曾指出："人民贡其私的收入之一部分以作君主或共和国之公共收入也"④。

综合上述学者的观点，关于税收的定义就可表示为：国家政府为实现其行政管理职能，按照既定标准强制性参与企业组织或自然人的收入分配，无偿取得财政收入的一种法律关系。根据这一定义，税收至少存在以下三个特征。一是强制性，表示政府凭借政治权利并以税收法律形式强制性参与国民收入分配，这就要求负有纳税义务的个人必须在法律规定范围内申报纳税，否则就会受到法律处罚。二是无偿性，主要是指政府取得税收收入后无须向纳税人支付任何报酬，体现的是一种非等价交换关系。三是固定性，指的是政府必须按照一个预先确定的标准从国民财富中获取税收收入，未经国家法律准许，政府与公民个人都不得随意改变征税固定标准及其他有关制度的规定。

二、税收制度

税收制度，简称"税制"，学术界对其概念仍是莫衷一是。有的学者认为税收制度是政府为了实现其职能，以法律形式确定并强制实行的各种课税的总和⑤。也有学者认为税收制度是国家用于调整政府与纳税人税收征纳关

---

① 《国家税收》修订本编写组．国家税收［M］．北京：中国时政经济出版社，1984．
② 王诚尧．中国社会主义税收［M］．哈尔滨：黑龙江人民出版社，1984：16．
③ 胡善恒．赋税论［M］．北京：商务印书馆，1935：13．
④ 亚当·斯密．国富论［M］．郭大力，王亚南，译．北京：商务印书馆，1997：401．
⑤ 马国强．税收学原理［M］．北京：中国财政经济出版社，1991：200．

系的法律规范总称，其主要目的在于获取国家财政收入①。还有学者认为税收制度是税收分配关系的法律表现，是征纳双方关于税收权利义务关系的行为规范②。从这些定义来看，税收制度至少存在三个特点：第一，税收制度反映了国家与纳税主体之间的税收分配关系。即国家通过税收规定将社会个体的一部分财富转移到政府手中。离开了税收制度，这种转移过程就无法实现，进而税收分配关系也就无法体现。第二，税收制度是实现税收职能作用的具体形式。即现实经济生活中，税收作用主要是在制度规范下的收入分配过程中实现，离开了这些具体的税收规定，税收作用只能是一种潜在功能。也正因此，古往今来，人们一直在探索如何建立合理的税收制度，尽可能地发挥税收的职能作用。第三，税收制度是开展税收征纳工作的依据。例如，征税必须按照事先确定公开的征缴程序、征收方式及违规处罚进行，纳税则必须事先明确纳税主体的税收应缴数量、缴纳方式、缴纳时间等。

各国的税收制度基本上包含纳税人、征税对象、税率、纳税环节、纳税地点、纳税期限和税收优惠七个要素。其中，纳税人又称为纳税主体，是指税法上规定的负有纳税义务的单位或个人；征税对象体现着各税种的征税范围，作为税收实体法的基础性要素，直接影响或决定税收实体法其他要素的确定，是不同税种之间相互区别的重要标志；税率是指征税对象征收税额时所采用的计量尺度，也是衡量税赋轻重的重要标志，目前主要存在比例、定额、超额累进和超率累进四种税率类型；纳税环节是指依照税法规定，征税对象从生产到消费领域流转中应缴纳税款的具体环节；纳税地点是指纳税人纳税申报和税款缴纳的具体地点，一般认定为纳税人的住所所在地，但也有可能是纳税人的营业地、财产所在地或特定行为发生地；纳税期限主要是指税法对于纳税时间的限定，包括纳税义务发生时间、纳税期限及缴库期限；纳税环节是指依照税法规定，征税对象从生产到消费领域流转中应缴纳税款的具体环节；税收优惠是税法基本规定之外的特设条款，是一项部分或全部豁免纳税人纳税义务的税收措施，是对征税对象或纳税义务人给予的特殊性

---

① 杨秀琴，钱晨. 中国税制教程［M］. 北京：中国人民大学出版社，1999：3.
② 杨斌，雷根强. 税收制度设计和实施的基本原则［J］. 福建税务，1995（4）：9 – 10.

税收优惠。一般而言，纳税人、征税对象和税率是税收制度的基本要素，决定了税种的深度和广度，其组合安排受经济结构和税收负担分布的影响，其他税制要素在税制安排中往往起到缓和调节税种及其性质的作用。

三、国家治理

"治理"一词最早可以追溯到古拉丁文和古希腊语，具有"控制""引导"及"操控"的意思。该词常常和"统治"一词交叉使用于国家公共事务有关的政治管理活动中，集中表现为统治阶级如何运用政治权力管理国家和人民，包含"治国理政"的释义。因此，基于治国理政的视角，"治理"的含义与人们常说的"统治""管制"基本一致，即通过提供能够满足人们基本生活需要的服务以达到社会和谐稳定及国家长治久安的目的。治理的主体不仅限于政府，还可以是其他的社会力量，是一种由共同目标支持的活动。

国家治理是国家执政者根据自身的治国理念，采取特定措施对国家社会公共事务进行引导、控制和管理的过程，主要涉及政治事务的处理、公共资源的管理以及公共秩序的维护等基本内容；其在广义上等同于治国理政，是对国家的一切事务在时间、空间、横向、纵向上的治理。从历史演进的角度来看，国家治理主要经历了神治、人治和法治三个阶段。其中，神治是指国家掌权者借助超自然的力量进行社会公共事务管控的治国方略，通常为古代国家所普遍采用；人治是指国家掌权者凭借个人或少数人的主观意志来管理国家一切大小事务，是掌权者个人意志凌驾于法律之上的治国方略，通常为古代国家的掌权者所偏好，在现代一些国家依然有较深的痕迹；法治是掌权者在遵循民主法治原则的基础上通过法律规定来组织和管理国家事务，以达到保障和实现公民权利、保持和稳定社会秩序、促进社会发展目标的治国方略。这一治国方略自近代以来为越来越多的执政者所青睐。当下如何运用法治合理配置社会资源、缩小社会贫富差距、统筹城乡区域经济协调发展等成为国家治理的落脚点或归宿点。

四、税制结构

当前学术界对税制结构的概念也并未形成统一的意见和看法，主要存在三种代表性观点。第一种观点认为税制结构的研究范围包括税种分布格局、主体税和辅助税之间的关系问题，集中体现为不同税种在质上的结合方式和量上的比例多寡。正如侯梦檐所指出，税制结构是指国家基于筹集财政收入和调节经济目标，在科学设计税种制度过程中形成的相对合理的税种分布格局[①]。杨斌认为，税制结构是指由若干不同性质和作用的税种组成的主次明晰、优势互补并具有一定功能的税收体系[②]。第二种观点认为税制结构的内容主要包括税种间的相互关系和税制要素内部结构，即将税收制度纳入税制结构的研究范畴中。例如，胡怡建认为税制结构内容应包括税系之间的关系、同一税系中不同税种之间的关系以及同一税种内部要素结构之间的关系[③]。岳树民、李建清从系统的角度分析认为，税制结构包括税种构造、税种结构和税系结构三个层次[④]。第三种观点认为税制结构还包括中央与地方政府税收结构，显然，这一观点将政府间的税收关系纳入了税制结构研究范畴。例如，王诚尧认为，税制结构包括税种的关系、税制要素的关系以及中央与地方的税收关系[⑤]。庞凤喜认为税制结构可以按照不同标准进行划分，比如根据税收的管理权限就可将其分为中央税制结构和地方税制结构[⑥]。总体而言，第一种观点强调了税制结构的基本涵义，第二种、第三种观点均是对第一种观点的扩展。

不可否认，上述学者所界定的概念范畴为本书理解税制结构的内涵和外延具有重要启示。然而，随着学术研究的不断深入，税收制度和政府间税收

---

① 侯梦檐. 税收经济学导论 [M]. 北京：中国财政经济出版社，1990：153.
② 杨斌. 税收学 [M]. 北京：经济科学出版社，2003：56.
③ 胡怡建. 税收学 [M]. 北京：中国财政经济出版社，1996：214 – 215.
④ 岳树民，李建清等. 优化税制结构研究 [M]. 北京：中国人民大学出版社，2007：6 – 7.
⑤ 王诚尧. 国家税收教程 [M]. 北京：中国财政经济出版社，1995：223 – 224.
⑥ 庞凤喜. 税收原理与中国税制 [M]. 北京：中国财政经济出版社，2006：147 – 148.

关系已成为税收学独立并行的两大研究方向，前者主要在最优税制理论主导下进行，侧重于分析税收制度对各类微观经济主体决策的影响；后者一般同财税体制和财政分权的内容联系在一起，侧重于研究中央与地方政府间税权的划分。考虑到税收制度、政府间税收关系在理论研究和具体实践中的内容已经相当复杂，为聚焦本书的研究内容，笔者在进一步参考高培勇（2010）、马国强（2015）等多位学者观点的基础上，将税制结构定义为不同税种间的相互关系，集中体现各税种在一个国家税制体系中的组合状况和相对地位。其中，组合状况是指各税种获取财政收入和调节经济中的分工协作关系，主要表现为各税种在经济活动不同领域、不同环节的分布格局，是制度层面的问题，亦称为"税种组合结构"；相对地位则是体现税种在获取财政收入和调节经济中的相对重要性，主要是指各税种及其组合收入占税收总额或国内生产总值（GDP）的比重，是运行层面的问题，亦称为"税收收入结构"。

五、税制结构的基本模式

关于税制结构模式的界定还得从税收的分类谈起。当前世界各国对税制结构最普遍、最常用的分类方法是根据税收负担能否转嫁的特性，将其分为直接与间接两大税系。由于这一分类标准略显粗糙，学界对其研究也引入了一种更为具体和普遍的分类方法，即按照课税对象的性质将税收分为所得税、货劳税和财产税等不同税类。其中，所得税类包括个人所得税、社会保障税和公司所得税等；货劳税类包括增值税、消费税、营业税和进出口关税等；财产税类包括房产税、遗产税和赠与税等。此外，为突出税收促进生态文明建设的价值取向，适时地也将资源环境税单独分类。因此，参照上述分类方法，本书将税收主要划分为所得税、货劳税、财产税和其他税①四大类别。而结合税收负担能否转嫁的特征，本书又将所得税和财产税归为直接税，将货劳税和其他税归为间接税。如此一来，关于税制结构的研究也就基

---

① 在现状分析部分，为突出税收对生态文明建设的作用，将资源税从其他税类中剥离出来。

本实现了从宏观到微观层面的深入分析（见表1–1）。

表1–1 税制结构的基本分类

分析角度	结构	分类			
宏观	税系结构	直接税		间接税	
中观	税类结构	所得税	财产税	货劳税	其他税
微观	税种结构	企业所得税、个人所得税、工资薪金税等	房产税、契税、遗产税、城镇土地使用税、土地增值税、车船税等	增值税、消费税、营业税、关税等	农业税、资源税、印花税、烟叶税、环境保护税等

按照上述分类办法，税制结构的基本模式是基于税收收入结构视角确定的税制结构类型。从宏观层面来看，主要可分为以间接税为主体的税制结构、以直接税为主体的税制结构、以直接税和间接税为双主体的税制结构三种类型。

（一）以间接税为主体的税制结构模式

根据间接税内部主体税种的特征，以间接税为主体的税制结构又可称为以货劳税为主体的税制结构。在这一税制结构模式中，国家财政收入的主要筹集方式涉及营业税、消费税、增值税、关税等税种，其税额较大，对社会经济生活起主要调节作用。而所得税、财产税及行为税等辅助税种的存在主要是为了弥补货劳税欠缺的功能。此外，从税收负担的转嫁性来看，当货劳税中的商品和劳务被社会所承认时，其税负是可以转嫁的。正是因为这种可转嫁性，商品或劳务的经营者在不承担额外税收负担的情况下，为获取利润，会更加积极主动地推进这类商品和劳务在市场中流转，进而促进经济效率提高。这一过程中，加速流转的商品或劳务因其流转额变动需要缴纳更多的税费，自然而然也就呈现出财政收入大幅增加的效果。因此，也可以说，以间接税为主体的税制结构具备较强的财政汲取能力。需要强调的是，由于货劳税征管容易，征收费用低，较高的征管效率也是这一税制结构模式的基本特征之一。

（二）以直接税为主体的税制结构模式

根据直接税内部主体税种的性质特征，以直接税为主体的税制结构又可称为以所得税为主体的税制结构，包括以个人所得税、企业所得税和社会保障税为主体三个类别。其中，以个人所得税为主体的税制结构普遍存在于经济比较发达的国家，具有促进个人收入分配公平的特征；以企业所得税为主体的税制结构普遍存在于经济较为发达，但又有实行公有制经济的国家；以社会保障税为主体的税制结构主要为一些经济发达的社会福利水平高的国家所采用，目的在于更好地落实社会福利政策。一般而言，个人所得税和社会保障税在以直接税为主体的税制结构中占主导地位，企业所得税紧跟其后，并辅之货劳税、财产税等其他税种，力求弥补所得税功能的欠缺。需要强调的是，基于税负转嫁的视角，由于直接税税负不易转嫁，如若对这类税种采用累进税率，则可实现对高收入者多课税，对低收入者少课税的目标。如此既能够较好地调节社会收入分配，也可在一定程度上促进宏观经济的自动稳定。当然，也正因为税负的不可转嫁性，以直接税为主体的税制结构在筹集财政收入时的信息相对公开，纳税人税负感知明显，由此带来的征管效率也相对较低。因此，若要充分发挥直接税税收功能，需做好相关制度改革前的政策宣传。

（三）直接税和间接税双主体的税制结构模式

根据前文论述，以直接税和间接税为主体的税制结构亦可称为以货劳税和所得税为双主体的税制结构。在此类税制结构中，两个主体税种收入所占的比重相近，并且在社会经济发展中起着共同主导作用。一般情况下，以间接税为主体向以直接税为主体的税制结构转换或以直接税为主体向以间接税为主体的税制结构转换过程中，均会形成双主体税制结构模式。因此，从税制发展的角度来看，双主体税制结构也存在明显的过渡性特征，其终究会被其中一个主体税种所取代。

第二节 理论基础

一、马克思恩格斯关于税收的经典论断

在马克思和恩格斯的经典著作中，关于税收的论述也非常丰富。首先，马克思和恩格斯就税收的性质做出了相关说明。在他们看来，税收是社会再生产中针对剩余价值或剩余产品的一种分配形式。他们认为："正是资本家与工人间的这种交易创造出随后以地租、商业利润、资本利息、捐税等形式在各类资本家及其奴仆之间进行分配的全部剩余价值"①。《马克思恩格斯全集：第四十六卷》中又进一步说明赋税主要是为完成社会公共性活动而存在，为这些公共性活动提供了坚实的物质基础②。他们还指出，税收虽作为剩余价值或剩余产品的主要分配形式，却与地租、利息、利润等其他收入分配形式有着本质区别。一般而言，国家对社会产品的分配拥有财产和政治双重权力，其中，前者是指所有者权力，后者则是国家政权权力。据此可以说，地租、利息、利润等剩余价值的分配均是以财产权为依据，即在资本主义国家中，资本家凭借着资本、土地等要素的所有权获得地租、利息及利润收入。而税收只是作为一种政治性的财富分配，这种分配是国家政权在经济上的体现。正因为此，马克思认为："赋税是政府机器的经济基础，而不是其他任何东西"③"捐税问题始终是推翻天赋国王的第一个原因"④。这些都深刻表明了税收对一个国家的政权产生着重要影响，适度合理的征税能够促进国家发展并维持社会稳定，否则将会引起社会动荡，甚至可能被颠覆。由此可见，按照马克思和恩格斯的观点，税收是社会再生产的分配体系中，以

---

① 马克思，恩格斯. 马克思恩格斯选集：第二卷［M］. 北京：人民出版社，2012：481.
② 马克思，恩格斯. 马克思恩格斯全集：第四十六卷［M］. 北京：人民出版社，1980：17 – 19.
③ 马克思，恩格斯. 马克思恩格斯全集：第十九卷［M］. 北京：人民出版社，2006：32.
④ 马克思，恩格斯. 马克思恩格斯全集：第五卷［M］. 北京：人民出版社，1958：511.

国家的政治权力为依据，对社会的剩余产品或剩余价值的一种特定分配方式。

其次，马克思和恩格斯就税收的作用也做出了丰富阐释。一方面，马克思和恩格斯认为税收是国家存在的经济体现。基于历史维度，马克思指出："官吏和僧侣、士兵和女舞蹈家、教师和警察、希腊式的博物馆和哥特式的尖塔、王室费用和官阶表这一切童话般的存在物于胚胎时期就已安睡在一个共同的种子——捐税之中了①。"表明税收为国家开展各种活动提供经济上的保障。基于现实背景，马克思又强调"赋税是官僚、军队、教士和宫廷以及行政权力机构的生活源泉。一句话，它是行政权力整个机构的生活源泉。强有力的政府与繁重的赋税是同一个概念"②。"实际上捐税正是资产阶级保持统治地位的手段"③。表明税收对政权的颠覆具有决定作用。另一方面，马克思和恩格斯认为税收对社会经济产生着重要影响。例如，在征收资本税的情况下，马克思在其著作中写到：数量相等的资本，不论其盈利多少，均应当向国家缴纳同样的税款。这样的做法会让社会闲置资本更主动地进入流通领域，而此时已经在流通领域的资本也会加快周转，从而生产出更多的产品④。马克思和恩格斯认为，税收还可以通过对不同行业企业实行减税、增税等措施来引导产业发展，把握经济运行的整体态势。此外，马克思和恩格斯还特别强调要发挥关税保护作用。他们指出："关税起源于封建主对其领地上的过往客商所征收的捐税，客商缴了这种税款就可免遭抢劫。后来各城市也征收了这种捐税，在现代国家出现以后，这种捐税便是国库进款的最方便的手段"⑤。在他们看来，关税保护制度能够将本国的资本武装起来同他国资本做斗争，增强了本国资本对抗外国资本的力量。这说明国家可以利用关税制度建立起一种资格准入门槛，意在保护本国经济的发展。

最后，马克思和恩格斯还在税收负担方面作出了重要论述。他们认为税收应该建立在社会个人能够承受的能力范围之内，并且能够为全体人民提供

① 马克思，恩格斯. 马克思恩格斯选集：第一卷 [M]. 北京：人民出版社，1995：181.
② 马克思，恩格斯. 马克思恩格斯选集：第一卷 [M]. 北京：人民出版社，1995：697.
③ 马克思，恩格斯. 马克思恩格斯全集：第四卷 [M]. 北京：人民出版社，1958：179.
④ 马克思，恩格斯. 马克思恩格斯全集：第七卷 [M]. 北京：人民出版社，1959：340.
⑤ 马克思，恩格斯. 马克思恩格斯全集：第一卷 [M]. 北京：人民出版社，2001：64.

社会福利。就这一点，恩格斯曾指出，"在现在提出的改革计划中就应该建议采取普遍的资本累进税，其税率随资本额的增大而递增。这样，每一个人就按照自己的能力来负担社会的管理费用，这些费用的重担就不会像一切国家中以往的情形那样，主要落在那些最没有力量负担的人们的肩上。"[①] 马克思认为社会主义社会中的税收制度应当在无产阶级政权基础上建立，并且应当符合广大人民的利益，更加注重公平。就税负转嫁问题，马克思认为这是存在于资本主义社会的一种剥削形式。因为，从间接税来看，商人把缴纳间接税所垫支的利息、利润和间接税总额都加在了商品价格之上。从直接税来看，那些"所得税不触及工人"的说法简直是无稽之谈，因为在目前这种企业主和雇佣工人的社会制度下，资产阶级在碰到加税情况时，总是会用降低工资或提高价格的方式来求得补偿[②]。而在社会主义社会，马克思认为国家从单独生产者身上获得的税收收入最终又会以社会福利的方式返还，而从劳动者身上获得的税收扣除，其实是为基础设施和科教文卫等社会公共服务筹集必要资金。由此看来，无产阶级国家所实行的税收与资本主义国家税收存在本质区别，社会主义国家的税收虽然"取之于民"，但它又会以"社会福利"的形式"用之于民"。

二、税收功能理论

我国现代的教科书中通常将税收功能概念界定为税收所具有的内在职能，包括财政职能、经济职能和监督职能。笔者认为，这种提法值得商榷。诚然，税收是财政收入的主要来源，其制度要素或者结构设计也能够在一定程度上影响经济发展质量和社会收入分配情况。但是这个监督职能是依靠财政、审计及税务等政府部门来实现的，理论上应当属于这些相关政府部门的共同职能，不能将其作为税收的独立职能而存在。众所周知，税收作为财政的重要组成部分，天然地具有组织财政收入的职能。而在1983年，以马斯

---

① 马克思，恩格斯．马克思恩格斯全集：第二卷［M］．北京：人民出版社，2005：615．

② 马克思，恩格斯．马克思恩格斯全集：第三卷［M］．北京：人民出版社，1960：22．

格雷夫等为代表的财政学家从资源配置、收入分配、经济稳定发展三个维度描述了财政的具体职能。鉴于此，本书将税收职能概括为组织财政收入、优化资源配置、调节收入分配及稳定经济发展四大职能。

（一）组织财政收入职能

将组织财政收入列为税收的首要职能是因为税收是国家取得财政收入的主要形式。这一点不论是在传统的奴隶社会和封建社会，还是现代的资本主义社会和社会主义社会均可得到证实。一般而言，税收内容建立在法律基础之上，国家可以针对不同税种、税目进行大范围、宽领域的课税；也可以改变课税时间，比如按照年、旬、季、月或者日进行征税，以此来保证财政的均衡入库，满足日常公共开支。正因为此，税收成为了国家汲取财政收入最及时、最可靠的路径，它与传统的"流寇"和"暴君"那种随心所欲的无休止的产权掠夺存在着本质区别，是国家机器的经济基础和"供氧机"。这一点在前文马克思关于税收的经典论断中也有所提及，"捐税体现在经济上的国家存在。官吏和僧侣、士兵和女舞蹈家、教师和警察、希腊式的博物馆和哥特式的尖塔、王室费用和官阶表这一切童话般的存在物于胚胎时期就已安睡在一个共同的种子——捐税之中了"①。

（二）优化资源配置职能

税收之所以具有优化资源配置的职能，可从两个方面得到解释。一方面，国家向企业或个人征税意味着社会财产的部分所有权将转移至国家，这必然会改变原有的社会分配关系，引起资源配置的变化，进而对生产消费等经济活动产生影响。另一方面，由于税收存在取之于民用之于民的特性，税收资金的使用和投向必然也会对社会资源的配置产生影响。这种影响既可能是积极的，也可能是消极的。而税收只有在产生积极影响的情况下，才算实现资源配置的优化。即税收提高了资源利用效率，甚至实现社会经济的帕累托最优。

---

① 马克思，恩格斯. 马克思恩格斯选集：第一卷［M］. 北京：人民出版社，1995：181.

这里以解决外部不经济问题为例分析论证税收是优化资源配置，促进社会实现帕累托最优的有效办法。一般而言，解决外部不经济问题存在两条可选择的路径。一是通过对存在负外部性的行为征税以提高其私人成本，对正外部性行为减免税以降低其私人成本，进而实现社会均衡。二是根据科斯的产权交易办法，在产权明晰的基础上，利益双方可通过自身的产权交易来解决。考虑到当前社会生活中存在的外部性问题往往是产权很难厘清的社会性问题，如若对其继续按照产权交易方式处理，很可能增加外部性成本。因此，从这个角度来看，税收可能比产权交易更适合解决社会负外部性问题。其可以通过发挥优化资源配置的功能促进社会帕累托最优，从而在一定程度上消除负外部性带来的市场失灵问题。此外，从财政政策的角度来看，通过税收制度取得的财政收入可以通过预算支出、转移支付等方式对资源配置施加影响，并且这一影响可以延伸至国民经济各部门、各行业甚至是再生产的各个环节。当然在政策的具体执行过程中，国家也可以根据社会经济活动的客观需要进行调整。这些都表明税收资源配置功能的权威性、灵活性和广泛性，具有国家其他调节手段无可比拟的优势。

（三）调节收入分配职能

调节收入分配是指税收在国民财富分配过程中，通过改变国民收入在各部门、地区以及纳税人之间的分配比例来理顺国家、集体与社会个人之间的利益分配关系，从而实现社会各阶层、各地区的财富水平和社会福利均等化的目标。税收对收入分配的调节作用一般体现在初次分配和再分配两个环节。在初次分配环节，税收主要是发挥聚集财政收入和提高社会效率的功能。当然，为了调节社会收入分配，尤其是为调节那些具备资源优势和处于行业垄断地位的纳税人产生的超额利润，国家也可以通过设置流转税种、开征新税目、增减纳税对象以及调整税率等扩大税基或增加税负的方法将更多的社会资金纳入国库，使得国家拥有更多的财政资金用于开发性扶贫、社会救济以及社会保险等社会福利性项目建设。在再分配环节，税收主要通过所得税制来维护社会公平。所得税不仅是当前各国政府财政收入的主要来源，而且成为政府调节经济、促进社会分配公平的一个重要杠杆，在各国的财政、税收领域中都发挥着重要作用。所得税的收入调节功能主要是通过累进税率实现，集中体现为"高收入者多纳税，低收入者少纳税"。因此，政府也可以根据社会总需求和总供给的关系，通过适当调整所得税税负来保持经济稳定。

（四）稳定经济发展职能

稳定经济发展是税收的派生职能，又可称为"内在稳定器"功能，具体指的是税收能够自动调节社会经济发展的各项基本要素，使其保持一个均衡稳定状态。在西方经济学理论中，该项功能之所以被称为"内在稳定器"功能，是因为税收与国家经济之间存在的函数关系。即在国民收入保持不变的情况下，增加税收将导致国民收入的边际消费倾向下降，相应地，边际消费倾向这一指标的下降便意味着其对过热的国民经济将产生一种抵消作用；同理，若税收减少，其对国民经济所产生的作用则相反。通常来说，税收的这种自动调节功能是通过累进所得税的作用实现的。例如，在因经济过度繁荣所引发通货膨胀的情况下，扩大所得税税基或是适用较高税率的税基，所增加的税收收入将超过国民收入的增量，从而达到抑制需求的作用。相反，在经济萧条的情况下，减少所得税税基以及适用较低税率的税基，所减少的税收收入将超过国民经济的减少量，因此抵消了部分因国民收入下降导致的需求减少。所得税的这种累进程度越高，对经济的调节效应就越明显。如此，国家可以通过运用所得税和国民收入的函数关系，使得税收跟随经济活动的变化而变化，进而达到自动调节国民收入水平的效果，实现经济稳定的目标。

三、税制优化理论

在关于税制结构优化问题的研究中，西方理论学界先后形成了具有代表性和影响力的三大税制优化理论，基本内容包括以下几个方面。

（一）最优税理论

20 世纪 20 年代初，以拉姆齐、斯蒂格利茨、米尔利斯、戴蒙德等经济学家为代表的最优税理论开始发展，并于 70 年代初进入全盛时期。该理论基于完全竞争市场、行政管理能力和标准福利函数的假设，认为政府在获取财政收入的同时也要付出一定的成本，这个成本集中体现在税收干扰市场资源配置所产生的经济效率损失上。正因为此，政府应当致力于寻找一种最优税收制度，该制度既能保证政府财政收入，又能将效率损失降至最低。从内容上看，最优税理论一般包括三大核心内容。

1. 最优商品税理论

最优商品税理论讨论的是当政府只能通过商品税来筹集既定财政收入时，怎样才能保证纳税人税收负担最小的问题。就这一问题，早在 1927 年，剑桥大学福利经济学家拉姆齐（Ramsey）经过严密的数学推理及反复证明后认为最优商品税是基于商品价格弹性存在的一套差别税率结构。倘若政府对那些价格弹性低的商品征高税，且对价格弹性高的商品征低税，则可实现商品税带来的税收负担最小化。毋庸置疑，拉姆齐的最优商品税理论在单一消费者模型中还算成立，但是由于社会上的消费者异质性，如若针对弹性低的商品征高税，其结果则促使低收入群体的超额负担高于高收入群体，贫富差距更加凸显。因此可以说，拉姆齐的最优商品税理论只考虑了效率目标而忽视了社会分配公平。

2. 生产效率的税收条件理论

如果国家在征收商品税之外，还可以征收诸如公司税、海关税、产品税以及其他可能对生产产生扭曲作用的税种，那么税制该如何设计才能保障生产的高效率？就这一问题，在 20 世纪 70 年代初，著名经济学家戴蒙德（P. Diamond）和米尔利斯（Mirrless）通过研究认为，只要国家能够在不受任何约束的条件下设计出最优的商品税制度且存在与之相配套的税收征管能力，那么其就可以对生产者征收 100% 的纯利润税，此时的社会生产效率也能够得到保证。当然，其中如果只是因为税收征管能力有限而无法实行

100%的纯利润税制，那么国家也可考虑直接通过对消费者征税来保障经济依然能够处于生产的可能性曲线上。然而，著名经济学家斯蒂格利茨（J. Stiglitz，1977）的研究指出，现实生活中的政府很难区别某些商品的使用者是厂商还是个人，某些收入是资本性收入还是工资性收入。诸如此类因素的制约导致生产效率难以通过拉姆齐所提出的商品税得以保证。如此，国家对生产者征收除商品税之外的具有扭曲作用的税种还是很有必要的。

3. 最优累进所得税理论

传统观点认为，为更好地实现社会收入分配公平，最优累进所得税的税率应当存在较强的累进性特征，且其边际税率呈现从低到高的递增序列分布态势。然而20世纪70年代，米尔利斯基于社会福利目标框架的研究却认为，在社会福利函数最大化的前提下，政府可以采用较低累进程度的所得税实现收入的再分配。这是因为所得税的累进程度越高的话，边际税率就会越高，由此导致的替代效应也会越强，超额负担越大，经济效率损失越高。况且过高的边际税率只是限制了高收入者的收入水平，低收入者所获得的免税额或补助额并没有因此而增加，这显然既无助于低收入者福利水平的提高，也无益于公平分配目标的实现。此外，米尔利斯的研究还指出，最适所得税税率应当呈倒"U"形的结构。即从社会公平与效率的总体角度来看，中等收入者的边际税率可以适当高些，而低收入者和高收入者应适用相对较低的税率，拥有最高所得的个人适用的边际税率甚至应当是零。斯特恩（1976）提出的最优线性所得税模型认为，线性所得税的最优边际税率应当随着闲暇和商品之间的替代弹性的减小而增加，随着财政收入的需要和更加公平的评价而增加。倘若我们能够计算或者确定劳动供给的反应灵敏度、财政收入的需要和收入分配的价值，就可以计算出最优税率。概括而言，最优累进所得税的相关研究均表明，政府可以利用较低累进所得税来促进再分配目标，而高累进税率往往会带来效率损失。即使国家认为低收入者的福利十分重要，从促进收入分配公平角度来看，采用高累进税率也是不可取的。

（二）供给学派的税制优化理论

20世纪70年代，西方国家出现"经济停滞"和"通货膨胀"并存的经济现象，在凯恩斯主义经济学派难以作出合理解释之时，供给学派异军突起。该学派关于税收的理论主要包括罗伯茨的"相对价格"理论和拉弗的"拉弗曲线"学说。其中，"相对价格"理论主要以税率和税收弹性为切入点分析税收政策对个体经济活动的影响以及对市场的调节作用。这一理论框架下，首先，罗伯茨从投资与消费的角度指出，如果边际税率越高、税收弹性越大，那么"消费"的相对价格就越低[①]，此时理性的消费者就更愿意将自己的收入用于消费而不是投资，反之，如果边际税率越低、税收弹性越小，那就意味着"消费"的相对价格越高，此时的理性消费者会把收入更多用于投资而非消费。其次，基于劳动供给的视角，他认为在税收弹性大于1的条件下，如果边际税率越低，那么闲暇的相对价格就会越高，此时理性的劳动者就会选择少休息或多工作，反之则反是。最后，从纳税经济与非纳税经济[②]的视角，罗伯茨也指出，如果税率越高，人们会更多去从事非纳税经济活动，或者把资金转移到不纳税和少纳税的非生产性领域。"拉弗曲线"学说则主要通过数理分析解读税收与税率之间的关系，阐释了减税政策对刺激经济增长的作用。在这一理论框架下，拉弗（1974）指出，税率超出限定范围就会导致经济衰退，因此传统上以高累进税率去获取公平的做法是不科学的。他还认为，税收总额不仅受到税率的影响，还面临税基的制约，只有宽税基低税率的做法才能较好地处理税收公平与效率之间的关系。

　　在供给学派看来，最优税制结构至少存在四个共性特征：一是对需求和供给都缺乏弹性的商品及生产要素征税；二是采用较低的边际税率；三是能够对那些偶然所得或因占有稀缺资源的收益征税；四是如果无法对个人总收入征税，退而求其次是对个人自然增长的资本利得征税。供给学派研究得出结论主要包括以下几点：一是国家应当针对不同的商品或个人收入设计不同的相对合理的税率。二是国家设计的边际税率不宜太高，这是因为过高的边际税率很可能挫伤消费者增加储蓄或劳动供给的积极性，甚至会增加社会"公开欺骗"或"地下经济"的行为；三是国家应当以提高税制改革效率为

---

① 罗伯茨认为税收影响消费的机会成本和闲暇的机会成本，即影响两者的相对价格。

② 在当时社会，非纳税经济主要指家庭经济和地下经济。

目标，尽可能减少税收对市场的干预。基于这一税收理论，西方资本主义国家掌权者于20世纪80～90年代进行了一系列的税制改革运动，其有效缓解了困扰发达资本主义国家的社会经济问题。例如，以美国为首的发达国家采取了减税政策，促使国民经济摆脱"经济停滞"和"通货膨胀"的局面，经济重新步入增长阶段。20世纪90年代以后，由于科学技术进步带动高新技术产业的发展，发达国家的产业结构进行重新调整，国家整体的经济增长也呈现出良好态势。

（三）公共选择学派的税制优化理论

公共选择学派对财政和税收问题的分析内容相对丰富。这一学派以个人为基本分析单位，认为国家是一个特定制度环境下由能够相互影响的个人组成的集合体，并且这个集合体中的个人存在有限理性以及追求利益最大化的特征。据此也不难看出，公共选择学派的理论基础只能是个别偏好和个别效用函数，其对各种可供选择的公共政策相对优劣的评价方法就是看个体是否一致同意。基于上述思想，公共选择学派对于税制优化问题的研究主要包括三个方面。

一是关于最优税制的内涵界定。公共选择学派认为参与公共税收选择的个人能够在理论上一致同意，这是最优税制的基本前提。然而在现实生活中，这个条件的实现往往比较困难。因此，退而求其次，最优税制就被称为纳税人广泛赞同的税收选择。这种选择必须以税收的成本收益情况作为判断标准。因为只有当纳税人自身觉得自己从政府那里获得的经济利益会大于他们付出的税收成本时，才会选择自愿纳税。很明显，基于公共选择理论的视角，建立最优税制不仅仅是简单的"就税论税"，还需充分考虑税收的支出效应。如果对用于提供公共服务而筹集的资金分配缺乏认识，对公共财政政策所依赖的制度、体制机制和公共服务机构安排缺乏了解，那就很难对税制的优劣作出评判。二是税制优化与偏好显示。公共选择理论认为要建立起上述被广泛认同的税收制度，关键在于解决个人真实偏好的显示性问题。如若个人偏好的显示结果失真，那么社会上就容易产生欺诈行为，导致社会交易成本提高，政治过程中产生的结果也就会缺乏公平和效率。因此，在公共选择理论看来，存在某种特定的税收制度能够让个体真实且自愿地反映自身偏好。这种税收制度主要包括用以补偿公共品的生产成本和保证个人的真实显示偏好两类。三是税制选择与公共开支的最优水平。公共选择理论认为，在最优税制框架下，个人应当能够自愿且真实地反映自身对社会公共支出的偏好水平，这一水平即是社会最优的公共产品供应水平。政府的公共事务实际支出水平必须限定在这一最优水平之上。因此，如果政府的公共支出水平只能通过税收形式筹集，那么政府的最优公共品支出占其所能供给的最大收入的比重，应当限定在事先规定的水平上，用公式表示为：

$$K = \frac{G_e}{T_{m(t,y)}} \tag{1.1}$$

式（1.1）中的 G_e 表示公共开支的最优水平，T_m 表示既定税制所产生的最大税收收入，是税率 t 和税基 y 的函数；K 指的是所需要的公共开支水平占税收总收入的比重。

四、税制改革的基本原则

税收原则是设计和建立税收制度时遵循的指导思想和理论准则。[①] 不同时期不同学者提出不同的税收原则，蕴含着他们对税收功能和作用认识的变化过程。例如，在我国先秦时期就有史料记载，"禹别九州，量远近，制五服，任土作贡，分田定税，十一而赋"[②]，其讲究按土地等级或地理条件的不同，区别征税，量能负担。春秋时期的政治家管仲明确提出了"相地而衰征"的税收原则，主张根据土地的肥沃程度来确定税负的轻重。西方学者如威廉·配第（William Petty），早在 17 世纪 70 年代就明确提出了"公平、便利、节省"等税收原则[③]。亚当·斯密（Adam Smith，1776）把税收原则系统归纳为平等、便利、确定及最小征收成本四个方面，并以这四个原

---

① 李升. 现代税收制度研究［M］. 北京：经济科学出版社，2015：7.
② 孙翊刚. 中国赋税史［M］. 北京：中国税务出版社，2007.
③ 威廉·配第. 配第经济著作选集［M］. 陈东野，马清槐，周锦如，译. 北京：商务印书馆，1981：31.

则来评价税制改革与税制设置的合意性①。19 世纪下半叶，德国新历史学派代表人物阿道夫·瓦格纳（Adolf Wagner，1871）在集前人税收原则理论之大成的基础上，将税收原则概括为财政、经济、公平和行政四项内容。在财政政策原则上，他指出，税收应当能够满足国家财政的需要并且充分适应财政收支的变化；在国民经济原则上，他表示，税源选择应当以资本、所得及财产为主，而税种选择必须在充分考虑税负转嫁问题基础上将税负的落脚点放置于最应承担税负的纳税人身上；在社会公平原则上，他指出应当对一切有收入的国民根据纳税能力的大小课税；在税务行政原则上，他认为，国家的税收法令应该简要明晰，从纳税时间、地点及方式等方面制定方便纳税人的税收制度。现代财政理论中，税收原则的内容虽有所丰富和拓展，但公平原则与效率原则一直是税收制度改革遵循的两大基本原则。以下将着重分析这两大税收原则的基本内涵。

（一）税收公平原则

税收公平原则在很大程度上是指税收制度设计的税收负担分配的均衡状态，税收负担应该公平地分配至每一位纳税人身上，尽可能地合情合理。由于"公平"本身是一个非常复杂的课题，深入理解税收公平原则的内涵就会涉及出发点完全不同的两个具体概念的适用：横向公平和纵向公平。如果某种税同等地对待同样的人，那么就说这种税是横向公平的。也就是说，如果在征税前，两个人具有相同的福利水平，那么在征税之后，他们的福利水平也应是相同的。纵向公平说的是税收制度如何对待福利水平不同的人。如果某种税对纳税能力越强的人，承担的税负越重，那么这种税就是纵向公平的。

在实践中，横向公平表现在许多方面。例如，所得税制考虑了这样的事实：具有相同预算的人可能具有不同的消费能力。因此，对于医疗支出以及特定的教育费用等允许从应税所得中扣除，而且这类扣除也考虑到某些明显的不利条件如盲人和老年人。在税收上，所有这些允许从应税所得中的扣

---

①　亚当·斯密. 国富论 [M]. 郭大力，王亚南，译. 北京：商务印书馆，1997：425.

除，都可能被认为是旨在使所得税制更符合横向公平的措施。纵向公平问题不仅要判断两个人的富裕程度（能力）何时是相同的（横向公平），而且还必须有某种尺度，用来衡量不同人的福利。纵向公平要求税种的设置至少应当考虑三个问题。一是在理论上确定谁应支付较高的税收；二是在税法上如何通过选择课税方法和课税基础体现出来；三是如果某些纳税人的确应当支付较高的税，究竟要高出多少。不可否认，从税收制度的定义出发，税收本来就是政府向纳税人的无偿分配，应当有种种征税的理由，但从利益的角度看，征税都是纳税人利益的直接减少。因此，在征税过程中，纳税人对征税是否公平、合理，自然就分外关注。如果政府征税不公，则征税的阻力就会很大，偷逃税收严重时还会引起社会矛盾乃至政权更迭。

（二）税收效率原则

税收效率原则一般体现在两个方面。一是行政效率，二是经济效率。税收行政效率也叫税收征收效率，是指努力使税收行政优化，最大限度地减少国家征税对产业活动的额外负担，以最少的征收费用或者最小的额外损失取得同样或较多的税收收入。作为税收征管效率的一个重要方面，税收行政效率可以从征税成本和纳税成本两方面来考察。其中，征税成本也就是政府机关为保证税收正常缴纳而付出的征收成本，如税务机关的房屋建筑、设备购置和日常办公所需的费用，税务人员的工薪支出等。税收是政府收入的主要来源，税收减去征税成本就是政府可获得的能够自由支配的净现金。一般情况下，政府的目的是要获取最大的可支配收入，因此，降低征税成本、提高征管效率是政府税务机关需要认真思考的问题。纳税成本是指纳税人为履行纳税义务而支付的成本，如纳税人完成纳税申报所花费的时间和交通费用，纳税人雇用税务顾问、会计师所花费的费用等。相对于征税成本，纳税成本的计算比较困难，因此有人把纳税成本称为"税收隐蔽成本"。

税收经济效率是从税收与经济关系角度，将税收置于经济运行过程之中，考察税收对社会资源和经济运行机制的影响状况。在财政学中，税收的经济效率通常与税收中性有关。所谓税收中性，是指政府课税不扭曲市场机制的运行，或者说不影响私人部门原有的资源配置状况。如果政府课税改变市场活动中以获取最大效用为目的的消费者的消费行为，或以获取最大利润为目的的生产者的生产行为，就会改变私人部门原来的（税前）资源配置状况。这些改变效果即税收的非中性。税收学界在讨论税收的非中性效果时使用了许多概念，诸如消费者剩余损失和生产者剩余损失、福利损失或福利成本、超额负担或无谓负担等。实际上，这些概念均指同一事实：税收在改变（扭曲）资源配置后，对消费者和生产者造成的损失如何。根据税收中性概念，可以把税收的经济效率概念概括为：政府通过税收制度在把数量既定的资源转移给公共部门的过程中，尽量使不同税种对市场经济运行产生程度不同的扭曲所造成的福利损失或无谓损失最小化。

五、税制改革的路径依赖

税收制度改革作为一种制度变迁方式，其内涵就是指税收制度的创立、变更及发展的过程。道格拉斯·C. 诺思在其著作《经济史中的结构与变迁》中指出，税制变迁存在报酬递增和自我强化机制，这种机制使得税收制度一旦踏上某一发展路径，其既定方向会在日后的改革过程中不断强化，呈现出"路径依赖"的特征。在原著中，他将这种"依赖"解释为"过去对现在和未来的强大影响"，并指出"历史确实是起作用的，我们今天的各种决定、各种选择实际上受到历史因素的影响"[①]。因此可以说，人们过去的选择决定了他们现在可能作出的选择。如果按照既定的发展轨迹，改革既有可能使税收制度进入良性循环的轨道，也有可能滑向错误的深渊，甚至可能被"锁定"在某种无效状态而导致改革内容停滞不前。

税制改革之所以呈现路径依赖的特征，主要受到以下因素的制约。一是因生产力发展水平变化所带来的课税标的物的变化。当某些标的物作为衡量社会主要财富的标志出现的时候，主体税种往往建立在这些标的物的基础之上。而课税标的物的变化又往往会影响到税率、征税环节、纳税期限等税收

---

　　① 道格拉斯·C. 诺思. 经济史中的结构与变迁 [M]. 陈郁，罗华平，译. 上海：上海人民出版社，1999：136 – 148.

内容的确定，进而使得税收制度发生局部或整体性变迁。二是政治、经济、社会等综合成本的估算。其中政治成本是指税制变迁是否引起中央与地方关系的调整，导致地方政府积极性的降低。经济成本主要考虑政府的财政承受能力，即改革是否能够保障政府财政收入。社会成本即社会稳定程度，也是纳税人对超额税收负担的综合反映。三是税收征管水平的变动对于税制改革的收益与成本也具有一定影响。它既可以促使税制在一定范围内产生报酬递增效应，也在一定范围内降低制度安排的执行成本。比如，推行存款实名制就能够在一定程度上降低对个人财产征税的成本，计算机的普及会在一定程度上降低税收征管的效率成本等。四是人们在长期的社会交往中形成的惯例、习俗、传统、价值观念等非正式制度安排。它渗透在社会生活的各个领域，通过社会舆论、税收文化等形式引导着税收制度变迁。

当然，路径依赖不同于历史决定论，它并不意味着税收制度改革的方向永不改变。这是因为在历史演进过程中，"任何税收都必须通过政治来操作和实施"①。即政府通过颁布法律、行政法规等强制性手段来完成税制变迁，这便使得税收制度具有强制性变迁的特点。而在当前的民主体制下，这种强制性变迁又是国家根据现实的社会经济发展形势，在充分采纳纳税人建议的基础上进行的。这也就使得税制改革的目标、内容及方式呈现出渐进性特点。

---

①　J. M. Buchanan. Constitutional Constraints on Governmental Taxing Power [M]. Stuttgart：Fisher Price Press，1979：334 - 359.

第二章

税收制度改革的逻辑分析框架

基于前面的理论研究成果，构建一个相对完善的能够较好地解释新中国成立 70 多年税制改革特征的逻辑分析框架，对于研究税收制度的历史演进过程具有重大意义。因此，在本书展开以时间序列为主的税收制度改革内容分析之前，力图通过纷繁复杂的历史事实，抽取出制度演进过程中所蕴含的内在逻辑，追踪税制改革的诸多深层次原因和代表性成果。借鉴当前学术界对新中国成立 70 多年税收制度改革阶段的划分办法，本书将税收制度的历史演进过程划分为计划经济时期（1949 ~ 1977 年），经济转轨时期（1978 ~ 1993 年），社会主义市场经济建设时期（1994 ~ 2012 年）和全面深化改革时期（2013 年至今）四个重要改革阶段。每一阶段都有其既定的政府目标和客观存在的约束条件，并形成符合时代特征的税制结构。

第一节　政府目标与税收制度改革

纵观新中国成立 70 多年的税制改革历程，税收制度的演进都是围绕着国家或政党的政策展开，体现出为国家或政党的特定目标服务的特点。而这个特定目标尽管在不同时期表现出不同的内涵特征，但始终绕不开经济转型发展这条主线。多位学者在研究中也有涉及这一共性的论述。例如，陈共（2005）认为，税收制度改革作为经济体制改革的重要组成部分，应当同经济体制改革的指导思想和目标保持一致①。刘佐（1997）指出，税收工作必须紧密配合党中央文件中提及的事关社会经济发展的宏观政策，其改革内容要与经济发展状况相适应，满足社会经济发展的客观需要②。郭庆旺（1997）也曾强调，财税改革是中国经济体制改革的一个突破口③。本节主要沿着这条主线梳理各个时期的政府目标，进而探讨这一特定目标所引申出的税收制度改革目标。

一、各时期的政府工作目标

新中国成立以来，在不同的建设发展时期，国家政府工作目标有着不同的内容和特点。而从推动经济转型发展的视角来看，我国政府关于经济体制改革的决策和经济发展的目标任务大多体现在历届三中全会通过的决议内容中。因此，本书通过梳理这些决议来确定各时期的政府工作目标，并以此作为税制演变的政策依据。经整理得出的我国各时期政府工作目标如表2-1所示。

表2-1 新中国成立以来各时期的政府工作目标

	时期	目标	来源	文件
计划经济时期	1949～1952年	争取国家财政经济状况根本好转	1950年党的七届三中全会	《为争取国家财政经济状况的基本好转而斗争》
	1953～1957年	"一化三改"*	1953年中共中央政治局扩大会议	《为动员一切力量把我国建设成为一个伟大的社会主义国家而奋斗——关于党在过渡时期总路线的学习和宣传提纲》
	1958～1977年**	多快好省建设社会主义	1958年党的八大二次会议	《中国共产党第八届全国代表大会第二次会议关于中央委员会的工作报告的决议》

---

① 陈共. 1994年税制改革及分税制改革回眸与随感［J］. 地方财政研究，2005（1）：6-9.
② 刘佐. 关于中国税制改革发展趋势若干问题的思考［J］. 管理世界，1997（4）：44-52.
③ 郭庆旺. 论市场经济条件下的税制改革［J］. 财贸经济，1993（10）：43-46.

	时期	目标	来源	文件
经济体制转轨时期	1978～1984 年	实现工作重心转移、改革开放、进行农村经济体制改革	1978 年党的十一届三中全会	《中国共产党第十一届中央委员会第三次全体会议公报》
	1984～1993 年	将经济体制改革从农村推向城市、发展有计划的商品经济	1984 年党的十二届三中全会	《中共中央关于经济体制改革的决定》
社会主义市场经济体制建设时期	1994 年	建立社会主义市场经济体制	1993 年党的十四届三中全会	《中共中央关于建立社会主义市场经济体制若干问题的决定》
	1995～2012 年	完善社会主义市场经济体制	2003 年党的十六届三中全会	《中共中央关于完善社会主义市场经济体制若干问题的决定》
全面深化改革时期	2013 年至今	明确市场在资源配置中起决定性作用；推进国家治理体系和治理能力现代化	2013 年党的十八届三中全会	《中共中央关于全面深化改革若干重大问题的决定》

注：＊内容是逐步实现社会主义工业化，并对农业、手工业和资本主义工商业进行社会主义改造。＊＊1966～1976 年，由于发生"文化大革命"，党的九届三中全会并未召开，税收制度改革主要是受到"非税论"思想的影响，但极度简化的税收制度还是较为适应多快好省地建设社会主义的需要。

　　从表 2 - 1 中可以看出，1949～1977 年的计划经济时期，政府工作目标是实现财政经济的恢复和发展，同时推进农业、手工业和资本主义工商业的社会主义改造，多快好省地建设社会主义。1978～1993 年经济体制转轨时期，政府的主要目标是促进改革开放，并发展有计划的商品经济。1994～2012 年的社会主义市场经济建设时期，政府以建立和完善社会主义市场经济体制为根本目标，充分发挥市场在资源配置中的基础性作用和国家宏观调控作用。2013 年至今的全面深化改革时期，政府工作的总目标是发挥市场在资源配置中的决定性作用，推进国家治理体系和治理能力现代化。

二、税制改革与政府目标的关系

在政府目标的导向下，我国税收制度在各个时期也呈现出不同特征。这里主要从税种结构变动的视角反映税制演变的事实，解释政府目标与税制改革之间的关系。表 2-2 中列出了 1950~2020 年税种结构变动情况。

表 2-2　　　　　　　我国 1950~2020 年税种结构变动

税种名称	1950 年 (19 个)	1977 年 (13 个)	1993 年 (37 个)	2003 年 (23 个)	2012 年 (18 个)	2020 年 (18 个)
货物税	√					
工商业税（营业税部分）	√					
关税	√	√	√	√	√	√
盐税	√					
特种行为消费税	√		√			
工商统一税		√	√			
文化娱乐税						
工商税		√				
增值税			√	√	√	√
产品税			√			
烧油特别税			√			
营业税			√	√	√	
消费税				√	√	√
车辆购置税					√	√
工商业税（所得税部分）	√					
薪给报酬所得税	√					
利息所得税	√					
工商所得税		√				
国营企业所得税			√			

续表

税种名称	1950 年 （19 个）	1977 年 （13 个）	1993 年 （37 个）	2003 年 （23 个）	2012 年 （18 个）	2020 年 （18 个）
集体企业所得税			√			
私营企业所得税			√			
企业所得税				√	√	√
国营企业调节税			√			
外商投资企业和外国企业所得税			√	√		
个人所得税			√	√	√	√
城乡个体工商户所得税			√			
个人收入调节税			√			
国营企业奖金税			√			
集体企业奖金税			√			
事业单位奖金税			√			
国营企业工资调节税			√			
土地增值税				√	√	√
房产税	√		√	√	√	√
地产税	√					
城市房地产税		√	√	√		
契税	√	√	√	√	√	√
车船使用牌照税	√	√	√	√		
车船使用税			√	√		
资源税			√	√	√	√
遗产税	√					
城镇土地使用税			√	√	√	√
耕地占用税			√	√	√	√
车船税					√	√
船舶吨税	√	√			√	√
印花税	√		√	√	√	√
城市维护建设税			√	√	√	√

续表

税种名称	1950 年 (19 个)	1977 年 (13 个)	1993 年 (37 个)	2003 年 (23 个)	2012 年 (18 个)	2020 年 (18 个)
固定资产投资方向调节税			√	√		
屠宰税	√	√	√	√		
筵席税			√	√		
农业税（含农林特产税）	√	√	√	√		
牧业税	√	√	√	√		
牲畜交易税		√	√			
集市交易税	√	√	√			
烟叶税					√	√
环境保护税						√

注：1950 年薪给报酬所得税和遗产税暂未开征，船舶吨税征收办法由财政部、海关总署于 1952 年公布；1977 年遗产税没有立法开征，以后不再提及；1983 年建筑税开始征收，但在 1991 年被废止；1991 年中外合资经营企业所得税法也被废止。

笔者从税种数量和类别两个层面分析税收制度的演进特征。就税种数量而言，计划经济时期，我国税种由新中国成立初期的 19 个减少至 1977 年的 13 个。而到 1993 年，税种数量达到 37 个，比 1977 年翻了一倍以上。1994～2003 年因建设社会主义市场经济体制需要，按照"简税制、宽税基"的原则，税种数量减少至 23 个，且在 2012 年又进一步减少至 18 个。此后 8 年间，税种数量保持不变。就税种类别而言，1950～1977 年，虽然税种数量有所减少，但货劳税和所得税类结构依然存在，主要以工商营业税、工商统一税和工商所得税的形式体现。即税种的减少主要是将货劳税或所得税中的税种制度压缩，其他税类内容基本保持不变。1978～1993 年，税种数量突增的主要原因在于为促进改革开放而建立了"涉外税制"，以及为调控社会经济行为而增设了多个财产行为和特定目的税类的税种。1994～2003 年，根据"简税制"的原则，合并取消特定目的税和所得税类中的个别税种成为当时的主流。当然在这一时期也对货劳税做出了系列调整，如将原来的工商税拆分成增值税、营业税和消费税。2004～2012 年，由于统一城乡税制和国内外企业税制，国家取消了农牧业税、外商投资企业和外国企业所得税、城市房地产税等 9 个税种，同时新增烟叶税和车辆购置税。2013～2020 年，为配合供给侧结构性改革，服务社会、经济、生态等多领域治理工作，在结构性减税原则指导下，虽然保持 18 个税种不变，但其中取消了营业税，并开征了环境保护税。

　　税收制度的这种结构性演变与政府工作目标之间存在密切联系。新中国成立初期，为尽快走出财政紧缺、经济困顿的僵局，税收制度表现出多税种、多次征收的基本特征，目的在于尽可能地汲取财政收入。而到 1956 年，我国财政经济状况有所好转，政府工作目标也就转变成了社会主义建设。当时对社会主义的认识是要让公有制经济占绝对主导地位，与之相适应，简化税制也就成为当时税收制度改革的主要任务。1978 年，党的十一届三中全会明确政府工作目标是进行社会主义现代化建设，主要表现为对内搞活经济、对外实行开放，由此必然导致私营经济和外资经济的比重不断提高。相应地，所得税和涉外税系的建设成为这一时期税制改革的主要任务。而在 1993 年，党的十四届三中全会提出建设社会主义市场经济体制的目标后，税收制度作为政府宏观调控的主要政策工具，改革的目的不仅是为了解决当时"两个比重"过低的财政问题[①]，更重要的是发挥税收在市场中优化资源配置的作用。在此之后，为了完善社会主义市场经济体制，健全统一、开放、竞争、有序的产品及要素市场，政府将税制改革重点放在农业税、增值税和所得税上，致力于形成一套城乡统一、国内外市场统一的税收制度。2013 年党的十八届三中全会强调市场在资源配置中的决定性作用，并首次将财政上升至国家治理的高度，提出了现代财政制度的概念。税收作为财政的重要组成部分，其制度建设目标也必然由"建立与社会主义市场经济体制相适应的税收制度"转变为"建立与国家治理体系和治理能力现代化相匹配的现代税收制度"。这就要求现代税制的建设能够满足政治、经济、社会、文化、生态等全方位、多领域治理的需要。

---

　　① "两个比重"过低是指财政收入占 GDP 的比重较低，中央财政收入占总财政收入的比重也较低。

第二节　税收制度改革的约束条件

在给定的不同时期政府工作目标导向下，税收制度改革的内容不可避免地受到现实条件的约束。基于现有学者对税制改革影响因素的分析和笔者对各阶段税制改革内容的学习，本书认为中国税制改革的约束条件集中体现为以下几个方面。

一、财政汲取能力

无论从西方国家还是我国古代税收制度变迁的历史来看，财政汲取能力都应当成为税收制度改革的首要约束条件，主要原因在于税收是政府财政收入的重要组成部分。例如，在西方国家的税收制度改革历史中，19世纪中叶的美国为筹集南北战争所需要的军事费用，开征了个人所得税；20世纪初的法国为解决财政资金不足的问题，开征了同样税种。在我国古代社会中，税收同样是政府增加财政收入的主要渠道。例如，唐朝中后期的政府为解决财政危机，于780年采纳宰相杨炎的建议，实行了"两税法"；1581年，明朝的张居正为了增加政府财政收入，建议将田税、丁税和杂税合并，实现了当时赋税制度的简化。

尽管在现代市场经济国家中，政府汲取财政收入的形式包括发行债券、取得国有资产收益，等等，但税收在政府财政收入中仍然占有重要地位，是政府财政收入的最主要来源。按照财政预算"以支定收"的原则，政府公共支出规模决定着政府应当取得的财政收入规模，确切地说是决定着大口径的宏观税负水平。而当宏观税负水平保持稳定时，如何通过配置税种或设置税制要素，使之达成这一特定收入目标，便是税收制度改革需要考虑的内容。正如马克思所说，"税收是喂养政府的奶娘"。瓦格纳等著名财政学家也都将保障财政收入作为税收制度建设的首要原则，指出税收应当充分考虑国家的财政需要，并且能够随着国家财政支出规模作出适时调整。

二、税收征管水平

所谓税收征管水平，是指税务机关贯彻执行税收政策，组织税收征管活动的质量和效率，极大地影响着税制运行的有效性。各国实践经验表明，税收征管能力已经成为束缚税收制度改革的主要因素。例如，为充分发挥税收职能作用，税收征管水平较高的国家可根据社会经济发展的需要设置一些征管技术要求高但更为合理的税种；而征管能力较差的国家为了保障财政收入，就不得不采用一些相对不合理但征管技术难度低的税种。由于货物和劳务税、消费税等间接税的征收管理方式简单，对征管技术要求相对较低；所得税和财产税等直接税的征收需要实时全面地监测纳税人财产收入情况，对征管技术的要求相对较高。因此，那些选择以间接税为主体税种的国家，大多是税收管理水平相对落后的国家；而那些选择以直接税为主体税种的国家，其税收征管技术和手段都相对比较先进。

税收制度改革虽然受到税收征管水平的约束，但并不意味着政府的税收征管水平一成不变。一般而言，随着科学技术的发展、税收法制内容的完善、税务从业人员素质的提高以及税收征管制度的规范，税收征管水平也会获得一定的提升。而税收征管水平的提高不可避免地给税制改革内容提供更多的选择，进而更容易形成一个满足社会经济发展需要的科学的税制结构。世界银行在总结发展中国家的税制改革经验时也曾指出，由于税制改革会受到税收征管水平的制约，通常在改善税收征管环境的同时推进税制改革内容会更有效率。因此，税收制度的改革应当充分考虑税务部门的实际征收管理水平，尽可能地使改革措施与同时期的征管技术和手段相匹配，否则将很难实现税制改革的预期目标。

三、中央与地方关系

将中央与地方关系列为税收制度改革的约束条件，其理由还得从中央与地方的财政分权理论谈起。财政分权理论认为，一个国家的政治系统如果设置中央和地方两级政府，并在明确二者职权（财权和事权）的基础上赋予地方政府更多资源配置的权利，那么通过地方政府间的公平竞争，能够让地方政府更好地反映纳税人偏好。而这里的公平竞争意味着地方政府存在追求自身利益最大化和有限理性的"经济人"特征。不可否认，传统的财政分权理论并不能完全解释中国政府间的财政关系，但其财权与事权的划分准则具有一定的普适性。在这一理论框架下，中央政府主要负责国防、外交、社会保障、社会福利和经济发展等各项事务，享有存在大宗收入的税种归属权，地方政府主要负责科学教育、卫生保健和市政建设等各项地方公共事务，享有存在地域性特征的税种归属权。这样的划分方式使得二者的目标函数和利益取向并不完全一致。其中，中央政府追求的是整个社会经济效益的最大化，地方政府则致力于辖区内的社会事业发展，其对上级政府负责的同时也要为辖区内的居民提供服务。此时的地方政府无论是出于为官政绩的考虑，还是迫于自身发展的压力，都会更多地关注自身利益，尽可能争取较大财权。因此，基于地方政府"经济人"的假设，如果改革进程中能够充分考虑地方政府财政收支水平，赋予其适当的税权（尤其是税收收益权），那么自上而下的税制改革也就水到渠成了。

四、税收意识形态

税收意识形态是人们从代代相传的文化传统中获得的关于税收的价值观念或基本看法，是对税收制度改革的一种非正式约束。这种约束一般产生于社会整体的税收文化氛围中，通过税收关系主体的思想和行为起作用。例如，在《经济史中的结构与变迁》中，诺思认为通过意识形态这种约束机制能够引导人们的行为习惯，从而使得决策过程更为简单明了。同时"意识形态不可避免地与个人在观察世界时对公正所持的道德伦理评价相互交织在一起。""当人们的经验与其思想不相符时，他们就会改变其意识观点，实际上，他们试图去发展一套更适合于其经验的新的理性"[①]。一般而言，

———————

① 道格拉斯·C. 诺思. 经济史中的结构与变迁 [M]. 陈郁，罗华平，译. 上海：上海人民出版社，1994：53－54.

税收意识形态的内容包括税收思想、观念和心理。其中，税收思想是指在税收理论和实践研究中形成的系统化理论化的思想体系。尽管它形成于税收实践，但反映的是指导税收实践的思想认识。税收观念指的是人们对于税收的基本观点和看法，如果同税收实践联系起来，也就是本着什么样的态度去规范税收征纳主体的行为，去处理与税收有关的社会经济关系①。税收心理指的是人们在日常生活和税收实践中形成的与税收有关的心理活动，是人们对现行税收制度的直接感知和情绪，具有经验性和直觉性的特征。例如，从纳税人心理的角度来看，大多数纳税人会对税收产生排斥心理，认为税收具有无偿性，并未给他们带来回报。正因为此，社会上偷税漏税的行为屡见不鲜。

第三节　税收制度改革的实践成果

中西方的税制变迁史均表明，税收制度改革的进程是税制结构不断调整的过程。也正因为此，各个国家在不同时期政府工作目标导向下的税收制度改革总是致力于形成一套符合当时社会经济发展需要的税制结构。如此，税收制度的改革历程也就变成了税制结构优化的过程。

一、税制结构优化

在现代汉语词典中，优化的含义是指"加以改变或选择使之优良"②。因此，税制结构优化顾名思义是指对税制结构加以改变或选择，使之变得优良。这一定义至少涉及两个问题：一是如何加以改变或选择，二是如何才算是优良。就前者而言，结合前文给出的税制结构及其基本模式的概念界定，

---

① 高培勇.论更新税收观念 [J].税务研究，1999（2）：3-5.
② 中国社会科学院语言研究所词典编辑室.现代汉语词典（第五版）[M].北京：商务印书馆，2007：1354.

改变或选择的内容包括主体税种的选择、辅助税种的设计以及税种间相互关系的协调。就后者而言，韩庆玲、李万甫（1993）认为，优良的税制结构应当既能发挥税收筹集财政收入的职能，又能发挥税收的经济调节职能。[①]岳树民（1996）认为，优良的税制结构应当按照公平、效率、聚财、简化和节省等税收原则构建，并且适应一定历史时期内社会经济环境和国家政治经济目标的要求。[②] 毛矛（2004）认为，优良的税制结构应当能最大限度地满足社会经济发展的要求，在保障政府财政收入的前提下，将税收效率损失降到最低。[③] 由此可见，税制结构优化的内涵可界定为在既定的社会经济发展条件下，通过选择或改变税制结构内容，使之尽可能地发挥税收功能，满足国家政治经济目标的需要。由于各国社会经济发展水平和政治经济目标不同，对税种的设置和布局也存在较大差异，但基本都围绕以下两个方面进行税种的分工及优化组合。

一方面，税制结构优化应当能够保障政府取得既定的财政收入。这是税收的基本职能，也是税制结构优化的首要目标。而为实现这一目标，一般政府会倾向于选择那些征税对象覆盖范围大，税源广泛，且与一定时期的社会经济发展水平相适应的税种。例如，在农业社会，由于生产力水平低下，政府会将土地作为课税对象，目的就在于保障基本财政收入。在现代社会，一些西方发达国家之所以将个人所得税设置为主体税种，主要原因在于这些国家的国民收入水平高，对其征税既符合量能负担的原则，又能获取足额的财政收入。而就发展中国家来讲，由于这些国家个人收入水平相对较低，征管能力也相对有限，如若以个人所得税为主体税种，自然很难保证足额的财政收入。而商品税由于存在税基宽、税源广和易征管的特征，自然成为他们的主体税种。当然，基于保障政府财政收入的目标，税制结构的优化也应当充

---

①　韩庆玲，李万甫. 税制结构优化应具备的特征 [J]. 中央财政金融学院学报，1993（11）：13 - 16.

②　岳树民. 优化税制结构的理论分析和我国的现实选择 [J]. 税务研究，1996（12）：16 - 20.

③　毛矛. 税制结构优化内涵与目标的理论分析 [J]. 吉林省经济管理干部学院学报，2004（5）：41 - 43.

分考虑政府的财政支出结构及其对财政资金的需求。如现代西方国家将社会保障税作为主体税种，一个重要的原因就在于社会福利保障性支出在该国财政支出中所占比重越来越大。

另一方面，税制结构优化应当能够助力政府实现宏观调控目标。从税收功能的角度看，除了保障政府财政收入外，税制结构优化还应当服务于国家调节收入分配、优化资源配置和稳定经济发展等不同宏观调控目标。这些目标在税制改革的基本原则导向下，集中表现为对公平与效率的权衡。一般而言，所得税尤其是个人所得税实行累进税率，符合税收纵向公平的原则，而货劳税通过市场行为中的收入效应和替代效应调节社会资源布局，能够较好地实现效率目标。当然，由于各种税之间会通过价格、资源和商品流动等一些复杂的中间机制相互影响，某一特定税种并不是完全为政府的某个特定目标服务，还可能助力其他政策目标的实现。再者，任何一个国家也不可能单方面地追求效率或者公平，而是尽可能地实现二者兼顾，只不过会权衡哪个更为优先而已。这给我们的启示是：在税制结构优化过程中，要处理好公平与效率之间的关系，主体税种的选择应当协调好货劳税和所得税的比例关系，而辅助税种的设置应当尽可能地发挥税收的整体性功能。

二、在改革进程中实现税制结构优化

根据《现代汉语词典》的释义，改革是指对旧有的生产关系、上层建筑作局部或根本性的调整。就税收制度而言，改革的形式很多。既有对纳税人、征税对象、税率等税制构成要素的调整，也有新税种的出台和旧税种的废弃，还有税种组合的变化。但不论是税制设计还是结构的边际改变均会影响税制结构。后者与税制结构的关系毋庸赘言，前者则是通过对税收制度要素的调整影响其税种组合和收入结构。例如，就纳税人和课税环节而言，如果对财产税选择在交易环节纳税，并且将纳税人选定为财产的销售方，那么财产税便具有了货劳税特征。在既定收入水平下，这样的结果相当于提高了货劳税比重而降低了财产税比重。同理，如果对消费税采取最终消费环节课征并规定消费者为纳税人，则会使消费税具有部分所得税的功能。在既定收入水平下，这样的结果相当于增加了所得税比重而减少了货劳税比重。

由此可见，税收制度改革不可避免地会引起税制结构的变化。当税收制度改革合理时，改革的结果可能导致税制结构优化；而当税制改革不合理时，改革的结果则可能造成税制结构的劣化。合理与否的标准是税收制度改革在社会经济等客观条件约束下，能否充分发挥税收职能，更好地服务于政府工作目标。税收制度改革过程如图2-1所示。

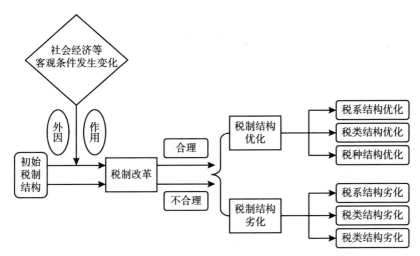

图2-1　改革进程中的税制结构变化

一般而言，在税制改革的进程中，理性的政府调整税制要素的根本目的在于实现"税制结构优化"，而不可能是为了促进"税制结构劣化"。从这一视角来看，税收制度改革的进程也是税制结构优化的过程，即税收制度改革与税制结构优化基本同义。

第三章

计划经济时期税收制度的历史
沿革（1949～1977年）

1949年至改革开放前期，面对国内满目疮痍、积贫积弱的经济困境和国外帝国主义的孤立封锁，党和政府以苏联经验为借鉴，在社会主义事业建设中逐步建立起高度集中的计划经济体制。这一经济体制框架下，税收制度主要经历了四个阶段的历史沿革。一是在国民经济恢复时期，为助力我国实现财政经济状况根本好转的政府工作目标，初步建立起全国统一的多税种、多次征的复合税制；二是在社会主义改造时期，为助力实现"一化三改"的目标，对初步建立起来的税收制度进行修正和巩固；三是在全面建设社会主义时期，为满足多快好省地建设社会主义需要，合并简化了部分税种；四是在"文化大革命"时期，由于"左"倾错误思想的指导，税收制度被进一步简化，税收功能遭到严重损坏。

第一节　国民经济恢复时期税收制度的
建立（1949～1952年）

1949年新中国成立初期，一个新生的政权虽然已经建立，但它却面临着极大的财政经济困难。一方面，在新中国成立前期经历了多年的内外战争，社会工业和农业生产遭受严重破坏。例如，从工业生产总值来看，这一时期的轻工业生产总值比起新中国成立前生产规模减小了 30%，而重工业减少了 70%，其中钢铁行业的产量更是减少超过 80%；从农业粮食产量来看，和新中国成立前相比，1949 年粮食产量减少 25%，棉花产量减少了48%。[①] 另一方面，由于这一时期的经济成分复杂多样，既有官僚资本残留，也有一些民族资本和小商品经济存在，物资的匮乏导致他们在市场上的投机倒把行为更加猖獗，恶性通货膨胀问题层出不穷。可以说，当时的国民经济基本处于崩溃边缘。这种几近崩溃的国民经济使得国家财政收入来源遭到了严重破坏，加上政治、军事等各项国家事业的建设又急需大量资金，让本就亏空的国家财政面临巨额赤字。在这样复杂严峻的财政经济形势下，党和政府审时度势，认为实现财政经济状况的根本好转是政治、经济、军事等社会主义事业建设的关键。正因为此，实现财政经济根本好转成为这一时期政府的主要工作目标。为保障这一目标的实现，以统一全国税政工作为前提的税收制度改革工作逐步展开。

一、统一全国税政工作，建立新税制

新中国成立初期，国家财政工作基本处于分散状态，新老解放区的税收制度并不统一。例如，同样是面粉，东北地区的税率为 8%，华北地区和华东地区为 25%；又如同样是卷烟，东北地区税率为 60%，华北地区为10%，华东地区则是 40%。[②] 如此悬殊的税收待遇不可避免地加剧市场混乱，阻碍了国民经济的恢复和发展。因此，为了恢复市场秩序，全国税政工作将重心和焦点放在建立集中统一的税收制度上。

1949 年 11 月，中央人民政府政务院财政经济委员会和财政部在北京成功召开第一届全国税务会议。此次会议根据《中国人民政治协商会议共同纲领》提出的"保障革命战争供给、照顾生产恢复和发展"等税制建设原

---

① 郑有贵. 中华人民共和国经济史（1949 - 2012）［M］. 北京：当代中国出版社，2016.

② 北京经济学院财政金融教研室. 新中国税制演变［M］. 天津：天津人民出版社，1985：6.

则，拟定了《全国税政实施要则》（以下简称《要则》）的草案，并在两个月后以国务院通知的形式发布实施。《要则》明确规定在全国范围内可征收14个税种，包括货物税、工商业税（包括坐商、行商、摊贩的营业税和所得税）①、盐税、关税、薪给报酬所得税（未开征）、存款利息所得税、印花税、遗产税（未开征）、交易税、屠宰税、房产税、地产税、特种消费行为税和车船使用牌照税。此外，《要则》还规定由财政部和海关总署制定船舶吨税②；允许地方设置农业税、牧业税和契税等地方性税种，且具体征税办法由地方政府自行决定。

与《要则》协同颁布的是《全国各级税务机关暂行组织规程》（以下简称《组织规程》）。在《组织规程》的指导下，国家按照统一管理的原则，设置了中央与地方六级税务机构，从上到下依次为中央财政部税务总局，区税务管理局，省、盟或中央直辖市、区辖市税务局，专区税务局及省辖市税务局，县、旗、市、镇税务局，税务所。各部门各司其职、各负其责，较好地促进新税制的征管落实。当然，这一时期为调动地方政府参与新税制建设的积极性，中央政府在统一收取地方上缴的税收收入后又视情况逐级划归地方政府留用。例如，在1950年3月中央人民政府政务院发布的《关于统一国家财政经济工作的决定》中就明确指出，存款利息所得税、印花税、交易税、屠宰税、房产税、地产税、特种消费行为税、车船使用牌照税等税收

①　1950年1月31日，中央人民政府公布了《工商业税暂行条例》，开始征收工商业税。工商业税分别依照工商业户的营业额和所得额征收。依照营业额计算的部分简称营业税。由于它是工商业税的一个组成部分，通常称为工商业营业税。工商业营业税按工商业的营业行为多环节征收，具有征收面广、入库及时的特点。随着国民经济的恢复和发展，税源日益丰裕，而且税率较低，税负均衡，征收简便，易被接受，所以它发挥了为国家组织财政收入的积极作用。《工商业税暂行条例》公布后，1953年和1956年有过两次重大变动。

②　船舶吨税是海关代表国家交通管理部门在设关口岸对进出中国国境的船舶征收的用于航道设施建设的一种使用税。1952年9月16日政务院财政经济委员会批准，1952年9月29日海关总署发布《中华人民共和国海关船舶吨税暂行办法》，1991年交通部对税率表进行修订，1994年2月25日《中华人民共和国海关船舶吨税暂行办法》再次修订。2011年12月国务院发布《中华人民共和国船舶吨税暂行条例》自2012年1月1日起施行，《中华人民共和国海关船舶吨税暂行办法》同时废止。

可依照当地实际情况划拨地方使用。①

二、新税制基础上的政策调整

在统一全国财经工作后，我国财政经济状况开始好转，但仍处于建立新民主主义经济的转折点，许多私营工商企业由于市场供需矛盾、自身经营管理不善、成本高、利润少等原因陷入极大的经营困境。1950年6月，毛泽东同志在中国共产党七届三中全会上作出《为争取国家财政经济状况的基本好转而斗争》的报告指出，要实现我国财政经济状况的根本好转应当满足三个条件，即土地改革完成、现有工商业实现合理调整、国家机构所需经费大量节减②。最后全会确定要做好土地改革、稳定物价、调整工商业、整党等八项工作。

为了配合工商业的发展，1950年7月，国家针对当时税收工作存在的问题，根据巩固财政收支平衡和照顾生产的恢复发展两项原则做出了如下税收调整：一是在税种、税目和税率的设置上，将《全国税政实施要则》规定的地产税和房产税合并为一个税种，并决定暂不开征薪给报酬所得税和遗产税；将原规定的1136个货物税征税品目减并为358个；将原规定按5%的税率缴纳税款的纳税对象从全年所得额未满100万元者扩大至300万元者；同时将累进税率的累进级数由原来的14级增加至21级，并规定全年所得额为1亿元者适用30%的税率。二是就征收办法、货照和评价计税做出调整。规定采用自报查账依率计征、自报公议民主评定和在自报公议民主评定基础上的定期定额3种方法可分情况采用。规定对若干种应纳货物税的货物提高分运量或实行货照不同行，免除办理分运和查验手续，以利物资交

---

① 1950年3月3日，政务院公布《关于统一国家财政经济工作的决定》规定，除了批准征收的地方税以外，所有关税、盐税、货物税和工商业税税收入均归财政部统一调度使用。而当时准予征收的地方税主要包括存款利息所得税、印花税、交易税、屠宰税、房产税、地产税、特种消费行为税、车船使用牌照税等，其产生的税收收入由中央政府根据各大行政区、省级人民政府的全年财政预算，划归地方留用。

② 毛泽东．为争取国家财政经济状况的基本好转而斗争［EB/OL］．http：//www.scopsr．gov．cn/zlzx/ddh/ddh7/201811/t20181121_327382.html，2017-07-18.

流；同时规定严格按照税法条例评价计税，对于出口的已税货物，经批准后可办理退税。三是调减盐税税额。政务院财政经济委员会专门发出《关于减半征收盐税的决定》，决定自 1950 年 6 月 1 日起，对食盐税额实行减半征收，并对当时粮食价格折合的金额核定税额①。四是调整农业税。重申 1950 年 5 月 30 日发布的《关于 1950 年新解放区夏征公粮的决定》，对从各阶层实行累进税率，规定以户为单位，贫农最高不超过其实际产量的 10%，中农不超过其实际产量的 15%，富农不超过其实际产量的 25%，地主不超过其实际产量的 50%，特殊者亦不超过其实际产量的 80%。同时为鼓励农民生产积极性，规定一律按照土地的常年产量计算征收。1950 年 9 月，中央人民政府批准施行《新解放区农业税暂行条例》（以下简称《新条例》），规定新解放区的农业税以户为单位，按照农业人口每人平均的农业收入计征，每户农业人口全年平均农业收入不超过 150 斤主粮者免征，超过者按照 3%～42% 的税率计征。为了贯彻执行《新条例》，财政部于同年颁发了《关于农业税土地面积及常年应产量订定标准的规定》。1951 年，财政部又颁发了《农业税查田定产工作实施纲要》，要求认真做好查田定产工作。通过这次税收调整，对协调公私关系、促进生产的恢复和发展、争取财政经济的基本好转都起到了有利作用。

三、进一步完善工商税、关税和农业税等税收制度

在公私兼顾、劳资两利、城乡互助、内外交流方针的指引下，经过调整工商业、调整税收、进行土地改革，到 1951 年，我国国民经济获得迅速恢复和发展，出现了当时工商业者自称为的"黄金时代"。但是，正如毛泽东

---

① 盐税是指以从事生产、经营和进口的盐为课税对象所征收的一种税。1949 年中华人民共和国成立，政务院于 1950 年 1 月 20 日颁布了《关于全国盐务工作的决定》，建立起新的盐务管理机构，确定了盐税征收原则、盐税税额和管理办法。为了加强盐税征收工作，并有利于盐务部门集中力量从事发展盐业生产，从 1958 年 7 月 1 日起，盐税的征收工作由盐务部门交由税务机关办理。1973 年税制改革时，把盐税并入工商税中作为一个税目，但仍按原盐税制度执行。1984 年 9 月 18 日国务院颁布了《中华人民共和国盐税条例（草案）》，盐税从工商税中分离出来，重新成为一个独立税种。1994 年 1 月 1 日正式废止。

同志在党的七届二中全会上的报告所指出的"中国资本主义的存在和发展，不是如同资本主义国家那样不受限制任其泛滥的"[①]，应当加以限制和改造。这就要求从制度建设、组织建设、加强征收管理等方面，进一步加强税收工作，以适应形势的需要。并随着土地改革的胜利进行，及时改进农业税征收制度。

首先，在工商税制完善方面，中央人民政府坚持依法办事、依章计征的原则，将之前多个以草案形式试行的税收内容进行修订和完善，陆续发布印花税、屠宰税、利息所得税等暂行条例。为了配合棉纱统购统销政策的实行，政务院决定开征棉纱统销税，并于 1951 年 4 月财政部公布施行《棉纱统销税征收办法》。同年 9～10 月，财政部又陆续发布了《临时商业税稽征办法》《摊贩业税稽征办法》和《合作社交纳工商业税暂行办法》。至此，除薪给报酬税和遗产税外，有关工商各税的税法条例和征收办法全部臻于完善并公布施行[②]。其次，在关税征收制度的完善方面，根据 1950 年 1 月确定的关税六项基本原则，政务院于 1951 年批准公布了《中华人民共和国海关进出口税则》《中华人民共和国海关进出口税则暂行实施条例》和《中华人民共和国暂行海关法》，由此建立了我国有史以来第一部真正独立自主的关税征收制度[③]。同时，为了加快我国与苏联和东欧对外贸易的发展，减少边境车站和港口的货运积压，于 1952 年 9 月公布实施了《中华人民共和国海关船舶吨税暂行办法》。最后，在农业税制的完善方面，由于土地改革的顺利进行，农村经济和阶级状况发生了变化，使得 1950 年实行的《新解放区农业税暂行条例》问题凸显。1952 年，国家对这一条例内容进行修订和完善，规定已完成土地改革的地区农业税累进税率最高不超过 30%，最低

①　李金铮. 近代中国乡村社会经济探微 ［M］. 北京：人民出版社，2004：56.

②　工商税制相对工商业税的范围较大，是指中华人民共和国以从事工商业经营活动的单位和个人为主要征税对象所制定的各种税收制度的总称，实行以流转税、所得税为主体，多种税相配合的复合税制，工商税收由国家税务总局主管。

③　关税是指国家授权海关对出入关境的货物和物品征收的一种税，一般属于国家最高行政单位指定税率的高级税种。关税的征税基础是关税完税价格，其中进口货物以海关审定的成交价值为基础的到岸价格为关税完税价格；出口货物以该货物销售与境外的离岸价格减去出口税后，经过海关审查确定的价格为完税价格。关税应税额的计算公式为：应纳税额＝关税完税价格×适用税率。

不低于 5% 。同年公布实行了《受灾农户农业税减免办法》，积极贯彻落实依法减免的税收政策。

可以说在国民经济恢复时期，初步建立起的全国统一的税收制度对我国经济恢复和发展具有重要意义，在争取财政收入、稳定金融物价、调整工商业、促进物资交流、保护和发展对外贸易以及制约资本主义发展等方面产生着积极影响，为接下来优先发展重工业和进行三大改造奠定了物质和制度基础。

第二节　社会主义改造时期税收制度的修正与巩固（1953～1957 年）

在实现国家财政经济状况根本好转之后，1953 年，"一五"规划的制定与实施标志着我国开始进入有计划的经济建设和全面实行社会主义改造时期。这一时期，党中央根据毛泽东同志的建议，以党的过渡时期总路线和总任务的形式给出了政府工作目标，即要逐步实现社会主义工业化和对农业、手工业、资本主义工商业进行社会主义改造[①]。在这一目标导向下，1953 年 8 月的全国财经工作会议明确提出税制改革的主要任务包括两个方面：一是为国家重点项目建设积累更多的财政资金；二是充分发挥税收调节职能，使其成为保护和发展社会主义、改造资本主义工商业的有力工具。就第一个方面而言，政府根据经济结构和经营方式的变化特征，于 1953 年修正了之前多税种、多次征的复合税制；就第二个方面而言，政府根据农业、手工业和资本主义工商业的社会主义改造程度进行了两次税制调整。

一、1953 年修正税制

经过 3 年国民经济的恢复和发展，我国国营和公私合营经济在经济生活

①　廖盖隆. 中国的社会主义改造 ［M］. 北京：中国青年出版社，1955：55 - 109.

中的比重大幅提升，私营经济比重则出现大幅下降①。这样的经济结构使得
原本以私营工商业为主要纳税人的多税种、多次征的税收制度难以发挥其应
有的财政收入职能，出现经济日渐繁荣、税收相对下降的尴尬局面。根据
《中国统计年鉴（1984）》的数据统计，我国 1950 年工商税收收入占全国财
政收入的比重为 36.2%，1951 年这一比重降低至 35.7%，1952 年进一步降
低至 33.5%。如此，从国家财政收入的视角来看，当前多税种、多次征的
税收制度与现有经济结构或经营方式已经不相适应，难以保障国家财政收
入。针对这一问题，1952 年 12 月，国家通过颁布《关于税制若干修正及实
行日期的通告》，对现行税制进行了适当的修正和改进。

　　具体而言，此次税制修正的内容如下：一是尝试实行商品流通税。这是
此次税制修正中的一个新增税种。该税种以国家能够控制的原属货物税征税
范围的 22 种商品为主要征税对象，对已经在征的货物税、工商营业税以及
印花税进行合并简化，实行从生产到销售一次征收，并且税率按照上述各税
税负综合计算而成。二是简化货物税。在修订税目的基础上，将原以交易税
名义征收的粮食改按货物税计征，同时新增了香精、胶片、胶卷、照相机等
其他征税品类。将工业产品在生产环节应纳的货物税、印花税、营业税及其
附加均并入货物税纳税范围，并调整了相关税率。三是修订工商业税。将工
商企业原应缴纳的印花税纳入营业税征税范畴，同时把代购、代销、包销一
律改按进销货征税，取消对合作社优待减税的照顾办法。四是修订其他各
税。主要内容包括取消特种消费行为税，将其中电影、戏剧及娱乐部分税目
改征文化娱乐税，剩余税目并入工商营业税范畴；调整屠宰税，把原来对屠
宰商征收的营业税、屠宰税及其附加、印花税合并在屠宰税内，统一按照
13% 的税率征收。

　　相较于修正前的税制，此次改革并未出现税种数量减少，也并未改变税
制结构的基本性质，但调整了之前针对工业企业的多税种、多次征的税收征
纳办法。修正完成后，我国形成了包括商品流通税、货物税、工商业税、印

---

① 据《中国统计年鉴（1984）》统计，国营和公私合营经济占财政收入的比例从 1950 年的
33.78% 上升至 1952 年的 59.17%，可以较为准确地佐证这一观点。

花税、盐税、关税、牲畜交易税、屠宰税、城市房地产税、文化娱乐税、车船使用牌照税和利息所得税共 12 个税种制度在内的工商税收体系。

二、配合社会主义改造的税收政策

在过渡时期总路线方针的指引下，1953 年，我国开始针对农业、手工业和资本主义工商业进行社会主义改造。截至 1954 年，我国手工业合作社成员人数激增至 121 万人，共计 41 000 多个合作社组织[①]。1955 年初，我国农业生产合作社也已经发展至 48 万余个[②]。同年，大型私营工业企业和私营商场也基本实现了公私合营，国营商业占据了主导地位[③]。在这样的社会经济背景下，税收工作除了保障财政收入外，还必须紧密配合这些行业的社会主义改造。在促进农业合作化方面，主要以减轻农民税负为主。例如，1953 年 8 月，政务院发布《关于一九五三年农业税工作的指示》，文件要求在今后 3 年内的农业税征收标准应当稳定在 1952 年的实际水平上，征收办法由各省、自治区、直辖市酌情规定。1954 年 10 月，经政务院财政经济委员会批准，财政部规定农村集镇的供销合作社基层社将购入或拨入的工业品批售给私商的，可以免征营业税，同时在 1955 年供销合作社的营业税税率提高为 3% 以后，对规定范围以内的农具继续按 2.5% 的税率征收营业税。[④]

在扶持手工业合作社发展上，1953 年 8 月国家税务总局规定对新成立和原纳税户不超过 25% 的手工业合作社免征营业税。1955 年 11 月财政部发布《手工业合作组织交纳工商业税暂行办法》，本着"对高级形式、共负盈亏的社多优待，相应地对低级形式、自负盈亏的社少优待"[⑤] 的原则，分别对手工业社、组征收的营业税以及所得税给予不同的减税待遇。同时，采用自报查账的方式计征手工业合作社的所得税额，放宽该类组织的存货计价方

① 中共中央党史研究室. 中共党史大事年表［M］. 北京：人民出版社，1981：110.
② 中共中央党史研究室. 中共党史大事年表［M］. 北京：人民出版社，1981：112.
③ 中共中央党史研究室. 中共党史大事年表［M］. 北京：人民出版社，1981：111 - 112.
④ 刘佐. 新中国税制 60 年［M］. 北京：中国财政经济出版社，2013：30.
⑤ 北京经济学院财政金融教研室. 新中国税制演变［M］. 天津：天津人民出版社，1985：25.

式、固定资产折旧办法等。在推动资本主义工商业的社会主义改造方面，国家根据"公私区别对待，繁简不同"① 的原则进行了相关税制设计。例如，在税收优惠上，对国有工业企业连续生产过程中生产的 135 种产品免征商品流通税或货物税，对其按计划调拨的产品采用调拨价计税，对其工业批发业务和企业之间调拨的原材料免征营业税，而私营工业企业均不享受上述政策。在征税手续方面，国家对私营企业实行严格的税务管理和监督，规定私企间的交易产品在完税后需要进行逐件贴证。此外，为配合国家以国家资本主义形式改造资本主义工商业，财政部在 1956 年发布《关于对私营工商业在改造过程中交纳工商业税的暂行规定》明确指出，公私合营工厂合并后，以总厂为单位交纳企业营业税，按照这一办法缴纳税款确有困难者，经批准可给予 30% 以内的税收减免或按照小型工业企业标准纳税。配合社会主义改造的税收政策如表 3 - 1 所示。

表 3 - 1　　　　　　　　配合社会主义改造的税收政策梳理

政策促进方向	政策内容	政策依据
促进对农业的社会主义改造	为了鼓励农业生产合作社积极培育树苗，胜利实现 12 年绿化祖国的任务，对农业生产合作社培育树苗的收入，一律免征农业税。农业生产合作社、个体劳动农户和别的公民所栽培的林木，在没有收入的年限内，也予免税	财政部、林业部《关于农业生产合作社培育树苗收入免纳农业税的规定》
	合作社相互间或对社员直接购销应税货品（粮食、牲畜），免税；上下级合作社之间和直接对社员购销牲畜不纳交易税	《关于合作社相互间或对社员直接购销应税货品免征交易税的通知》，《关于合作社牲畜交易税征免规定的指示》
	农业生产合作社及其所属副业单位、农民互助组、农业社社员、个体农民所书各种商事、产权凭证一律免征印花税	《关于农业生产合作社及其所属副业单位、农民互助组、农业社社员、个体农民所书各种商事、产权凭证一律免征印花税的通知》

① 我国在过渡时期实行的税收政策。

政策促进方向	政策内容	政策依据
促进对农业的社会主义改造	(1) 农业生产合作社、农业社社员和个体农民生产的农业、林业、畜牧业、渔业产品可适当免征商品流通税、货物税、营业税和所得税； (2) 农业社附设的手工业工场、作坊产制或者接受加工的产品，凡是属于应该缴纳商品流通税、货物税的品目，除了供应社员的麦粉外，其他产品都应当依法缴纳上述两种税收，但是农业社不再缴纳营业税、所得税； (3) 农业社附设的服务性单位，如理发铺、旅店、饭店等，其收入应当缴纳3%的营业税，免纳所得税； (4) 农业社在城市、集镇设立店铺经营商品，贩卖非自己生产的产品，应当缴纳3%的营业税，免纳所得税。未设立店铺贩卖非自产产品的应当缴纳5%的临时商业税	《关于农村工商税收的暂行规定》
	(1) 供销合作社经营的商品按2%的税率计征营业税； (2) 新解放区供销合作社的营业税一律减征20%，并适当免征所得税； (3) 有上下系统关系的供销社以成本价调拨货物的免征营业税，无此关系但是根据省级以上合作社的命令，以成本价相互调拨货物，有账据证明的，也可免征营业税	《合作社交纳工商业税暂行办法》
促进对手工业的社会主义改造	(1) 手工业生产合作社，从开工生产的月份起，营业税减半征收1年，所得税减半征收2年。从第二年起，对于个别经营仍然有困难的合作社，经过县（市）人民委员会批准可以在应纳营业税税额20%的范围以内酌情定期减税； (2) 手工业生产合作社联社、手工业供销生产社、手工业供销生产小组和手工业生产小组，从开工（开业）的月份起，第一年营业税减征20%，所得税减半征收； (3) 某些人数多、产值低、经营有困难的手工业生产合作社和手工业生产小组，在成立以后的第一年，可以酌情按月免征营业税； (4) 边远山区、少数民族地区新成立的手工业合作社，营业税可以在1年的期限以内，所得税可以在2年的期限以内，由省、自治区人民委员会根据具体情况予以减税、免税。从第二年起，对于经营仍然有困难的合作社，经过省、自治区人民委员会批准，可以在应纳营业税税额50%的范围以内酌情定期减税； (5) 边远山区、少数民族地区的手工业生产合作社联社、手工业供销生产社、手工业供销生产小组和手工业生产小组，可以适用比上述第二项较高的减税待遇，但是减税的比例应当低于当地的手工业生产合作社	《手工业合作组织交纳工商业税暂行办法》

续表

政策促进方向	政策内容	政策依据
促进对资本主义工商业的社会主义改造	（1）公私合营工厂在并厂后统一核算盈亏的，应当以总厂为纳税单位，总厂所属各分厂、车间之间相互调拨货物或提供劳务等不纳营业税；按照大型企业纳税有困难的，经批准可以在应纳税额 30% 的范围内定期减税，或者暂按小型工业纳税； （2）公私合营商业批发单位批发工业品的，免征营业税；但是批发加工收回的商品，除了已经缴纳商品流通税以外，应当缴纳营业税	《关于对私营工商业在改造过程中交纳工商业税的暂行规定》
	（1）资本家在公私合营时自动将资财投入企业，不论是个人财产还是过去抽逃的企业财产，一律不查问来源，不补税； （2）企业的欠税应当在公私合营时缴清，缴清确有困难的可以转为公股，由于欠税而加征的滞纳金可以少收或者不收； （3）私营企业 1955 年度所得税的各种计算标准，应当掌握从宽精神做好汇算清缴。企业在公私合营中清估财产的结果，无论增减，一律不列入原企业的损益计算所得额	《国务院关于私营企业实行公私合营的时候对债务等问题的处理原则的指示》

三、社会主义改造高涨时的税收政策

1955 年，党和国家进一步加快对农业、手工业和资本主义工商业的社会主义改造步伐。在一系列措施的推动下，合作化运动进入高潮阶段。据有关资料统计，此次合作化运动中，参加农业合作社的农户从 1955 年的 14.2% 猛增至 1956 年的 96.3%；参加手工业合作社的手工业者从 1955 年的 26.9% 上涨至 91.7%；而私营工商业也在 1956 年底基本完成了社会主义改造。[1]

应当承认，这次来势迅猛的合作化运动让税收制度改革来不及准备，只能做一些过渡性的调整，内容包括补充修订工商和农业税制。就工商税制的修订而言，1956 年国家财政部先后发布各类私营企业社会主义改造过程中

---

[1]　北京经济学院财政金融教研室. 新中国税制演变［M］. 天津：天津人民出版社，1985：27.

的征税办法，基本简化了这些企业在商品流通税、货物税上的计税原则、计税依据及纳税标准。例如，这一时期规定对公私合营企业的调拨、批发、零售等业务均可按照简化程序申报缴纳营业税；对个体小商小贩和手工业者，一般只按3%的税率征收营业税，不征所得税；对交通运输合作组织统一按营业额计算缴纳工商业税。此外，国家还对这些企业缴纳地方税的程序做了简化，如统一按照账面价格计算房地产税，一律按照税目申报缴纳印花税等。在征税办法上，这一时期的营业税取消了国营或合营企业民主评议的规定，一律采取查账征收方式纳税，所得税实行按季预缴，年终汇算清缴的方式，并适当放宽对费用开支的掌握尺度。就农业税制的修订而言，为适应农业合作化建设以后的农村经济变化新情况，1956年8月，国务院在批转财政部报送的《关于1956年农业税收工作中的几个问题的请示》中规定农村以"社"为单位，按照常年产量计算纳税，并给予缺少劳动力或者纳税有困难的社队适当减免税照顾。同年12月，财政部发布《关于农村工商税收的暂行规定》，按照对农林牧渔产品从宽，手工业类企业稍严的原则对农村的各类社、队以及社队企业基本免收印花税以及所得税。

　　总体而言，在社会主义改造时期，税收一方面为社会主义工业化建设积累了大量资金，另一方面认真贯彻利用、限制和改造的原则，促进农业、工业、资本主义工商业顺利完成社会主义改造。此外，这一时期的税收制度在发展国民经济、扶持合作经济、加强对私改造等方面也都作出了积极贡献。为保障税收政策有条不紊地推进，这一时期的税收征管能力也在逐步增强，培养锻炼了一大批税务干部，为今后的税收工作提供了重要经验。

第三节　全面建设社会主义时期税收制度的简化（1958～1965年）

　　在基本完成社会主义改造之后，1958年的党的八大二次会议提出了"鼓足干劲，力争上游，多快好省地建设社会主义"的目标。为实现这一目标，以"高指标""瞎指挥""浮夸风""共产风"为主要特征的"大跃进"和人民公社化运动在我国全面展开。在这次运动中，贬低甚至否定税收作用的思潮逐步涌现，认为在当前生产资料公有制的形势下，对全民所有制的国有企业征税只不过是"两个口袋"的事情，基本没什么实际意义。受这种思潮的影响，以简化税制为重心的大规模税制改革在1958年逐步推开，具体内容包括以下几个方面。

一、合并税种，试行工商统一税

随着农业、手工业和资本主义工商业社会主义改造的完成，社会主义经济关系也由曾经的多种经济成分并存转变成单一公有制经济。为适应这种新的经济形势，1958年财政部发布了《中华人民共和国工商统一税条例施行细则（草案）》（以下简称《细则》），从税种、征税环节和纳税办法等方面削减税收工作。工商统一税税目税率详见表3-2。例如，在税种简化上，《细则》将货物税、商品流通税、印花税和营业税合并成工商统一税，同时明确要求应税企业在货物出厂和消费环节进行这一税种的纳税申报和缴纳；在纳税环节简化上，《细则》规定对纳税人委托其他加工厂商加工的产品仅在销售环节征税。在纳税办法简化上，《细则》规定按企业实际销售额缴纳产品的工商税，对除棉纱、皮革、白酒之外的其他"中间产品"和批发环节的农产品免征工商税等。《细则》实施以后，我国的税制体系分为工商统一税、牲畜交易税、工商所得税、利息所得税、盐税、城市房地产税、车船使用牌照税、契税、屠宰税、文化娱乐税、农业税、牧业税、关税和船舶吨税共14个税种[①]。需要指出的是，上述税制体系中，国家依然没有对盐税、牲畜交易税和牧业税等地方税种内容进行统一规定，而是由各地根据管理需要自行征收。

---

① 利息所得税在1959年停征，文化娱乐税在1966年停征。

表 3 - 2　　　　　　　　　工商统一税税目税率表①

（一）工农业产品部分

税目	税率	说明
卷烟：		
甲级卷烟	69%	
乙级卷烟	66%	
丙级卷烟	63%	
丁级卷烟	60%	
戊级卷烟	40%	
雪茄烟	55%	
烟丝	40%	
熏烟叶	50%	
土烟叶	40%	
粮食酿酒：		
白酒、黄酒	60%	
啤酒	40%	企业把自己制造的酒类，用于本企业生产的，应当按照规定的税率纳税
土甜酒	40%	
代用品酿酒	20%	
果木酒	30%	
复制酒	30%	
酒精：		
粮食酒精	30%	
代用品酒精	20%	
木酒精	20%	
糖：		
机制糖	44%	
土制糖	39%	
糖精	44%	
饴糖	27%	

---

① 工商统一税税目税率表 [J]. 山西政报, 1958 (30): 11 - 13.

续表

税目	税率	说明
茶叶	40%	
粮食	4%	
麦粉	10%	
各种植物油	12.5%	
海产食品：		
海参、鱼肚、鱼翅、鱼唇、鲍鱼、干贝	35%	
其他海产食品	5%	
淡水产食品：		
鱼、虾、蟹	5%	
银耳、燕窝	35%	
汽水、果子水、果子露、果子汁	25%	
味精、机制酱油精	25%	
奶粉、炼乳、淡乳	10%	
鲜牛奶、鲜羊奶	2.5%	
罐头食品	10%	
蛋制品	10%	
棉纱：	30 支以上的 26%，不满 30 支的 23%	企业把自己制造的棉纱，用于本企业生产的，应当按照规定的税率纳税
本色棉纱		
烧茸棉纱		
人造棉棉纱		
棉布：		
棉坯布	1.5%	
印染布、色织布	5%	
土布：		
机土纱交织布	8%	
纯土纱织布	12%	
棉毯、线毯	6%	
机制、半机制麻纱	19%	

续表

税目	税率	说明
麻袋、麻袋布：		
机制、半机制麻袋、麻袋布	10%	
麻布		
苎麻布、亚麻布、水龙带	15%	
毛纱、毛线：		
国产毛纺的毛纱、毛线	15%	
进口毛纺的毛纱、毛线	35%	
呢绒：		
国产毛纺织的呢绒	15%	
进口毛纺织的呢绒	35%	
工业用呢	25%	
毛毯	15%	
地毯	6%	
丝：		
蚕丝、绢丝丝棉、人造丝	15%	
绸缎：		
绸缎坯	2%	
印染绸缎	6%	
毛制品：		
毡呢、毡毯、毡衣、毡帽、毡鞋、毡靴、毡袜、呢帽、呢帽坯	12%	
生皮	20%	
皮革：		企业把自己制造的皮革，用于本企业生产的，应当按照规定的税率纳税
牛皮革	40%	
其他皮革	20%	
皮货	20%	
羊毛、羊绒、驼毛、驼绒、马鬃、马尾、羽毛	10%	
猪鬃	16%	

续表

税目	税率	说明
纸浆、丝浆	3%	
普通纸	10%	
复制纸：		
蜡纸、铜版纸、照相纸、蜡光纸、花壁纸、绉纹纸、卷绉纸、防潮纸、晒图纸、瓷花纸	10%	
卷烟纸	18%	
特种纸：		
金纸、银纸、铜纸、锡纸、铝纸、玻璃纸	20%	
自来水笔：		
金笔、圆珠笔	22%	
铱金笔、钢笔	17%	
自来水笔零件	17%	
铅笔	6%	
火柴	23%	
热水瓶：		
金属壳热水瓶	19%	
竹壳热水瓶	14%	
瓶胆	14%	
铝制器皿	15%	
搪瓷制品	15%	
玻璃制品	15%	
陶器、瓷器	11%	
自行车及其零件	13%	
钟表：		
钟	25%	
手表、怀表	35%	
照相机	25%	
胶卷、胶片	35%	

税目	税率	说明
唱片	15%	
收音机、扩大机、录音机、电视接收机、唱机	13%	
化妆品：		
香水、香水精、香粉、花露水、指甲油、口红、胭脂、雪花膏、头油、发蜡、发水、面蜜、面油、眉笔	51%	
爽身粉	30%	
痱子粉	15%	
香皂、牙膏、蛤蜊油	17%	
肥皂、药皂	12%	
牙粉、鞋油、鞋粉、甘油	6%	
电线	11%	
灯泡：		
电灯泡、霓虹灯、日光灯、电珠、电子管	15%	
电池：		
干电池、蓄电池	12%	
电扇：		
吊扇、坐扇、壁扇	25%	
油墨	10%	
漆：		
生漆、化学漆	16%	
胶：		
动物胶、液体胶、防水胶、印染胶、黄白胶粉、天然树脂	16%	
颜料、染料	16%	
橡胶制品：		
轮胎、轮带	10%	
其他橡胶制品	18%	

续表

税目	税率	说明
酸：		
硫酸、硝酸、盐酸、醋酸、氯磺酸	10%	
碱：		
碳酸钠、苛性钠、苛性钾、硫化钠	12%	
化学肥料	5%	
平版玻璃	17%	
水泥及其制品：		
水泥	20%	
水泥制品	6%	
石棉制品	6%	
砖瓦：		
青红砖瓦、琉璃砖瓦、耐火砖、缸砖、空心砖	11%	
原木	10%	
原竹	5%	
煤及其制品：		
煤	7.5%	
煤球	2.5%	
煤气	2%	
焦炭及其副产品：		
焦炭	7%	
炼焦副产品	13%	
矿物油及其副产品：		
矿物油	20%	
矿物油副产品	13%	
钨砂	10%	
其他金属矿砂	5%	
金属冶炼品：		
生铁、钢锭、铜	5%	

续表

税目	税率	说明
其他金属冶炼品	10%	
金属压延品：		
钢铁压延品	15%	
其他金属压延品	11%	
元钉、拉链	15%	
自来水	2%	
电力	5%	
非金属矿产品：		
滑石、白云石、云母、石墨、石棉、砩石、硼砂、硫磺、雄黄、石膏	7%	
机器、机械	5%	
机动车船	4.5%	
图书、杂志	2.5%	
鞭炮、焰火	35%	
各种焚化品	55%	
其他工业产品	5%	

（二）商业零售、交通运输及服务性业务部分

类别	项别	税率
商业零售部分	商业零售	3%
交通运输部分	邮电、铁道	2.5%
	航空、搬运装卸	
	交通运输、电车、公共汽车	
服务性业务部分	包作、安装、设计、打捞	3%
	疏浚、建筑、加工、修理	
	化验试验、缝纫	
	洗染织补、弹花、印刷	
	打字、誊写、照相	
	美术、裱画、镌刻	
	浴室、理发、仓储、堆栈	

类别	项别	税率
服务性业务部分	饮食、旅店、租赁	5%
	广告、喜庆	
	相关转运、介绍服务	7%
	代理购销、委托拍卖	
	信托、行栈	

二、建立全国统一的农业税制

新中国成立初期，由于新、老解放区的情况各异，施行的农业税制也不相同。其中，新解放区实行的是 1950 年颁布的新农业税制，老解放区则是沿用解放战争时期的农业税制。1956 年农业合作化以后，不论老解放区还是新解放区，由于个体经济已走上合作化道路，富农阶级也基本被淘汰，如若继续实行区域化的农业税制，难免带来不公正的农民税收待遇，引致农村区域经济的不均衡发展。因此，为了适应农村经济发展新情况，1958 年 6 月以中华人民共和国主席令的方式颁布了《中华人民共和国农业税条例》，规定全国实行统一的比例税制，并继续贯彻"稳定负担、增产不增税"的思想。具体而言，农业税条例的主要内容和特点是：（1）改变之前以户为单位的农业税征纳方式，根据合作社整体的应税额申报纳税；（2）规定在全国范围内实行农业常年产量平均 15.5% 的比例税率，且各省、自治区、直辖市可根据地区发展情况酌情征收农业税附加，但附加率最高不得超过 30%（各省份税率如表 3-3 所示）；（3）农业税常年产量的计算办法、纳税时间以及灾害照顾、奖励优待等减免税政策均继续按照原有的规定实行。时任财政部副部长吴波在第一届全国人大常委会第 96 次会议中指出，本次税制改革除了能够满足农业合作化发展的要求，同时还可以完成农业税的纳税人由农户到农业生产合作社的转变，而且取消了部分地区实行的累进税率和人口免税额，各地区基本实行相同的比例税率，标志着全国统一的农业税制基本确立。[1]

表 3-3　　　　　　　　　　1958 年各省份农业税税率　　　　　　　单位：%

省份	税率	省份	税率	省份	税率	省份	税率
北京	15.0	上海	17.0	河北	15.0	山西	15.0
内蒙古	16.0	辽宁	18.0	吉林	18.5	黑龙江	19.0
陕西	14.0	甘肃	13.5	宁夏	13.5	青海	13.5
新疆	13.0	山东	15.0	江苏	16.0	安徽	15.0
浙江	16.0	福建	15.0	河南	15.0	湖北	16.0
湖南	16.0	江西	15.5	广东	15.5	广西	14.0
四川	16.0	贵州	14.0	云南	14.0	—	—

注：根据当时的行政区划，天津市包含在河北省之中，海南省包含在广东省之中。西藏自治区征收农业税的办法由西藏自治区自行规定。

资料来源：高其荣. 1958-1965 年中国农业税政策演变及效果 [J]. 湖南农业大学学报（社会科学版），2011，12（5）：68-72.

三、城市国营企业试行"税利合一"

1958 年 12 月召开的全国财政工作会议重点讨论了城市国营企业的"税利合一"问题，并在 1959 年 1 月由财政部起草了《关于国营企业工商税和利润合并交纳问题的报告（草稿）》（以下简称《报告》），提出国营企业"税利合一"的方案。《报告》给出的理由是当时农村人民公社已经按照税利合并的方式缴纳税款，如果继续对国营企业执行"税"和"利"两套不同的缴纳方案，不仅手续繁杂，而且也不符合发展需求。何况国营企业税收和利润本质上都是工人群众创造的财富，对其实行"税利合一"不仅能够调动广大职工监督企业生产积累情况的积极性和主动性，而且对始终坚持贯彻群众路线的财政工作也具有重要意义。而就如何落实国营企业"税利合一"方案，《报告》指出，将企业原应缴纳的工商统一税、地方各税与工商

---

[1]　北京经济学院财政金融教研室. 新中国税制演变 [M]. 天津：天津人民出版社，1985：38.

税附加与其原应上缴的利润合并定名为"企业上交收入"，在规定期限内统一缴纳。根据上述报告内容，1959 年初，财政部先后选取了武汉、南京、成都、宝鸡、锦州等七个城市进行"税利合一"政策的试点工作。然而，试点过程中暴露出"税利合一"政策的诸多问题：一是在经济核算上，"税利合一"使得国营企业出现利润虚增的现象，为了少交或不交企业收入，他们很可能隐瞒真实利润，放松生产管理。二是在财政收入上，"税利合一"使得"企业上交收入"缺少了税法的强制性约束，出现应交收入款拒付、延付、少付等现象。三是在物价水平上，"税利合一"使得产品市场价格缺乏税收的调控作用，引致国营企业自行调价、工业部门与商业部门相互逐利的问题。

在城市国营企业"税利合一"实行后不久，农村人民公社的财政包干制度实践也遇到了诸多问题。因此，1959 年 5 月，财政部组织召开的全国税务局长会议提出要停止"税利合一"的试点工作。吴波在会议上指出，税收作为国家宏观调控的主要手段，无论在理论还是实践中，均对国家的宏观经济发展起着重要作用。他进一步指出，当下我国应该以较快的速度重新实施农村征税管理办法，不再对城市"税利合一"问题进行分析研究。这次会议的召开标志着仅开展 4 个多月的国营企业"税利合一"试点工作结束，自此税收工作也逐步回到正常轨道上来。

总体而言，全面建设社会主义时期的税收制度基本适应当时所有制重大变革和国民经济发展的需要。这一时期实行了工商统一税，统一了全国农业税制，调整了工商所得税负担，停征了利息所得税和文化娱乐税等①。改革内容有利于国家集中主要税源，汲取尽可能多的财政收入。当然，这一时期由于受到"左"倾思想的影响，税收对经济发展的作用得不到有效发挥，简化的税制使得税收经济调节职能越来越受限。

---

① 就利息所得税而言，1950 年，我国颁布的《利息所得税条例》规定对存款利息征收所得税，但当时国家实施低工资制度，人们的收入差距也很小，因而在 1959 年停征了存款利息所得税。就文化娱乐税而言，当时鉴于电影、戏剧等文化娱乐活动已成为人民文化生活的必需品，是党宣传工作的一种重要辅助手段。1966 年 9 月，财政部报经国务院批准，决定停征文化娱乐税。

第四节 "文化大革命"时期税收制度的进一步简化（1966~1976年）

在1966~1976年"文化大革命"期间，我国社会经济工作遭受重创，税收制度建设也难逃厄运。在这一阶段，税收制度一再被认为是"烦琐哲学"，而税收被理解为一种剥削底层劳动人民的手段，受此影响也展开了一场以合并税种、简化税制为基本特征的税制改革。这次改革从试点到推广历经了三个阶段：第一阶段对一个企业实行"综合税"；第二阶段对一个行业适用"行业税"；第三阶段在总结前二者经验的基础上试行工商税。

一、"综合税"改革试点

"文化大革命"时期，在"改革一切不合理的规章制度"口号作用下，许多地区税务机关和企业也开始讨论和反思当时工商税制可能存在的不足。例如，1969年辽宁省税政系统发现，现行税制对企业征收税种繁多，执行税率不一，实在过于烦琐，影响了"精兵简政"的推行。天津市一国营企业革命委员会上报的材料中也指出，现行的烦琐税制保留着资本主义的特征，难以满足社会主义经济的发展，也不利于企业财务人员积极参加阶级斗争。另外，由于税务工作人员和企业财会人员被大批下放，新机构与旧制度的矛盾日趋尖锐，简化税制的呼声甚嚣尘上。这一时代背景下，以天津市提出的企业"综合税"改革方案最具特色，其主要做法是将国营企业缴纳的工商统一税及其附加、城市房地产税和车船使用牌照税合并为一种税，按照一个税率计算纳税。自1968年9月起，这一改革方案在天津市的多家国营企业中试点，并取得了良好成效。此后在1969年6月的全国税制改革座谈会上，财政部肯定了天津市试行"综合税"的做法，指出实行"综合税"能够较好地贯彻当前"合并税种，简化征税办法"的税制改革指导思想，冲破了以往那一套多税种、多次征的"烦琐哲学"，有利于税务部分实行

"精兵简政"，实现思想革命化。

此次座谈会结束后，根据财政部的指示，各地纷纷展开了"综合税"试点工作。试点结果普遍反映这一征税办法的确简单易懂，极大减少了税收征纳手续，但是也暴露出不少问题。例如，对一个企业只按一个税率征收的做法，不仅不利于在同行业的各个企业间进行横向对比，也不便于税务主管部门的统一管理，不便于解决原来税负不合理的矛盾。

二、"行业税"改革试点

为解决"综合税"带来的企业之间不便于横向比较、税务主管部门不便于统一管理的问题，天津市根据一些企业提出的同一行业适用同一税率的建议，逐步将"综合税"发展为"行业税"。具体来讲，1969年4月，天津市政府先后对纺织工业、机械工业、建材工业等行业企业按照统一税率征税。同年12月，基于备战的考虑[1]，财政部指出，若要确保战时财政收入的相对稳定，必不可少的是要推进税制简化工作，适当提高国营企业税收征缴比例。对此，财政部还专门成立了一个工作小组前往天津市调研分析当前实行"行业税"[2] 这一征税办法的可行性。经过较长时期的调研发现，按照统一的行业税率征税以后，天津市各行业企业至今的税负矛盾越发突出。例如，电力、机械制造等行业企业税收比例仅10%～20%，而石油开采业也基本不用纳税，这既不利于国家组织财政收入，也不利于企业进行经济效益核算。对此，天津市对各行业税负进行调整并起草了《行业税征税办法（试行草案）》。这一征税办法将工商企业和公用事业单位划分成50个纳税行业，并按照重工业低于轻工业、支农性工业低于一般性工业、生产生活必需品工业低于生产消费品工业的原则设计了13档有效税率。1970年4月起，《行业税征税办法（试行草案）》先后在天津市化学、纺织、机械等行

---

[1] 当时的中国面临美国和苏联两个超级大国严重的军事威胁。

[2] 根据王美涵主编的《税收大辞典》给出的定义，行业税指按行业确定税率，同行业内各企业一般只用一个税率征收的一种税。

业的国营企业中试点，并获得了社会各界较大的肯定。同年 7 月，试点区域范围逐步扩大至吉林、辽宁、黑龙江等 15 个省、自治区和直辖市，并于该年 12 月推广至全国。试点结果反映，"行业税"能够较好地解决同行业企业税负差异的矛盾，组织国家财政收入工作，但在综合利用、协作生产的情况下，也出现了同一产品因在不同行业生产却按照不同税率申报纳税的问题；并且有些行业内部各个企业利润悬殊，按统一的行业税率征税难免有失公允。

三、全面试行工商税

经过两年多的研究试点，财政部在总结"综合税"和"行业税"的基础上起草了《中华人民共和国工商税条例（草案）》①，主要内容包括以下几个方面：一是将工商统一税、城市房地产税、车船使用牌照税、盐税和屠宰税合并成工商税。合并之后，国有企业只需要缴纳工商税，集体企业则只需缴纳工商税和所得税，大大简化了税收征纳手续；二是将原有工商统一税的 108 个税目压减至 44 个，税率也由 141 个缩减至 82 个，并且大部分企业只需要按照一个税率进行纳税申报②；三是改变之前烦琐的征税办法，将部分税收管理权限下放至地方；四是在保持总体税负不变的前提下，降低了农机、农药、水泥等部分行业企业税率，提高了印染、缝纫机和化工原料等行业税率。该草案计划在 1972 年进行试点，1973 年全面试行。

1972 年 4 月，国家对上述《中华人民共和国工商税条例（草案）》进行了大范围试点，然而试点过程也反映出了不少问题。一是对工商税征税对象到底是企业还是产品的看法存在分歧；二是工商税按行业征税容易引起同一行业内部企业税负不合理的矛盾；三是在下放部分税收管理权限后，各地方的工商税征税办法存在较大差异，执行过程中矛盾重重。因此，为保障

---

　　① 其具体规定是，一切从事工业生产、交通运输、农产品采购、进口贸易、商业经营、服务业务的单位和个人，都应当按本条例规定纳税；应纳税额按计税金额和适用税率计算。同时还规定了减免税的范围及其批准或决定的权限划分，及违反税法规定的法律责任。1984 年第二步利改税，工商税分解为产品税、增值税、营业税、盐税，并分别制定了新的条例，自 1984 年 10 月 1 日起本条例不再使用。

　　② 刘佐. 新中国税制 60 年［M］. 北京：中国财政经济出版社，2009：60.

1973 年工商税制的全面实行，1972 年 10 月，财政部召开了全国改革工商税制座谈会，会上肯定了税制改革的成绩，总结了扩大试点的主要经验。要求各地核定好企业的适用税率以及确定减税、免税政策，从而促使 1973 年的工商税制改革取得良好成效。1973 年 11 月，财政部革命委员会副主任刘鸿章在全国税务工作座谈会上指出，此次工商税制改革较好地贯彻了以工业为主、农业为辅的国民经济方针，既有利于企业加强经济核算，也利于税务管理部门征收管理，便于社会群众参与监督①。

第五节 历史逻辑与简要评价

通过对计划经济时期税收制度的历史梳理不难发现，这一时期在实现财政经济状况根本好转、"一化三改"、多快好省地建设社会主义等政府工作目标导向下，一套全国统一的多税种、多次征的复合税制被不断简化。本节从改革的约束条件逻辑和实践成果评价两个方面进行了归纳。

一、约束条件逻辑

第一，从财政汲取能力来看，新中国成立初期（1949 年）的中国大概只有 303 亿斤小米的财政收入，而赤字却达 264 亿斤小米。财政严重赤字的政府一方面要支援国民经济重点项目的建设和恢复，另一方面要保障抗美援朝战争的物资供给，亟须大量的财政收入。这就要求税收制度充分发挥其基本的组织财政收入职能。一套涉及货物税、工商业税的多税种、多次征的复合税制也因此而诞生。而正是这套税制的存在，使得国家财政收入从 1950 年的 65.2 亿元上升至 1952 年的 183.7 亿元，财政收支勉强实现平衡②。到社会主义改造时期，为完成"一五"规划中的各项工农业项目建设任务，

① 刘佐. 新中国税制 60 年 [M]. 北京：中国财政经济出版社，2009：62.
② 赵云旗. 新中国财政 60 年 [J]. 经济研究参考，2009：62.

国家计划基本建设投资 427.4 亿元。而此时的公有制经济发展还不充分，巨额的财政支出必然需要足额的税收保障，以"保证税收，简化税制"为指导精神的税种修正工作也就逐步展开。全面建设社会主义时期，由于国有经济成分的充分发展，税收制度在简化过程中将征税对象从原来的资本主义工商业转移到了社会主义国营企业上来，国有企业利润也成了这一时期国家财政收入的主要来源①。此后在"文化大革命"时期，国家政治经济虽然出现混乱，但在税收和国企利润的作用下，这一时期的财政收支也总体实现了平衡。据有关资料统计，1966～1976 年的 11 年间，国家财政收入共计 7 225.27 亿元，财政支出共计 7 244.16 亿元；财政赤字水平为 18.89 亿元②。

第二，从税收征管水平来看，这一时期的期初主要以"民主评议""查账征收"以及"定期定额"等方式对税收进行分行业、分区域的个性化管理。同时在商品的生产、流通以及销售等环节有针对性地实行不同税收征管办法。例如，在商品生产环节，采取"源泉控制"手段；在流通环节，采用"随货查验"的征管方式；在销售环节，实行"控制发票"的管理办法；在分配环节，做好"严格监督"等。不可否认，这些征管方式在当时税收制度落实中发挥了重要作用，为社会主义改造积累了较多财政资金。此后在国民经济得到恢复和社会主义改造基本完成的背景下，为适应以国营企业为主要征税对象的相对简化的税收制度改革需要，我国直接指派税务工作人员负责其分管单位及企业的一切税收征收事务，也就是"专管员固定管户""一员进厂，各税统管"的税收征管模式（杨斌，2006）。应当承认，这一具备"保姆"特质的税收征管模式为社会主义建设积累了较多的财政资金，但征管过程中也出现了税收权利与义务关系的扭曲，导致后期的征管效率有所降低。

第三，从中央与地方关系上看，这一时期二者的税收权限呈现出下放一

---

① 根据国民经济综合统计司在《新中国 50 年统计资料汇编》中的数据统计，1960 年我国实现财政收入 572.29 亿元，其中各项税收 203.65 亿元，企业收入 365.84 亿元，其他收入 2.80 亿元。国有企业收入占国家财政收入的比重高达 63.9%。

② 郑小玲. 中国财政管理体制的历史变迁与改革模式研究（1949–2009）[D]. 福州：福建师范大学，2011.

回收—再下放—再回收的特征。起初在 1958 年，为充分调动地方政府建设的积极性，中央第一次下放了传统体制下的地方税收管理权限；随后由于 1961 年集中税收征管权政策的实行，地方税权被逐步上收。之后在 1969 年，国家根据毛泽东关于调动"中央与地方两个积极性"的指示①，又逐步放开了工商税收的管理权限，但最终在 1977 年，因工商税条例落实过程中出现地方税权下放混乱的问题以及回收地方部分税权的现象。需要强调的是，这一时期的税收管理权限虽然经过多次调整，但中央政府仍掌握着绝大多数税种制度要素及其征管办法的决定权，只有那些类似牲畜交易税、牧业税等作用相对有限的税种权限掌握在地方政府手中，而且这些税种汲取的财政收入也必须由中央统一支配。因此也可以理解为，这一时期的中央政府掌握着极大的税收权力，一定程度上影响了地方政府工作的积极性，限制了税收制度的改革发展。

第四，从税收意识形态上看，这一时期以 1958 年的"大跃进"为界可分为两个阶段。前一阶段的税收制度改革主要受到西方税收思想的影响，改革内容以照搬照抄西方的税收实践内容为主。后一阶段主要受到"非税论""税收无用论"等思潮的影响，税收制度呈现出简化的特征，税收理论也出现了历史性倒退。

二、实践成果评价

在上述四个阶段的改革进程中，税制结构也做出了一些调整。具体而言，从税种组合结构来看，在国民经济恢复时期建立全国统一的税收制度时，《全国税政实施要则》规定国家应开征货物税、工商业税、盐税、关税、薪给报酬所得税、存款利息所得税、印花税、遗产税、交易税、屠宰税、房产税、地产税、特种消费行为税和使用牌照税共 14 个税种。加上农业税、牧业税和契税这 3 个地方性税种和 1952 年开征的船舶吨税，全国共

---

① 中共中央文献研究室 . 建国以来重要文献选编（第八册）［M］. 北京：中央文献出版社，1994.

形成 18 个税种，具体的税种组合结构如图 3－1 所示。

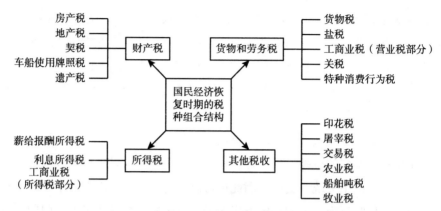

图 3－1　国民经济恢复时期的税种组合结构

注：这一时期的遗产税并未实际开征，并且在历史梳理时绝大多数学者将工商业税进一步分为了营业税部分和所得税部分，因此图中有 19 个税种。

此后经过社会主义改造时期和"文化大革命"时期反反复复的调整，最终设置了工商税（包括盐税）、工商统一税（仅对外商）、关税、工商所得税、城市房地产税、契税、车船使用牌照税、船舶吨税、屠宰税、牲畜交易税、集市交易税、农业税和牧业税共 13 个税种，其税种组合结构如图 3－2 所示。

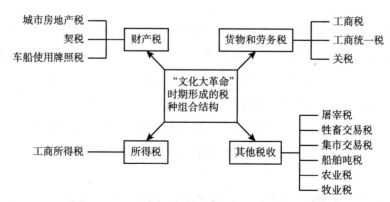

图 3－2　"文化大革命"时期形成的税种组合结构

从税收收入结构来看，在上述税收制度的作用下，我国税收收入从 1950 年的45.8 亿元上升至 1977 年的 442.45 亿元。同期货劳税、所得税、财产税和其他税类收入的占比变化情况如图 3－3 所示。

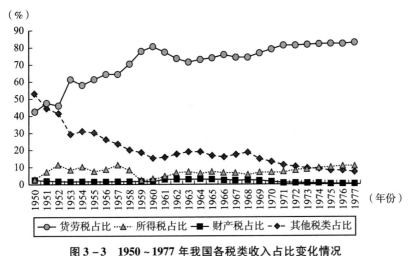

（%）

（年份）

图 3－3　1950～1977 年我国各税类收入占比变化情况

资料来源：中国税务年鉴编辑委员会．中国税务年鉴（1993 年）［M］．北京：中国税务出版社，1993.

如图 3－3 可知，这一时期我国货劳税收入占比呈明显上升趋势，并且在 1977 年达 82.39%。所得税收入规模虽然有所增加，但其占税收收入的比重却呈现下降趋势，且财产税收入占比也基本不超过 2.6%，说明这一时期我国形成了以货劳税为主体的税制结构，并且其性质在后期不仅没有改变，反而进一步加强。

客观来讲，这种以货劳税为主体的税制结构模式一定程度上适应了当时经济社会发展的需要，较好地发挥了税收财政收入职能，为扭转国家财政经济困难局面，促进国民经济恢复发展以及完成农业、手工业和资本主义工商业的社会主义改造方面提供了税收制度保障。但在社会主义改造完成后，单一所有制下的计划调控和行政命令色彩越发浓厚，税收这一市场调节手段也逐步失去了它的资源配置和经济调节职能。并且由于国有经济的发展和国营企业上缴利润制度的实行，财政收入职能也被不断弱化。

第四章

经济转轨时期税收制度的改革探索（1978～1993年）

1976年10月，我国在徘徊中进入了新的历史发展时期。这一时期以1978年党的十一届三中全会的召开为标志，党中央提出了改革开放的伟大历史战略决策，国家工作的重心也由阶级斗争转移到经济现代化建设上来。经过多年的实践探索后，1984年，党中央在总结实践经验成果的基础上通过了《中共中央关于经济体制改革的决定》，明确提出发展计划商品经济的目标。在上述目标导向下，这一时期的税收制度改革主要从两个方面展开：一是为助力改革开放，建立了涉外税收制度；二是为发展有计划的商品经济，进行了两步"利改税"和工商税制改革。

第一节 涉外税制的建立与国内税制改革酝酿（1978～1982年）

党的十一届三中全会提出的改革开放战略包括"对内改革"和"对外开放"两个层面。一方面，我国对内改革工作先从农村开始，改革内容包括包产到户、取消农产品统派统购制度和调整农村产业结构等几个方面，与之相辅相成的税收政策不外乎是内容相对简单的农牧业税减免；另一方面，随着我国对外开放战略的逐步落实，大量外资企业涌入国内市场，亟须建立一套涉及外资企业的内容相对完整的税收制度来保障商品市场的发展。很显然，我国这一时期的税收工作重点是抓紧建立涉外税收制度，而国内"利改税"和工商税制改革也在酝酿之中。

一、涉外税制的建立

不可否认，在改革开放初期，我国企业技术、资金、人才等要素资源均十分匮乏，需要引入大量外资进行经济建设。而这一时期的城市经济体制改革尚未开始，与之相适应的国内工商税制改革也基本处于酝酿阶段。因此，建立一套相对独立的针对外商投资企业的税收制度自然成为当时税收工作的重点。正是在这一背景下，1979年财政部在成都召开全国税务工作会议后，根据维护国家权益、税负从轻、优惠从宽、手续从简的原则，着手进行了相关涉外税收制度的内容建设。

具体而言，1979年6月召开的五届全国人大二次会议以法律形式规定，允许国外企业、个人或其他经济组织在中国境内同中国的企业、公司或者其他经济组织一同兴办合资类企业。然而，当时在企业所得税制上依然沿用1950年制定的《工商业税暂行条例》中相关执行办法，很难吸引外商来华投资。因此，在1979年召开的全国税务工作会议上，党中央提出了发展对外经济，涉外税制必须先行一步的主张。基于这一思想主张，1980年9月五届全国人大三次会议审议通过了中外合资经营企业所得税法和个人所得税法[①]，较好地解决了中外合资企业所得税以及外国在华工作人员的个人所得课税问题。为吸引外国企业来华办厂，1981年12月，五届全国人大四次会议审议通过了《中华人民共和国外国企业所得税法》，并于次年2月由财政部发布了该法的实施细则。除此之外，国家还明确规定中外合资企业和外国企业在货劳税方面适用当前的工商统一税，在地方税方面同样征收城市房地

---

① 中国第一部个税法诞生于1980年9月10日召开的五届全国人大三次会议上，会议通过并公布了《中华人民共和国个人所得税法》，规定凡是月工资或薪金在800元以上的，仅就800元以上的部分缴纳所得税，税率采用超倍累进税率和比例税率，从5%到45%，共分7个等级。但当时中国工薪水平较低，800元起征点则主要针对外籍员工和个别高收入群体。

产税和车船使用牌照税。可以说，这一时期我国初步建成了一套相对完整、基本符合当时对外开放需要的涉外税收制度体系。

不可否认，这套涉外税制的建立较好地适应了我国改革开放初期引进资金、技术和先进管理经验的需要，在促进外资经济发展的同时，也增加了政府财政收入。据有关资料统计，1980～1990年，我国涉外税收收入从仅有的100万元增长至49.15亿元，前者占税收收入总额的比重才0.02%，后者却达到了2.5%。[①]

二、"利改税"的研究试点

不同于以家庭联产承包责任制为开端的农村经济体制改革，城市经济体制则以改革国营企业利润分配制度为先导。众所周知，在改革开放以前，中国实行高度集中的计划经济体制，国营企业利润由国家统一收缴和支配。这一利润分配办法严重束缚了国有企业及其职工的生产积极性，"职工吃企业、企业吃国家"的"大锅饭"现象频频出现。因此，要想通过改革实现经济发展，国家与国营企业之间的收入分配问题必须得到有效解决。而解决这一问题的主旨是在保证国家财政收入的基础上给予企业必要的财力资源，让其发展后劲十足。针对这一问题，国务院在长时期的调查研究和试点工作基础上提出了"利改税"的构想，即通过税费缴纳的形式改变之前国家同国营企业的利润分配关系，助力企业逐步实现自主经营、自负盈亏。这次"利改税"的试点工作大致可分为两个阶段：一是自1979年起，率先在湖北省老河口市的15户地方国营企业进行"利改税"试点，随后广西、上海和四川等省份的数百户国营企业相继被列入试点范围。二是自1980年第四季度起，先后在湖北、广西、上海、重庆等省份开展了国营企业"利改税"范围扩大的试点工作。历经两年多的试点，国家于1981年12月主持召开了"利改税"试点工作座谈会，时任财政部税务总局副局长牛立成在此次会议

---

① 郝昭成. 从无到有 规范统一——改革开放30年中国涉外税收制度发展的轨迹 [J]. 涉外税务，2008，246 (12)：5-10.

上总结指出，对国营企业实行"利改税"的做法是正确的。他还指出，作为经济体制改革的一个重要组成部分，"利改税"能够在一定程度上改变过去吃"大锅饭"的现象，对于激发企业积极性、压实企业责任、促进社会生产发展均大有裨益。当然，这次"利改税"试点工作也反映出目前的改革工作还存在许多困难和矛盾，但总的基调还是要坚定信心，在条件成熟的情况下稳步推进这项改革措施。

三、工商税制改革设想的提出

1978 年以前，通过一系列的精简合并，我国税制体系主要余下工商税和集体企业所得税，其职能作用主要体现为筹集国家财政收入，对经济的杠杆调节作用极为有限。而在当前改革开放的背景下，要想在计划经济中逐步引入市场，不仅要求税制更好地发挥组织财政收入的职能，保障国家财政稳定，而且应当尽可能发挥其经济杠杆的作用，促进国民经济发展。由此看来，当初这套过于简单的税制已很难适应当前时代发展的需要。为此，在经过多番理论研究论证的基础上，财政部于 1981 年提出了工商税制改革的初步设想，认为这一税制改革至少应当遵循以下几个重要原则：第一，为满足经济发展需要，应当逐步恢复和增设一些税种，让其在相应的经济领域均能发挥税收调节作用。第二，改革应当以保证国家财政收入为前提，兼顾各方经济利益，尽可能调动企业、部门和地方的积极性。第三，改革应当以调节生产消费市场为目的，根据不同产品和不同行业发展情况设置高低不同的税率；第四，处理好国家与国营企业之间的关系，在保持价格稳定的前提下，尽可能运用税收杠杆来调节企业利润；第五，为协调中央与地方政府的税收利益，应当将现行工商税合理地划分为中央税、地方税、中央和地方共享税。在遵循上述原则的基础上，财政部也提出了一些具体性的改革方案：一是健全和完善涉外税制体系，对外资企业恢复和开征一些地方性税种；二是用固定资产投资方向调节税代替之前向国营企业征收的固定资产占用费；三是根据实际情况设置并征收资源税和国营企业利润调节税；四是根据税收性质将原工商税重新细分为增值税、营业税、盐税和产品税。可以说，这套较为系统的税制改革构想为 1984 年的工商税制改革提供了清晰的改革思路和框架。

第二节　国营企业两步"利改税"（1983～1984 年）

1982 年 11 月，五届全国人大五次会议表决通过了《关于第六个五年计划的报告》，该项报告明确提出要在今后 3 年内加快"以税代利"的税制改革步伐，但改革应当分情况有步骤地进行。因此，基于当时商品经济逐步发展的现实背景，国务院在总结试点经验的基础上，决定于 1983 年开始在国营企业中分两步推行"利改税"方案。

一、第一步"利改税"

"利改税"的第一步主要是在有盈利的国营企业中进行，即把这些企业应当上缴的利润改成以所得税的形式上交。具体地，1983 年 4 月发布的《关于对国营企业利改税试行办法》中详细给出了此次改革的主要内容如下：一是明确规定国营大中型企业应当按照 55% 的税率缴纳企业所得税，纳税义务完成后，国营企业税收利润一部分上缴国家，一部分留存企业自行支配。二是就国营企业税后利润中应上缴国家的部分而言，企业可采取递增包干、固定比例、定额包干或调节税等形式如期上缴。三是规定国营小型企业利润按照 7%～55% 的八级超额累进税率缴纳企业所得税，国有小型企业所得税八级超额累进税率如表 4-1 所示，同时对税后利润较多者另外收取一定的承包费。四是经财政部门审查批准后，允许国营企业用缴纳所得税之前的新增利润归还相应的固定资产投资借款。五是规定对亏损或微利的国营企业实行盈亏包干制度，即根据该类企业盈亏的实际情况确定应上缴或补贴这些企业的基数。由于各级政府的重视和有关部门的密切配合，实行一年多的改革取得了良好成效。一方面，这次"利改税"使得国营企业大部分利润以所得税的形式上缴，国家与企业的财政分配关系得以明确，在稳定财政收入的同时扩大了国有企业自主权。另一方面，这次改革也调动了企业自主经营的积极性，增强了国有企业活力。据有关资料统计，截至1983年底，全国实行"利改税"的国营工业、交通、商业企业共有107 145户，占盈利国营企业的92.7%。这些企业1983年共实现利润633亿元，比1982年增长了11.1%。在增长的利润中，上述实行"利改税"的工业、交通、商业企业共留利121亿元，比1982年增长了28.2%，大大地超过了工业产值、实现税利和上缴税利的增长幅度[①]。当然，这次"利改税"也存在诸多不足之处，例如，改革并未完全实现以税代利，改革后的税种比较单一，对经济的杠杆作用十分有限，等等。这些问题的存在，使得第二步"利改税"显得十分必要。

表4-1　　　　　　　　　国有小型企业所得税八级超额累进税率

级数	所得额级距	税率（%）	速算扣除数（元）
1	全年所得额在300元以下的	7	0
2	全年所得额超过300~600元的部分	10	9
3	全年所得额超过600~1 000元的部分	20	69
4	全年所得额超过1 000~2 500元的部分	30	169
5	全年所得额超过2 500~10 000元的部分	35	294
6	全年所得额超过10 000~30 000元的部分	40	794
7	全年所得额超过30 000~80 000元的部分	50	3 794
8	全年所得额超过80 000元的部分	55	7 794

资料来源：李昂，李树元. 我国改革开放初期实行利改税的历史过程［J］. 濮阳职业技术学院学报，2019，32（3）：35-38.

二、第二步"利改税"

"利改税"第二步是在发展有计划的商品经济这一目标导向下完成的，

---

① 刘佐. 国营企业"利改税"及其历史意义［J］. 税务研究，2004（10）：27-33.

目的在于解决第一步"利改税"实施过程中存在的问题，充分发挥税收的经济杠杆功能。1984 年 5 月，六届全国人大二次会议决定从该年的第四季度开始推进第二步"利改税"工作，争取从当前的"税利并存"状态逐步过渡到完全的"以税代利"阶段。

国营企业第二步"利改税"的基本思路是将第一步"利改税"中上缴国家的财政收入改为按 11 个税种向国家缴税，改革的基本内容概括如下：一是将当时的工商税分解为产品税、增值税、盐税和营业税，并基于发挥税收调节市场的功能的视角适当调整了其中产品税和增值税的税率。调整的原则是适当调高高利润产品的税率，调低微利或少数亏损产品的税率，保持人民生活必需品的税率不变。二是为促进房地产资源的合理利用，适当解决城市建设的资金问题，决定在第二步"利改税"内容实行一段时间后，视情况逐步恢复和开征城市维护建设税、房产税、城镇土地使用税和车船使用税等。三是在国营企业完成上述税种纳税义务后，继续对其余下的利润所得征收企业所得税。其中，国营大中型企业仍按 55% 的税率申报纳税，国营小型企业继续实行八级超额累进税率，但税率较之前降低了 3% ~ 5%。四是针对国营大中型企业另外加征一道调节税，调节税税率由财税主管部门根据该类企业 1983 年的利润水平合理确定，意在调节该类企业的税后留用利润。五是适当放宽国营小型企业的划分标准，对税后利润过多的国营小型企业继续收取一定的承包费。六是决定对微利或亏损企业继续实行盈亏包干制度。七是为了调节资源级差收益，促进国家资源的合理利用，决定对那些开采条件优越、矿体质量好的采掘企业征收资源税。

相较于第一步"利改税"，第二步"利改税"的内容在深度与广度上都具有较大的进步性，对规范国家与国营企业之间的利润分配关系，推动城市经济体制改革发展的意义重大。一方面，第二步"利改税"以税收的形式将国家与企业的分配关系固定下来，既保障了国家财政收入的稳定增长，又在一定程度上扩大了国营企业自主权，调动了其参与市场竞争的积极性；另一方面，第二步"利改税"过程中增设了资源税、产品税、调节税等新的税种，调整了部分产品的税率，使得税收经济职能得到充分发挥。但也不可否认的是，"利改税"在努力改善国家与国营企业分配关系的过程中过于强调国家作为社会管理者所拥有的政治权利，忽视了其作为资产所有者拥有的经济权利，进而使得国营企业出现所有者"缺位"的问题。正因为此，国家与国营企业之间的收入分配关系还须进一步规范。

第三节　工商税制体系的变革（1984～1993年）

其实，在推进农村经济体制改革的过程中，党中央对以城市为重点的整个经济体制改革也进行了许多探索和试验。1984年，党的十二届三中全会通过《中共中央关于经济体制改革的决定》明确提出要发展有计划的商品经济。在这一目标导向下，我国社会经济结构也必然从单一公有制经济逐步发展成多种经济成分、多种经营方式、多种流通渠道并存的复合经济局面。这就要求税收制度在进行第二步"利改税"的同时，系统改革之前片面强调简化的工商税制。因此在1984年10月，国务院开启了新中国成立以来规模最大的工商税制体系改革。具体内容包括以下几个方面。

一、完善所得税制度

随着城市经济体制改革的发展，以调动国营企业积极性为目标的生产承包经营责任制逐步推广，这一过程中也出现了企业争基数、吵比例等短视行为，加上之前"利改税"导致的企业固定资产投资膨胀、税负失衡问题。1988年，国务院代总理李鹏在中华人民共和国第七届全国人大的《政府工作报告》（以下简称《报告》）中指出，要在推行承包经营责任制的基础上理顺国家与企业之间的分配关系，从当前完全的"以税代利"逐步转向"税利分流"。在这一《报告》精神的指导下，四川、重庆等地的630户市属国营企业"税利分流"改革试点工作稳步推进，基本内容包括四点：一是降低国营企业所得税税率，对其实行10%～35%的五级超额累进税率；二是取消国营企业的利润调节税；三是将国营企业的固定资产投资贷款由税前还贷改为税后还贷；四是规定企业税后利润在扣除合理留存部分后统一上交等。试点工作取得一定效果之后，1989 年 3 月，财政部、国家体改委发布《关于国营企业实行税利分流的试点方案》，进一步扩大了这一内容的试点范围①。据有关资料统计，截至 1992 年，全国参与"税利分流"改革试点的企业已达 2 199 户②。如此大规模的试点为正确处理国家与企业的分配关系、改革企业所得税制度提供了有益的经验探索。

此外，这一时期为解决"利改税"完成后集体企业和国有企业的公平税负问题，国务院于 1985 年 4 月发布了《中华人民共和国集体企业所得税暂行条例》，就集体企业所得税纳税人、征税对象、税率及优惠措施等进行了统一和规范。为适应改革开放后个体经济发展迅速的新形势，于 1986 年 1 月开始实行城乡个体工商业户所得税。同时，为了调节社会收入分配差距和发展私营经济，于 1986 年和 1988 年分别开征了个人收入调节税和私营企业所得税。此外，为平衡外资与中外合资企业的税负水平，1991 年 4 月七届全国人大四次会议决定于该年 7 月 1 日起实行《中华人民共和国外商投资企业和外国企业所得税法》。原于改革开放初期开始实行的《中华人民共和国中外合资经营企业所得税法》和《中华人民共和国外国企业所得税法》相继被废止。

二、新设有助于调整投资和消费的税种

为充分发挥税收优化资源配置、调节收入分配的功能，这一时期国家基于社会经济发展的现实需要，针对性地出台了一些新税种。例如，针对当时社会基础设施建设规模膨胀和投资结构不合理的问题，国家先后开征了建筑税和固定资产投资方向调节税。针对国营企业经营责任制推行导致的员工奖金和工资不匹配的问题，1983 年 4 月，国务院提出对超额发放的奖金征收

---

① 1988 年经财政部批准，重庆市率先进行了"税利分流，税后还贷，税后承包"改革试点。1990 年底为止，财政部又相继核批了黑龙江省牡丹江市、河南省南阳市、吉林省大安市、辽宁省本溪市、湖北省荆门市和老河口市的试点方案。此外，许多省市也选择了一些地区或行业进行了试点，如福建省的厦门市和湖南省的益阳市等。还有一些省市正在积极酝酿和准备进行试点。

② 廖添土. 国有资本经营预算：历史考察与制度建构 [D]. 福州：福建师范大学，2010.

累进消费基金税的设想。此后经过两年的研究论证，于 1984 年修订并实行了《国营企业奖金税暂行规定》①。为了适当控制国营企业员工的工资水平，国务院于 1985 年 7 月发布了《国营企业工资调节税暂行规定》，该规定自当年起实行。为了保护耕地，1987 年国务院发布《中华人民共和国耕地占用税暂行条例》，决定对农村非农业占用耕地征收占用税。为限制公款吃喝，缓解食品供应紧张的尴尬局面，1988 年 9 月发布并实行了《关于中华人民共和国筵席税暂行条例》，但在实践过程中因阻力过大导致效果极不理想。此外，为调控彩色电视机、小轿车等特殊消费品的消费市场，1989 年 2 月和 4 月，国家先后发出《关于对彩色电视机征收特别消费税有关问题的通知》和《关于对小轿车征收特别消费税有关问题的规定》，规定自当年 2 月 1 日起对彩色电视机和小轿车征收特别消费税。

三、完善增值税、营业税、资源税等其他重要税制

为发展有计划的商品经济，这一时期在"利改税"基础上，对增值税、产品税、营业税、资源税等税种的征税范围、税目、税率、计税方法等税制要素也进行了调整。具体地，就增值税而言，1984 年第二步"利改税"中的增值税征税范围只包括汽车、钢材、机器零配件等 12 个税目，对社会生产经营过程中的要素资源配置作用着实有限。对此，1986 年起，国务院以"通知"的形式陆续将服装、纺织品、药品、建筑材料等产品纳入增值税征税范围②。1993 年，增值税税目已达 31 个，可实现全年税收收入 823.8 亿元，相较 1985 年水平，增长了 4.2 倍。就产品税而言，一是为配合增值税的扩围改革，将原征收产品税的 270 个税目降至 96 个；二是为加强重点税

---

① 国营企业奖金税是对国营企业发放的各种形式的奖金超过国家规定免税限额部分征收的一种特定目的税。

② 1986～1988 年，根据国务院的授权和有关指示，财政部先后发出《关于对纺织品试行增值税的通知》《关于对日用机械、日用电器、电子产品和搪瓷制品、保温瓶试行增值税的通知》《关于调减部分轻工产品税收负担和扩大增值税试行范围的通知》《关于对建材、有色金属等产品试行增值税的通知》等扩大增值税征税范围的文件。

源的管理，制定了专项征税办法，如 1985 年的《酒类产品征税办法》、1986 年的《烟类产品征税办法》。三是为配合产业政策和产品结构的调整，对某些特殊消费品和长线产品实行减免税，对于委托加工和自产自用产品的税收优惠政策，予以严格控制。就营业税而言，为平衡企业税负，财政部决定于 1985 年和 1986 年陆续恢复对国营企业所有商品的批发业务和国营建筑安装企业的经营业务征收营业税。为促进第三产业发展，财政部于 1988～1993 年逐步调整了营业税的征税范围，提高了营业税起征点，并调整了部分应税项目的税率。就资源税而言，税制调整内容主要体现在改进计税方法和扩大征税范围两个方面。例如，1986 年财政部陆续将原油、天然气和煤炭的资源税计税办法由之前按销售利润率的超率累进计征改为按实际产量或销售量从量定额计征。又如，1991 年，财政部发布《关于征收铁矿石资源税的通知》，决定自 1992 年起对铁矿石征收资源税。

第四节　历史逻辑与简要评价

由上可知，经济转轨时期的税收制度改革主要在建设有计划的商品经济这一政府目标导向下展开。改革先是配合对外开放政策落实的需要，建立涉外税制；之后基于计划经济为主、市场调节为辅的现实经济背景，通过两步"利改税"和工商税制改革建立起以货劳税为主体、多种税制协调配合的复合税制。改革的约束条件逻辑和实践成果评价如下。

一、约束条件逻辑

第一，从财政汲取能力上看，改革开放前期的中国财政主要以国营企业利润上缴的形式获得，而随着企业经营效益的下降，财政收入也出现了收不抵支的局面。1979 年，我国财政赤字为 135.41 亿元，财政赤字占财政收入的比重高达 11.81%。面对这一问题，国家采取了多种措施恢复和发展经济，致力于提高国营企业经济效益。其中的"利改税"就是一大亮点，其初衷是规范政府与企业之间的关系，赋予企业更多自主权参与市场竞争。而随着"利改税"的完成，我国财政汲取方式也随之发生了根本性变化。据有关资料统计，1985 年我国实现税收收入 2 040.79 亿元，财政收入 2 004.82 亿元，税收收入占财政收入的比例达到 101.8%[①]。此后，税收收入占财政收入的比重缓慢下降，但基本维持在 80% 以上，远高于改革开放前的水平。与之相对应，这一时期来自国营企业的收入占财政收入的比重也出现了大幅下降，仅 1980～1985 年，就从 40% 跌至 2%，此后便一直维持在 1%～2%。当然，"利改税"并没有从根本上改善国家财力状况。除了 1985 年财政结余 0.57 亿元外，1986～1993 年又出现连续赤字，分别为 82.90 亿元、62.83 亿元、133.97 亿元、158.88 亿元、146.49 亿元、237.14 亿元、258.83 亿元和 293.35 亿元。

第二，从税收征管水平上看，与改革内容相配套，我国于 20 世纪 80 年代末期启动"征管、检查"两分离和"征收、管理、检查"三分离的税收征管模式专业化改革，逐步实现了从原先税务专管员的管户制向管事制转变。一方面，征管模式的转变，有效保障了复合税收制度下的税收收入。如 1987～1991 年底，各级税务机关通过监督检查各类企业纳税情况，查补税款共计 300 多亿元，罚款 15 多亿元人民币[②]。另一方面，这一时期我国也着手开始了税务管理系统的信息化建设（如 1982 年引入第一台计算机），虽然可以为"利改税"等方案的落实提供数据支撑（如数据普查和测算等），但如果要进行更深一步的税制改革（如用增值税完全替代产品税等），还需要进一步改善。因此，这一时期产品税和增值税并行，也适应了当时的税收征管水平。此外，为保障税收制度改革方案的有序落实，这一时期我国也以法律形式出台了税收史上第一个系统完整的税收征管办法（即《中华人民共和国税收征收管理法》），建立了良好的税收征管秩序。

第三，从中央与地方的关系上看，随着两步"利改税"和工商税制改

① 国家统计局国民经济综合统计司. 新中国 50 年统计资料汇编［M］. 北京：中国统计出版社，1999.

② 李时宇. 中国税制改革：迈向统一市场的步伐［M］. 北京：经济科学出版社，2018.

革方案的推行，中央与地方的关系也得到了进一步调整。1985 年 3 月，按照"划分税种，核定收支，分级包干"的总体思路，国家将预算收入重新划分为中央固定收入、地方固定收入和中央地方共享收入，这使得中央与地方都具备相应的税收管理权。一方面，这一财政体制的实行虽然为推进我国税收制度改革提供了动力，但也存在地方收入的留成比例小，地方政府发展经济和组织财政收入积极性有限的弊端。而另一方面，经过几年的财权下放，中央财政收入在全国财政收入中的比重也呈现出了下滑态势，加上财政支出项目有增无减，中央出现了财政困难。1988 年地方财政包干制度的实行，使得中央财政管理权限进一步削弱。据《中国统计年鉴 1994》数据统计，1985 年中央政府实现财政收入 770 亿元，占全国财政收入的比重为38.4%；而到 1993 年，中央政府财政收入虽提高至 958 亿元，却仅占全国财政收入的比重 22.02%，中央政府面临严重的财政困境。

第四，从税收意识形态上看，这一时期在解放思想、实事求是的精神指导下，税收理论界和实务界认真总结新中国成立以来税制建设的历史经验，系统反思了"非税论"思想给税收制度建设带来的深刻毒害，研究了税收本质、税收职能作用等与税制改革有关的基础理论问题并且均取得了历史性突破。此外，为加强公民的税收意识形态建设，1992 年国家税务总局决定今后每年必须开展税收宣传月活动，并将该年税收宣传月的主题定为"税收与发展"。意在让人民了解社会主义税收"取之于民、用之于民"的本质，明白人民税收为人民、社会发展离不开人民的道理。

二、实践成果评价

就改革进程中的税制结构优化程度而言，从税种组合结构来看，通过经济转轨时期的改革探索，我国税制一共设立 37 个税种，其中，货劳税类包括：产品税、增值税、盐税、特别消费税、烧油特别税、营业税、工商统一税、关税；所得税类包括：国营企业所得税、国营企业调节税、集体企业所得税、私营企业所得税、外商投资企业和外国企业所得税、个人所得税、城乡个体工商业户所得税、个人收入调节税、国营企业奖金税、集体企业奖金税、事业单位奖金税、国营企业工资调节税；财产税包括：房产税、城市房地产税、城镇土地使用税、车船使用牌照税、契税、车船使用税；其他税类包括：资源税、耕地占用税、印花税、城市维护建设税、固定资产投资方向调节税、屠宰税、筵席税、牲畜交易税、集市交易税、农业税和牧业税。其税种组合结构如图 4-1 所示。

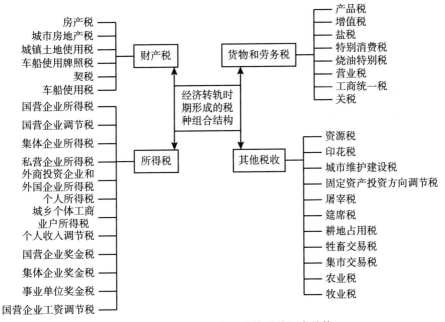

图 4-1 经济转轨时期形成的税种组合结构

从税收收入结构来看，据《中国税务年鉴》数据统计，1993 年，我国实现货劳税收入 3 064.81 亿元，占全国税收总收入的 78.35%，较 1977 年降低了 4.04%；所得税收入 609.82 亿元，占全国税收总收入的 15.59%，较 1977 年提高了 5.24%；财产税收入 89.43 亿元，占全国税收总收入的 2.29%，较 1977 年提高了 2%。说明这一时期我国货劳税仍占绝对主体地位，但所得税和财产税等直接税收入的比重也有所提升，税收优化资源配置、调节收入分配的职能作用被逐步重视起来。例如，其对发展有计划的商品经济而言，所得税类中分设国营企业、集体企业、城乡个体工商业户、私营企业、外资企业等所得税种，较好地适应了当时多种市场竞争主体并存的需要，为此后进行的政企分离、培育市场主体、建立现代企业制度等一系列社会主义市场经济体制改革奠定了良好基础。

当然，我们也应当认识到这一时期税制改革成果是初步和阶段性的，税收制度依然存在诸多问题。一方面，这一时期我国税收收入虽有大幅度增长，但其占国内生产总值（GDP）的比重却自1985年开始呈现逐年下降的趋势。据统计在1993年，全国税收收入占GDP的比重下降至11.93%，比1978年降低2.2个百分点。其中，中央税收收入占全国税收收入的比重仅为20.8%①，中央政府的宏观调控能力大大削弱。另一方面，在具体税种设计上，就所得税而言，不同所有制企业适用不同的所得税税种和税率，显然违背了税收公平原则，不利于市场的统一发展。就货劳税而言，产品税和增值税并存导致的重复征税问题严重，税收对土地和资金市场的调节作用有限，难以满足生产要素全面进入市场的需要。此外，由于市场价格机制尚未完全形成，这一时期的税收被赋予了更多"计划"的色彩，成为调节政府、各类企业、个人等多方利益的主要工具。建立一套适应社会主义市场经济体制改革要求的税收制度体系可谓任重而道远。

---

① 刘佐. 新中国60年税制建设的简要回顾与展望［J］. 经济研究参考，2009（55）：39－51.

第五章

社会主义市场经济建设时期的
税制改革（1994～2012 年）

经过 10 多年的改革探索，1993 年，党的十四届三中全会明确提出建设社会主义市场经济体制的战略目标，标志着中国经济体制改革进入新阶段。面对逐步开放的要素市场，这一时期围绕"建设社会主义市场经济体制"的政府工作目标，税收制度改革内容主要分为两个阶段。一是在 1994 年，按照建立社会主义市场经济体制的若干要求，初步建立起满足社会主义市场经济需要的税收制度框架；二是在 1995～2012 年，根据社会主义市场经济建设中不断暴露的社会经济问题，逐步完善税收制度。

第一节 1994 年税制改革

1994 年的税制改革虽是根据《中共中央关于建立社会主义市场经济体制若干问题的决定》推出的一揽子计划，但也有其深刻的社会经济背景，并在税收制度史上产生着深远影响。

一、历史背景

1994 年税制改革有其深刻的社会经济背景。首先，经济转轨时期形成的多税种、多次征的复合税制仍然带有浓厚的计划经济色彩，既难以有效处理国家、企业和个人之间的收入分配关系，也不能较好地规范中央与地方的财政分配关系，对社会主义市场经济发展的作用有限。其次，从世界范围来看，这一时期各国税制的发展出现了两大共同趋势：一是以 1996 年美国所得税制改革为代表，普遍开展了以"降低税率、拓宽税基"为宗旨的税制改革；二是具有税收中性优势的增值税备受青睐，日益成为各国税制结构中的主体税种。我国要想建立和发展市场经济，应当借鉴国外先进经验，在改革开放过程中实现同世界税制内容的接轨。再次，自 1980 年以来，我国虽出现持续性的经济高增长①，但却出现了"两个比重"逐年下降的现象。据有关资料统计，我国财政收入占国内生产总值的比重已从 1985 年的 22.43% 缩减至 1993 年的 11.93%。其中，中央财政收入占全国财政收入的比重也由 1983 年的 36% 下降至 1993 年的 22%（见图 5-1）。这说明，我国中央政府面临较为严峻的财政困境，宏观调控能力被严重削弱。通过税收手段增加政府财政收入显得十分必要。最后，此次税制改革具备一定的理论和实践基础。理论上，一方面，"双重管理职能"理论的盛行使得税收与利润分配的本质区别不断被接受和理解。另一方面，逐步确立的市场经济理论加深了人们对税收、竞争与宏观调控关系的认识。实践中，以增值税和国有企业"税利分流"为代表的税改方案都经过了较长时间的论证和试点，为增值税和企业所得税改革作出了有益尝试。

二、主要内容

综合考虑上述社会经济背景，1994 年国家根据统一税法、公平税负、简化税制等基本原则，初步建立起了满足社会主义市场经济发展需要的税收制度框架。主要内容包括以下几个方面。

---

① 据《中国统计年鉴》数据统计，1980~1990 年的国内生产总值平均增长率为 9.5%。

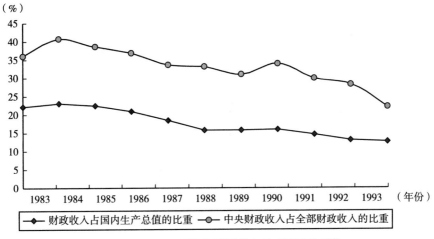

图 5 - 1　1983～1993 年财政收入的"两个比重"

资料来源：根据 1999 年《中国统计年鉴》中的相关数据整理而得。

（一）建立以增值税为主体的货劳税制度

按照充分体现公平、中性、透明、普遍的原则，在保持总体税负不变的情况下，参照国际上货劳税制改革的一般做法，将之前面向内资企业征收的产品税、增值税、营业税以及向外资企业征收的工商统一税进行合并调整，逐步形成一套内外相对统一的以增值税为主，消费税和营业税为辅的货劳税制度体系。其中，增值税是本次税制改革的核心，其内容相较以往作出了以下改变：一是拓宽了征税范围，规定纳税人在中国境内销售或进口货物、提供加工修理修配劳务等均需纳税；二是将原来实行的"价内税"改为"价外税"；三是改变过去分产品税目设定税率的做法，只设置了 17% 和 13% 两档基本税率，同时对小规模纳税人实行 6% 的征收率，对企业出口的商品实行零税率；四是实行生产型增值税，不允许抵扣企业外购固定资产所发生的进项税额；五是对增值税一般纳税人实行专用发票抵扣计税办法。消费税是本次改革的一个新增税种，目的是弥补原产品税并入增值税后可能造成的税收调节功能损失。其征税范围涵盖烟、酒、汽油、小汽车、鞭炮焰火、贵重首饰等原产品税中的 11 个税目（见表 5 -1），采用从价定率和从量定额两种征收方式。营业税主要是针对提供劳务服务、销售不动产、转让无形资产取得的收入进行征收，实行3%~20%三档有效税率。其中，建筑业、邮电通信业、交通运输业、文化体育业等行业企业的税率为3%；服务业、金融保险业、房地产业等行业企业的税率为5%；娱乐行业企业税率为5%~20%。

表5-1　　　　　　　　　　　**1994年消费税税目税率**

税目	征收范围	计税单位	税率（税额）
一、烟			
1. 甲类卷烟			45%
2. 乙类卷烟	包括各种进口卷烟		40%
3. 雪茄烟			40%
4. 烟丝			30%
二、酒及酒精			
1. 粮食白酒			25%
2. 薯类白酒			15%
3. 黄酒		吨	240元
4. 啤酒		吨	220元
5. 其他酒			10%
6. 酒精			5%
三、化妆品	包括成套化妆品		30%
四、护肤护发品			1.7%
五、贵重首饰及珠宝、玉石	包括各种金、银、珠宝首饰及珠宝玉石		10%
六、鞭炮、焰火			15%
七、汽油		升	0.2元
八、柴油		升	0.1元
九、汽车轮胎			10%
十、摩托车			10%
十一、小汽车			
1. 小轿车			
气缸容量（排气量，下同）在2 200毫升以上的（含2 200毫升）			8%

续表

税目	征收范围	计税单位	税率（税额）
气缸容量在1 000毫升至2 200毫升的（含1 000毫升）			5%
气缸容量在1 000毫升以下的			3%
2. 越野车（四轮驱动）			
气缸容量在2 400毫升以上的（含2 400毫升）			5%
气缸容量在2 400毫升以下的			3%
3. 小客车（面包车）22座以下			
气缸容量在2 000毫升以上的（含2 000毫升）			5%
气缸容量在2 000毫升以下的			3%

资料来源：1994年《中华人民共和国消费税暂行条例》。

（二）统一内资企业所得税制度

内资企业所得税制度的统一是为了调整和规范国家同企业之间的分配关系，尽可能创造一个不同经济性质的企业平等竞争的市场环境。改革的要点内容包括以下四点：一是将之前对国营、集体和私营企业分别实行的对应企业所得税统一为企业所得税，同时取消国营企业调节税、国家能源交通重点建设基金和国家预算调节基金这三种税费。二是将之前针对不同经济成分分别适用的所得税税率统一调整为33%，对一些利润较少的小规模企业实行18%和27%的较低税率。三是统一各行业企业的应纳税所得额计税办法，内容包括取消原国营和集体企业的税前还贷、基金提存等不同的税前列支标准，统一了各类企业税前允许列支和扣除的所得税项目，并明确规定了不得列支的范围、项目和标准。四是明确规定国有企业适用同其他性质企业相一致的征收办法，并享受相同的税收优惠内容，不存在特殊优惠待遇。1994年企业所得税政策如表5-2所示。

表 5 - 2　　　　　　　　　　1994 年企业所得税政策基本内容

项目	内容
纳税人	国有企业、集体企业、私营企业、联营企业、股份制企业等实行独立经济核算的企业或者组织
征税对象	纳税人取得的各项收入总额，包括生产经营收入、财产转让收入、利息收入租赁收入、特许权使用费收入、股息收入等其他收入
税率	基本税率为 33%，对一些利润较少的小规模企业实行 18% 和 27% 的低税率
计税依据	纳税人每一纳税年度的收入总额减去准予扣除项目后的余额，准予扣除的项目包括：（1）纳税人在生产经营期间的借款利息支出；（2）纳税人支付给职工的工资；（3）纳税人的职工工会经费、职工福利费、职工教育经费，分别按照计税工资总额的 2%、14%、1.5% 计算扣除；（4）纳税人用于公益、救济性的捐赠，在年度应纳税所得额 3% 以内的部分准予扣除
征税地点和纳税期限	纳税人应当在月份或者季度终了后 15 日内，向其所在地主管税务机关报送会计报表和预缴所得税申报表；年度终了后 45 日内，向其所在地主管税务机关报送会计决算报表和所得税申报表进行汇算清缴，多退少补
税收优惠	（1）民族自治地方的企业，需要照顾和鼓励的，经省级人民政府批准，可以实行定期减税或者免税；（2）法律、行政法规和国务院有关规定给予减税或者免税的企业，依照规定执行

资料来源：根据 1994 年《中华人民共和国企业所得税暂行条例》整理。

（三）统一内外个人所得税制度

按照对高收入者多征税，对中低收入者不征或少征税的原则，此次税制改革把个人收入调节税和个体工商业户所得税均并入个人所得税范畴，并做出以下内容调整：一是考虑到个体工商户所得税的并入、纳税人动产及不动产交易和有奖活动取得的收入调节需要，新增了"个体工商户生产经营所得""财产转让所得"和"偶然所得"纳税项目；二是将中国公民的个税基本费用扣除标准从原来的 400~460 元增加至 800 元，同时新增附加扣除费用的有关规定；三是规定对个人工资薪金适用九级超额累进税率，对个体工商户生产经营所得适用五级超额累进税率，同时对其他所得项目统一适用 20% 的比例税率；四是为了实现源泉扣除，堵塞税收征管漏洞，统一采用"分项扣除、分项定率、分项征收"的征税模式，如表 5 - 3 所示。

表 5 – 3　　　　　　　　　　**1994 年个人所得税政策基本内容**

项目	内容
纳税人	在中国境内有住所或者无住所而在境内居住满一年的个人；在中国境内无住所又不居住或者无住所而在境内居住不满一年的个人
征税对象	纳税人的各项收入所得，包括：工资薪金所得、个体工商户的生产经营所得、对企事业单位的承包经营承租经营所得、劳务报酬所得、稿酬所得、特许权使用费所得、利息股息红利所得、财产租赁所得、财产转让所得、偶然所得
税率	（1）工资、薪金所得适用5%～45%的超额累进税率 （2）个体工商户的生产经营所得和对企事业单位的承包经营承租经营所得，适用5%～35%的超额累进税率 （3）稿酬所得适用20%比例税率，并按应纳税额减征30% （4）劳务报酬所得适用20%比例税率，对劳务报酬所得一次收入畸高的，可以实行加成征收 （5）特许权使用费所得、利息股息红利所得、财产租赁所得、财产转让所得、偶然所得和其他所得，适用20%比例税率
计税依据	（1）工资薪金所得，以每月收入额减除费用800元后的余额，为应纳税所得额 （2）个体工商户的生产经营所得，以每一纳税年度的收入总额，减除成本、费用以及损失后的余额，为应纳税所得额 （3）对企事业单位的承包承租经营所得，以每一纳税年度的收入总额，减除必要费用后的余额，为应纳税所得额 （4）劳务报酬所得、稿酬所得、特许权使用费所得、财产租赁所得，每次收入不超过4 000元的，减除费用800元；4 000元以上的，减除20%的费用，其余额为应纳税所得额 （5）财产转让所得，以转让财产的收入额减除财产原值和合理费用后的余额，为应纳税所得额 （6）利息、股息、红利所得，偶然所得和其他所得，以每次收入额为应纳税所得额
征税地点和纳税期限	（1）个人所得税，以支付所得的单位或者个人为扣缴义务人。在两处以上取得工资、薪金所得和没有扣缴义务人的，纳税义务人应当自行申报纳税 （2）工资、薪金所得应纳的税款按月计征，由扣缴义务人或者纳税义务人在次月7日内缴入国库，并向税务机关报送纳税申报表 （3）个体工商户的生产经营所得应纳的税款，按年计算，分月预缴，由纳税义务人在次月7日内预缴，年度终了后3个月内汇算清缴，多退少补 （4）对企事业单位的承包经营承租经营所得应纳的税款，按年计算，由纳税义务人在年度终了后30日内缴入国库，并向税务机关报送纳税申报表。纳税义务人在一年内分次取得承包经营承租经营所得的，应当在取得每次所得后的7日内预缴，年度终了后3个月内汇算清缴，多退少补 （5）从中国境外取得所得的纳税义务人，应当在年度终了后30日内，将应纳的税款缴入国库，并向税务机关报送纳税申报表

资料来源：根据1993年《中华人民共和国个人所得税法》整理。

（四）改革和完善资源税、土地增值税等其他税收制度

除了流转税和所得税外，本次工商税制改革还包括以下内容：一是为了促进资源集约节约利用，将资源税的征税范围扩大至石油、铁矿石、煤炭、天然气等矿产资源，并对这些税目分产品、分类别地实行从量定额的计税办法；二是为调节房地产交易市场，开征了土地增值税①，以纳税人转让房地产所取得的收入减去规定扣除项目金额以后的增值额为计税依据，并对其实行30%~60%不等的超额累进税率；三是开征农业特产税，将原征收产品税的农林水产品项目与原征收农业税的农业特产项目合并为该税种的征税范围，并重新规定了这些税目的税率、征税办法等；四是为了简化税制，取消了当前调控职能日益削弱且无存在必要的各类国营企业奖金税、工资调节税等特别税种，同时将特别消费税、烧油特别税并入具有特殊调节作用的消费税征税范围，将对宏观经济影响不大的屠宰税、筵席税开征权限下放给地方政府等。1994年土地增值税政策如表5-4所示。

表5-4　　　　　　　　　　1994年土地增值税政策基本内容

项目	内容
纳税人	转让国有土地使用权、地上的建筑物及其附着物（以下简称"转让房地产"）并取得收入的单位和个人，为土地增值税的纳税人
征税对象	纳税人转让房地产所取得的收入，包括货币收入、实物收入和其他收入
税率	实行四级超率累进税率：（1）增值额未超过扣除项目金额50%的部分，税率为30%；（2）增值额超过扣除项目金额50%、未超过扣除项目金额100%的部分，税率为40%；（3）增值额超过扣除项目金额100%、未超过扣除项目金额200%的部分，税率为50%；（4）增值额超过扣除项目金额200%的部分，税率为60%
计税依据	纳税人转让房地产所取得的增值额，即纳税人转让房地产所取得的收入减除本扣除项目金额后的余额。扣除项目包括：取得土地使用权所支付的金额；开发土地的成本费用；新建房及配套设施的成本费用，或者旧房及建筑物的评估价格；与转让房地产有关的税金；财政部规定的其他扣除项目

---

① 土地增值税是对在我国境内转让国有土地使用权、地上建筑物及其附着物的单位和个人，以其转让房地产所取得的增值额为课税对象而征收的一种税。

续表

项目	内容
征税地点和纳税期限	纳税人应当自转让房地产合同签订之日起7日内向房地产所在地主管税务机关办理纳税申报，并在税务机关核定的期限内缴纳土地增值税

资料来源：根据1993年《中华人民共和国土地增值税暂行条例》整理。

三、基本评价

不可否认，1994年的税制改革是相当成功的。一方面，此次税制改革不仅没有引起社会经济动荡，反而较好地促进了国民经济的稳步增长。据有关资料统计，1994年和1995年按可比价格计算的国内生产总值比上年增长12.6%和10.5%；反映经济增长潜力的社会固定资产投资比上年分别增长31.4%和17.5%；社会消费品零售总额分别增长30.5%和26.9%。[①] 另一方面，此次税制改革较好地规范了中央与地方的税收分配关系，为税收收入提供新的增长点。据有关资料统计，此次税制改革实施后的前三年（1994~1996年），国家工商税收收入分别比上年增长了21%、17.4%和14.4%。其中，1996年中央与地方的工商税收分别较上年增长了17.5%和22.4%，中央税收占整个工商税收的比重也达53.8%。[②] 可以说，这次税制改革为社会主义市场经济发展初步搭建起所需要的工商税制体系。诸如增值税的改进、消费税的开征、个人所得税和内资企业所得税的统一以及税收优惠政策的清理整顿等改革措施均增强了国家宏观调控能力。当然，此次税制改革也存在一定的局限性。例如，货劳税制建设中，"生产型"增值税的实行主要是为了汲取财政收入和抑制市场过度投资行为，并没有考虑这一制度实行带来的较为严峻的重复征税问题，因此待财力允许或其他条件许可时，还需将其向"消费型"增值税转换。又如所得税制建设中，内资企业所得税的统一虽然较好地促进了国内企业在市场的公平竞争，但内外资企业所得税的差

①② 工商税制改革评析课题组.1994年中国工商税制改革评析［J］.经济研究参考，1997（22）：2-28.

异实则破坏了公平的市场竞争环境。因此可以说，1994 年税制改革虽然取得了突破性成功，但这只能算是一个良好的开端，要真正建立起适应社会主义市场经济发展需要的税收制度体系依然任重道远。

第二节　1995~2012 年的税收政策调整

随着社会主义市场经济的发展，税收制度的局限性也逐步凸显。例如，内外资企业的税收制度不统一，不利于市场公平竞争；增值税的重复征税问题加重企业税收负担，不利于企业扩大投资和产品技术的更新换代；农业税制的存在不利于农村经济建设，影响城乡统筹规划等。因此，为了完善社会主义市场经济体制，国家基于对社会现实背景的考量，对税收制度又进行了以下调整。

一、逐步取消农业税制

其实自 1979 年农村经济体制改革伊始，有关农业税制的调整就沿着"减轻农民税负"这一主线展开。1998 年 10 月，党的十五届三中全会围绕农村建设问题提出严禁以税费形式变相增加农民负担的做法。在这一思想指导下，2000 年安徽省的农村税费改革试点工作逐步展开。改革的主要内容包括：（1）着手取消劳动积累工和义务工；（2）取消乡统筹费、农村教育集资等农村专项行政事业性收费和政府性基金；（3）取消屠宰税；（4）调整农业税和农业特产税政策内容；（5）改革村提留和共同生产费的征管及使用办法等。据不完全统计，这次改革试点工作使得安徽省农民的税费负担总额较上年减少 16.9 亿元，人均负担从 109.4 元降低至 75.5 元，降幅约为 31%。[①]

安徽省农民税收负担的减轻给农村税费改革试点工作带来了极大信心。

---

① 刘选武. 安徽农村税费改革试点综述［N］. 人民日报海外版，2001－01－14.

2002年3月，国务院将农村税费改革的试点范围进一步扩大到河北、内蒙古、黑龙江等16个省份。2004年7月，国务院《关于做好2004年深化农村税费改革试点工作的通知》指出，当前农村税费改革试点中存在的问题还没有完全解决，农民负担仍然较重，必须通过深化改革试点，进一步从源头上减轻农民负担，从制度上防止农民负担反弹。因此，根据该通知中关于取消农业税的计划，2004年黑龙江和吉林两省率先开始了免征农业税的改革试点工作，同时规定辽宁、河北、山东、河南等11个省份的农民可享受3%的农业税率减免优惠，其余省份农民享受1%的税率减免优惠。基于成功的改革试点经验，2005年12月，十届全国人大常委会第十九次会议决定全面停止征收农业税条例，这意味着在中国农村社会中实行几千年的"皇粮国税"从此退出了历史舞台。随后在2006年2月，关乎农民的屠宰税和农业特产税也被宣布废止。

取消农业税是推动我国农村经济发展的重大举措，它不仅与广大农民的根本利益相契合，也与以人为本的发展理念相吻合，符合社会主义市场经济建设中统筹城乡发展的需要。据有关资料统计，相较于尚未进行农村税费改革的1999年，改革后的农民每年人均大约减负120元，总额超过1 000亿元[1]，表明中国在减轻农民负担，工业反哺农业方面取得了重大成就。

二、改革和完善消费税制度

为更好地引导社会生产和消费行为，这一时期我国从税目和税率上对消费税政策进行了重大调整。例如，1998年7月我国分类调整了卷烟、护肤护发品、金银首饰、汽油等税率，同时对部分符合特定条件的来料加工出口物资、委托加工物资等给予免税优惠。2006年4月，我国开启了1994年以来最大规模的一次消费税改革，这次改革围绕促进节能环保、引导消费和调节收入分配的目标，调整了相关税目：一是新增游艇、高尔夫球及球具、实木地板、高档手表等税目，对其适用5%～20%的比例税率；二是将原来的

---

① 郭永刚. 全面取消农业税后农民人均减负120元 [N]. 中国青年报，2005 - 12 - 31.

汽油和柴油以子目形式列入了成品油税目名下，同时在该税目下新增了石脑油、润滑油、航空煤油等5个新的子目，对其适用0.1元/升和0.2元/升两档定额税率；三是取消了护肤护发品税目，将原属于该税目的高档护肤类化妆品重新列入了化妆品税目；四是调整了小汽车、摩托车、汽车轮胎、白酒等税目的内容，其中，对小汽车实行3%～20%不等的比例税率，对摩托车实行3%和10%两档税率，对汽车轮胎实行3%的低税率，对白酒实行每斤0.5元和20%的复合税率。2008年我国根据当时的社会经济发展形势，对消费税制度内容又进行系列微调：（1）按照气缸容量大小对部分乘用车实行1%～40%不等的比例税率；（2）在成品油税费改革的背景下，汽油、石脑油、溶剂油和润滑油的定额税率每升加征0.8元，柴油、燃料油等其他成品油的税率每升加征0.7元。2009年开始，将生产进口环节的甲类卷烟税率提高至56%，乙类卷烟和雪茄烟的税率提高至36%，同时在批发环节对全品类卷烟新征一类5%的从价税。经过上述一系列税收政策的调整，消费税的调控功能进一步增强。

三、调整个人所得税制度

随着我国社会经济的发展，人民收入水平有了很大提升，但与此同时，教育、住房、医疗等消费支出也呈现明显增长的态势，大大超过了当时个人所得税规定的每月800元的基本费用扣除标准，人民税收负担明显加重。在这一背景下，经过由全国人大常委会预算工作委员会举行听证会等多道程序，2005年10月，第十届人大常委会审议通过了有关调整个人所得税费用扣除标准的议案，决定将工资薪金所得费用减除标准由每月800元提高至每月1 600元。此后，为增加居民收入，缓解物价上涨给人们带来的生活压力，2007年国家对个人所得税法内容又进行了两次修订：一是决定将工薪所得费用减除标准由每月1 600元提高至每月2 000元；二是将居民存款利息的个人所得税税率下调15个百分点至5%。历经两次税法修订，人民群众认为个人所得税的负担水平更接近客观实际。

2011年，基于对居民基本消费支出水平和社会收入分配差距的考量，十一届全国人大常委会第二十一次会议对个人所得税法的基本内容又做出了如下调整：一是进一步提高工资薪金所得项目的费用减除标准至每月3 500元；二是调整工资薪金所得的税率结构，通过撤销15%和40%两档税率，将现行的工资薪金九级超额累进税率调整为七级，同时将最低档税率5%下调至3%，并适度扩大3%、10%两级低档税率的适用领域；三是调整个体户及承揽租赁运营所得税率级距，在维持五级税率级次的基础上，对税率级距进行适度扩张；四是将个人所得税纳税期限由之前的"次月7日内"改为了"次月15日内"；五是将经营承包、租赁运营、个体户小区业主的减除费用规范调整为3 500元，将非住户的附加费用由2 800元调减为1 300元，维持信用额度4 800元不会改变。调整后的个人所得税在调节社会收入公平、减轻个人税收负担方面取得了显著效果。据有关资料统计，在提高个人所得税基本扣除标准后，2012年个人所得税收入由2011年的6 054.11亿元下降至5 820.28亿元，占税收总收入的比重同比下降0.97%，占GDP比重同比下降0.07%。[①] 调整后的个人所得税在调节社会收入公平、减轻个人税收负担方面取得了显著效果。

四、统一内外资企业所得税制度

为满足改革开放过程中吸引外商投资的需要，我国一直对内外资企业适用不同的企业所得税制，并且前者的税率为33%，后者的税率为15%。随着改革开放的深入，特别是社会主义市场经济完善的需要，统一内外资企业所得税制度被提上议程。经过反复研究论证，2007年第十届全国人大五次会议以《中华人民共和国企业所得税法》（以下简称《企业所得税法》）形式从四个方面统一了内外资企业所得税制，具体内容包括以下几个方面：一是明确规定二者适用统一的企业所得税法。二是将内外资企业所得税基准税率统一为25%，同时为鼓励高新技术企业和小微企业的发展，对二者分别实行15%和20%的基准税率。三是统一税前扣除方法和扣除标准。包括，

[①] 根据2012年和2013年《中国统计年鉴》数据计算整理而得。

日常发生的合理的工资薪金支出均可扣除；与生产经营相关的业务招待费支出，均按照发生额的 60% 予以扣除，且最高不超过当年销售收入的 5‰；广告费和业务宣传费支出不超过当年销售收入 15% 的部分均允许扣除，超过部分在以后纳税年度结转扣除等。四是统一税收优惠政策。即均实行以产业优惠为主、区域优惠为辅的税收优惠，并且优惠方式主要是以税率或税额式的直接性优惠为主。2008 年 1 月 1 日，《企业所得税法》在全国范围内实行，这标志着我国企业所得税制内外分立的局面正式结束。

应当承认，内外资企业所得税的统一是我国税制改革进程中的重大事件，对于发展社会主义市场经济的意义深远。一方面，内外资企业所得税制的统一有利于充分发挥税收的经济调节功能。《企业所得税法》形成一套以"产业优惠为主，区域优惠为辅"的税收优惠体系，鼓励企业将资金投向技术研发、节能环保、安全生产、循环经济等领域，对促进我国经济社会协调发展的作用效果显著。另一方面，内外资企业所得税制的统一，对内有利于创造公平的市场竞争环境，调动企业参与市场竞争的积极性；对外能够促进国际收支平衡，一定程度上减少中国外贸顺差。

五、实行"消费型"增值税

进入 21 世纪以来，我国经济开始由资源约束型逐渐转变为需求约束型。此时促进投资消费规模的增长、防治通货紧缩问题成为中央经济工作的首要任务。这就要求过去以克服通货膨胀为目标的税收政策做出适当调整，而增值税转型则成为其中一个重要的改革任务。具体地，2003 年，"增值税由生产型改为消费型"被第一次写入党的文件，正式开始了增值税转型之路①。2004 年 7 月 1 日，经国务院批准，增值税率先在东北三省的装备制造业、石油化工业等八大行业转型试点，允许这些特定行业范围内的企业在保持增

① 消费型增值税是指允许纳税人在计算增值税额时，从商品和劳务销售额中扣除当期购进的固定资产总额的一种增值税。也就是说，厂商的资本投入品不算入产品增加值，这样，从全社会的角度来看，增值税相当于只对消费品征税，其税基总值与全部消费品总值一致，故称消费型增值税。

值税税率不变的前提下抵扣新购入的机器设备等固定资产的进项税额。2007
年 5 月，国家将试点范围进一步扩大至中部的 6 省 26 个老工业基地城市的
电力业、采掘业等八大行业。在这一试点内容作用下，截至 2007 年底，东
北和中部地区试点企业新增设备的进项税额总计达 244 亿元，累计抵减税额
186 亿元。增值税转型试点工作较好地调动了试点地区企业投资扩大再生产
的积极性，促进了该地区经济的复苏。①

　　基于成功的改革试点经验。2008 年 11 月，国务院第 34 次常务会议审
议通过了《中华人民共和国增值税暂行条例》（以下简称《暂行条例》），
《暂行条例》规定自 2009 年 1 月 1 日起，在不改变增值税税率的基础上，允
许增值税一般纳税人抵扣其购进固定资产所发生的进项税额，且未抵扣完成
的部分可结转至下期继续抵扣。与之相配套地，《暂行条例》取消了内资企
业进口设备时可享受的增值税免税优惠和外商投资企业采购国产设备可获得
的增值税退税优惠，将矿产品增值税税率恢复到 17%，将小规模纳税人征
收率统一下调至 3%。可以说，《暂行条例》的执行意味着实行 14 年之久的
生产型增值税的历史使命正式完成，主宰税收重心的将是接下来内容更为科
学合理、对经济发展作用更大的消费型增值税。

六、统一车船税、城镇土地使用税、耕地占用税等零星税种

　　为了创造一个平等开放、公平竞争的市场环境，除了内外资企业所得税
制外，国家也在逐步推进车船税、城镇土地使用税、耕地占用税等零星税收
制度的统一。例如，2006 年 12 月，国务院出台《中华人民共和国车船税暂
行条例》的同时废止了《中华人民共和国车船使用牌照税暂行条例》和
《中华人民共和国车船使用税暂行条例》，实现了内外资企业车船税制的统
一。此后，2011 年的十一届全国人大十九次会议审议通过车船税法，标志着
这一制度的内容更加权威和稳定。2006 年 12 月，为提高对土地的宏观调控水

---

① 　财政部、税务总局就全国实施增值税转型改革答问［EB/OL］. http：www. gov. cn/govweb/
zwhd/2008 - 11/11/content_1146048. htm，2008 - 11 - 11.

平，实现内外资企业在土地保有环节的税制统一，国家修订并颁布了《中华人民共和国城镇土地使用税暂行条例》，将外商投资企业和外国企业纳入了该税种的征税范围。2007年12月，为更好地督促内外资企业保护农用耕地，国家修订并颁布了《中华人民共和国耕地占用税暂行条例》，标志着内外资企业耕地占用税制的统一。2008年12月，为促进房地产市场的健康发展，国务院决定将之前对内适用的房产税征税范围扩大至外商投资企业和外国企业，同时废止了此前对外适用的《城市房地产税暂行条例》，实现了内外资企业房产税制的统一。2010年10月，国务院发布《国务院关于统一内外资企业和个人城市维护建设税和教育费附加制度的通知》，规定自当年12月起，对外商投资企业、外国企业和个人实行城市维护建设税制度，从此实现了城市维护建设税的内外统一。2011年9月，国务院修订并颁布了《资源税暂行条例》，规定自当年11月起对中外合作开采石油天然气项目改征资源税，实现了内外资企业资源税制的统一。至此，我国针对内外资企业实行的税收制度基本实现了全国统一，外资企业在税收政策上享受的特殊待遇从此结束。

第三节　历史逻辑与简要评价

1994~2012年的税制改革主要是为建设社会主义市场经济这一政府工作目标服务，改革过程中的约束条件逻辑和实践成果分析如下。

一、约束条件逻辑

第一，从财政汲取能力来看，如前所述，自1986年起，我国连年出现财政赤字。与之相呼应，国债负担也从1986年的138.25亿元扩大至1993年的739.22亿元。[①] 保障财政收入依然是当时税制改革的重要任务。例如，在1994年构建以增值税、消费税和营业税为主体的货劳税体系中，生产型

---

① 资料来源于1999年《中国统计年鉴》。

增值税的实行一方面是为了抑制市场的过度投资行为；另一方面就是基于对财政收入的考量。消费税的开征除了调节特殊消费品的消费行为外，也在一定程度上保障了政府财政收入水平。据1995年《中国财政年鉴》的数据统计，1994年，增值税、营业税和消费税三税之和占税收总收入的比例为66%，与改革前1993年同类税收收入基本持平。而随着税收制度改革的推进，进入21世纪的中国税收收入也进入一个高速增长期。据2002～2014年《中国财政年鉴》的数据统计，2001～2013年，中国政府财政收入年均增长率达19.2%，即使是处于全球金融危机的2009年，财政收入增长率也达11.7%。因此，财政汲取能力不再成为这一时期税制改革的制约因素。相应地，为完善社会主义市场经济体制，具有减税效应的税改方案诸如统一内外资企业所得税制、上调个人所得税起征点、增值税转型等措施才得以实行。

第二，从税收征管水平上看，为保障1994年税改内容的有序推进，在分设国地税征管机构的同时，一套集"申报、代理、稽查"于一体的税收征管模式也被正式提出，具体内容包括建立普遍的纳税申报、税务代理和税务稽查制度等。1997年，国家又提出了"30字"的现代税收征管模式①，着力推广适用全国统一的、覆盖所有税种征管业务的税收征管信息系统（CTAIS）。此后针对税制改革过程中暴露的税收征管问题，国家税务总局在原"30字"征管模式基础上添加了"强化管理"的内容，并采取了以下改进措施：一是整合信息资源，通过落实纳税人信息"一户式"管理、"一站式"服务、"一窗式"管理等方式实现强化税源监控、减少漏征漏管的现象；二是规范机构设置，明确职责分工；三是为提高征管效率，实行税收管理员制度，定期进行纳税评估。此外，在税收征管信息平台建设上，1994年国家着手以"金税工程"一期为重点的税收征管系统建设，增值税计算机交叉稽核系统和增值税防伪税控系统也相继在一些城市运行，但由于当时的交叉稽核系统仍然依赖于人工录入原始数据，操作过程中难免出现错误（钱冠林、王力，2009）。因此，在2001～2003年，国家陆续开展了金税工

---

① "30字"税制征管模式内容为"以申报纳税和优化服务为基础，以计算机网络为依托，集中征收，重点稽查"。

程二期试点及建设工作，为 2007 ~ 2009 年的增值税转型奠定了技术基础。

第三，从中央和地方关系来看，与 1994 年税制改革同步的是分税制财政管理体制的实行。这一改革旨在充分调动中央与地方政府的积极性，基本内容是在明确中央与地方事权的基础上，将与维护国家权益密切相关和有利于实施宏观调控的税种划分为中央税；将收入数额较大，能够稳定增长的税种划为中央与地方共享税；将与地方经济发展关系密切，适合地方征管的税种划分为地方税。由此也正式形成了一套较为完整的能够保障地方政府财政收入的地方税制体系，大大提高了地方政府的经济发展和税收努力程度。

第四，从税收意识形态上看，这一时期的国家政府在税制改革进程中十分重视税收意识形态的建设。税收宣传月的主题就是其税收意识形态建设的一个缩影。例如，与 1994 年税制改革相呼应，该年税收宣传月主题确定为"税收与改革"，旨在宣传社会主义市场经济建设过程中，税收应当如何更好地服务于深化改革和扩大开放的要求。1995 年税收宣传月的主题是"税收与法制"，认为税法是税务机关开展税收工作的依据，也为纳税人合法权益提供保障。在较为完善的税收法律面前，如果税务机关能够严格执法、纳税人能够依法纳税，那么良好的税收氛围也就逐渐形成，税收政策内容也得以高效落实。此后，历年的税收宣传主题如税收征管与市场经济（1996）、税收与文明（1997）、诚信纳税与利国利民（2002）等都是税收意识形态建设的体现，为税收制度改革提供了良好的税收文化氛围。

二、实践成果评价

从税种组合结构来看，经过社会主义市场经济建设时期的系列改革，我国税种由 37 个直接减少到 18 个。其中，货劳税类包括：增值税、营业税、消费税、车辆购置税和关税；所得税类包括：企业所得税和个人所得税；财产税类包括：房产税、城镇土地使用税、土地增值税、契税和车船税；其他税类包括：烟叶税、资源税、城市维护建设税、船舶吨税、耕地占用税和印花税。其税种组合结构如图 5 - 2 所示。

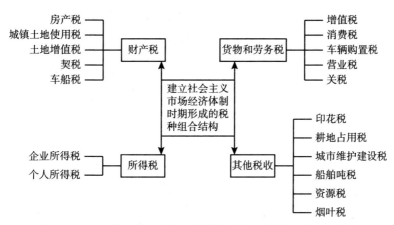

图5-2　建立社会主义市场经济体制时期形成的税种组合结构

注：当前学术界对车辆购置税的归属类别并未达成一致意见，有的学者认为属于财产税；有的学者认为属于行为税，还有的学者认为是货劳税范畴。由于国家税务总局将车辆购置税纳入货劳税司管辖，这里就将其归入货劳税。

从税种收入结构来看，据《中国税务年鉴》的数据资料统计，2012年我国实现货劳税收入67 304.53亿元，占全国税收总收入的60.76%，较1993年降低17.59%；所得税收入27 828.19亿元，占全国税收总收入的25.12%，较1993年提高9.53%；财产税收入10 481.28亿元，占全国税收总收入的9.46%，较1993年提高7.17%。以上这种所得税和财产税比重上升、货劳税比重下降的特征表明税收调节社会公平、优化资源配置等功能得以不断加强，税收宏观调控能力显著提高。可以说，在这一时期我国初步建立了适应社会主义市场经济体制需要的税收制度体系，对于保障国家财政收入、促进社会经济发展起到了重要作用。

当然，这一时期的税制结构仍然存在诸多与社会经济发展不相适应的问题。一是尽管这一时期的所得税比重逐步提高，但货劳税依然是名副其实的主体税种，其相较经济转轨时期的税制结构而言，性质并没有发生根本性改变。这种以货劳税为主体的税制体系存在较强的"累退性"，易加剧居民收入分配的不合理问题。二是对各税类中的税种调整并不到位。例如，就货劳税而言，尽管消费型增值税的实行在一定程度上完善了税收抵扣链条，但其与营业税的并存容易造成产业间的税负分配不公问题，不利于企业的专业化分工与技术进步。就所得税而言，这一时期虽然多次上调了个税起征点，但这一税种仍然采用分类计征模式，收入调节作用十分有限。就财产和资源税而言，采用从量计征办法的资源税虽然从短期来看收入比较稳定，但相对较低的税率不足以遏制社会对资源的过度开采和粗放使用行为，资源的稀缺性也无法得到体现。而财产税类中的房地产税目前还处于改革试点阶段，其他如契税、车船税等小税种均未作出相关内容的实质性调整。三是这一时期形成的 18 个税种中，只有个人所得税、企业所得税和车船税通过了人大立法，其他 15 个包括增值税、消费税、资源税等税种是以国务院暂行条例形式存在，这种做法既不利于约束行政机关的征税权利，也难以保障纳税人的合法权益。

第六章

全面深化改革时期的税制
改革（2013 年至今）

随着社会主义市场经济的发展，我国实现从温饱不足到总体小康的历史性跨越，并成为世界第二大经济体。但与此同时，贫富差距扩大、资源紧缺、环境污染、消极腐败等各方面问题也接踵而至。对此，2013 年党的十八届三中全会从政治、经济、社会、文化、生态等领域全面部署了深化改革内容，提出国家治理体系和治理能力现代化建设的工作总目标。在这一目标指导下，2014 年中共中央政治局会议通过的《深化财税体制改革总体方案》将"优化税制结构，逐步提高直接税比重"列为重点推进的三大税制改革任务之一，并明确指出，要在 2020 年基本建成现代税收制度。改革的主要内容包括：全面实行"营改增"、调整消费税征收范围、改进资源税计征方式、开征环境保护税、建立分类与综合相结合的个人所得税制度等。此外，面对 2020 年新型冠状病毒感染疫情（以下简称"新冠疫情"）带来的社会经济冲击，党中央审时度势，有针对性地出台了系列税收优惠政策，旨在减轻企业税收负担，助力经济复苏。

第一节　全面推进"营改增"

不可否认，1994 年形成增值税与营业税并存的货劳税体系能够在一定层面上提高资源配置效率，保障中国经济的高速增长。但自 2010 年以来我国经济基本处于下行状态，转变经济发展方式、促进经济结构性调整成为经济建设的重点。此时，如果继续对第二产业征收增值税且对第三产业征收营业税的话，因税收抵扣链条不完整或重复征税问题的存在不可避免地加重企业税收负担，难以调动企业转型升级的积极性。在这一背景下，全面推进"营改增"显得十分必要。2015 年，党中央针对市场上的产品供需错配问题，提出了"三去一降一补"的供给侧改革方案。"营改增"作为一项"降成本"的关键举措，成为税收制度领域改革的一项重要内容，满足了经济治理的需要。

一、"营改增"的改革进程

"营改增"主要是在分地区分行业试点的基础上有条不紊地推进，改革内容呈现出渐进性的特征。具体而言，2012 年 1 月，国务院以上海市交通运输业和部分现代服务业为样本，展开了"营改增"试点工作。此次试点的主要内容是在原有 13% 和 17% 的税率基础上，新增 6% 和 11% 两档低税率。其中，对有形动产租赁企业实行 17% 的普通税率，对陆路、水路、航空、管道等交通运输业实行 11% 的税率，对物流辅助、文化创意等现代服务业实行 6% 的低税率。[①] 同年 7 月，国务院将这些行业的试点范围扩大至北京、广东、江苏、福建等 8 个省份。[②] 2013 年 8 月，国务院将交通运输业和部分现代服务业"营改增"试点范围进一步扩大至全国，并在现代服务业下新增了"广播影视"服务这一子税目，对其实行 6% 的增值税税率。[③]

---

① 财政部　国家税务总局关于印发《营业税改征增值税试点方案》的通知和财政部　国家税务总局关于在上海市开展交通运输业和部分现代服务业营业税改征增值税试点的通知。

② 财政部　国家税务总局关于在北京等 8 省市开展交通运输业和部分现代服务业营业税改征增值税试点的通知。

③ 财政部　国家税务总局关于在全国开展交通运输业和部分现代服务业营业税改征增值税试点税收政策的通知。

此后从行业的视角，"营改增"试点范围被推广至邮政、电信业等其他服务业。[①] 截至 2014 年，全国纳入"营改增"试点范围的企业共计 410 万家，减税金额合计 1 918 亿元，较好地促进了试点企业发展。[②] 2015 年供给侧结构性改革方案提出后，减税降费成为财税领域调动企业市场积极性的关键手段。此时的"营改增"作为减税降费的主要抓手，其内容逐步在全国范围全部试点行业推开。基于改革试点经验的总结，2016 年 3 月国家发布《关于全面推开营业税改征增值税试点的通知》，决定自当年 5 月 1 日起对全部营业税企业改征增值税。直到 2017 年 10 月，《中华人民共和国营业税暂行条例》的废止和《中华人民共和国增值税暂行条例》的修订意味着开征 30 多年的营业税正式退出历史舞台。"营改增"推进历程如图 6 - 1 所示。

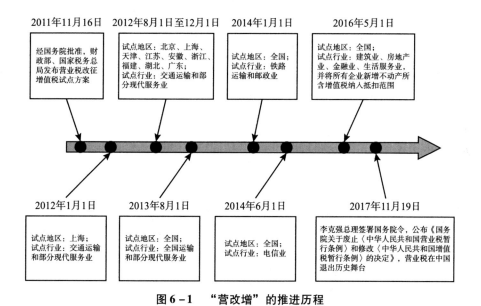

图 6 - 1　"营改增"的推进历程

---

① 财政部　国家税务总局关于将铁路运输和邮政业纳入营业税改征增值税试点的通知和财政部　国家税务总局关于将电信业纳入营业税改征增值税试点的通知。

② 杨亮. 营改增 2014 年全年减税 1 918 亿元［N］. 光明日报，2015 - 01 - 29.

2016 年基本完成营业税改征增值税的试点工作后，为保障"营改增"项目的平稳落地，深入贯彻减税降费思想，财政部、国家税务总局决定自2017 年 7 月起取消 13% 的增值税税率。2018 年 3 月，国务院根据"进一步深化增值税改革"的战略部署，将增值税税率下调至 16%、10%、6% 三档，并提高了小规模纳税人的年销售额纳税标准，扩大了增值税的留抵退税范围。2019 年 3 月，《财政部 税务总局 海关总署关于深化增值税改革有关政策的公告》就深化增值税改革做出如下调整：一是就增值税一般纳税人（以下简称"纳税人"）发生增值税应税销售行为或者进口货物，原适用16% 税率的调整为 13%；原适用 10% 税率的调整为 9%。二是就纳税人购进的农产品，原适用 10% 扣除率的调整为 9%；纳税人购进用于生产或委托加工 13% 税率货物的农产品，按照 10% 的扣除率计算进项税额。三是原适用 16% 税率且出口退税率为 16% 的出口货物劳务，出口退税率调整为13%；原适用 10% 税率且出口退税率为 10% 的出口货物、跨境应税行为，出口退税率调整为 9%。四是适用 13% 税率的境外旅客购物离境退税物品，退税率为 11%；适用 9% 税率的境外旅客购物离境退税物品，退税率为8%，如表 6 - 1 所示。大多数学者认为，深化改革的增值税既有利于降低纳税人税收负担，也有利于减少经济效率损失。社会实践结果也表明，增值税税率的下调进一步减轻了企业负担，显示了党中央为深化供给侧改革提供优良税收营商环境的决心。

表 6 - 1　　　　　　　　　2016 年"营改增"之后增值税税目税率

纳税人	应税行为	具体范围	增值税调整2019 年	增值税调整2018 年	增值税调整2017 年	增值税税率2016 年
小规模纳税人		包括原增值纳税人和"营改增"纳税人，从事货物销售，提供增值税加工、修理修配劳务，以及"营改增"各项应税服务				3%

续表

纳税人	应税行为	具体范围			增值税调整2019 年	增值税调整2018 年	增值税调整2017 年	增值税税率2016 年
原增值税纳税人		销售或进口货物（另有列举的货物除外）；提供加工、修理修配劳务			13%	16%	17%	17%
		1. 粮食、食用植物油、鲜奶			9%	10%	13%	13%
		2. 自来水、暖气、冷气、热气、煤气、石油液化气、天然气、沼气、居民用煤炭制品						
		3. 图书、报纸、杂志						
		4. 饲料、化肥、农药、农机（整机）、农膜						
		5. 国务院规定的其他货物						
		6. 农产品（指各种动、植物初级产品）；音像制品、电子出版物、二甲醚、食用盐						
"营改增"后一般纳税人	销售服务	交通运输服务	陆路运输服务	铁路运输服务	9%	10%	11%	11%
				公路运输				
				缆车运输				
				索道运输				
				地铁运输				
				城市轻轨运输				
			水路运输					
			航空运输					
			管道运输服务					
		邮政服务	邮政普遍服务		9%	10%	11%	11%
			邮政特殊服务					
			其他邮政服务					
		电信服务	基础电信服务		9%	10%	11%	11%
			增值电信服务				6%	6%

续表

纳税人	应税行为	具体范围			增值税调整 2019 年	增值税调整 2018 年	增值税调整 2017 年	增值税税率 2016 年
"营改增"后一般纳税人	销售服务	建筑服务	工程服务	新建改建	9%	10%		11%
			安装服务	各类设备安装				
			修缮服务	补固养改等作业				
			装饰服务	修饰美化				
			其他建筑服务	钻、拆、平、绿、爆等				
		金融服务	贷款服务					6%
			直接收费金融服务					
			保险服务					
			金融商品转让					
		现代服务	研发和技术服务	研发服务				6%
				合同能源管理服务				
				工程勘察勘探服务				
				专业技术服务				
			信息技术服务	软件服务				6%
				电路设计及测试服务				
				信息系统服务				
				业务流程管理服务				
				信息系统增值服务				
			文化创意服务	设计服务				6%
				知识产权服务				
				广告服务				
				会议展览服务				

续表

纳税人	应税行为		具体范围		增值税调整 2019 年	增值税调整 2018 年	增值税调整 2017 年	增值税税率 2016 年
"营改增"后一般纳税人	销售服务	现代服务	物流辅助服务	航空服务				6%
				港口码头服务				
				货运客运场服务				
				打捞救助服务				
				装卸搬运服务				
				仓储服务				
				收派服务				
			租赁服务	融资租赁服务	动产13%；不动产9%	动产16%；不动产10%		动产17%；不动产11%
				经营租赁服务				
			鉴证咨询服务	认证服务				6%
				鉴证服务				
				咨询服务				
			广播影视服务	广播影视节目（作品）制作服务				6%
				广播影视节目（作品）发行服务				
				广播影视节目（作品）放映服务				
			商务辅助服务	企业管理服务				6%
				经纪代理服务				
				人力资源服务				
				安全保护服务				
			其他现代服务					6%

纳税人	应税行为	具体范围			增值税调整2019年	增值税调整2018年	增值税调整2017年	增值税税率2016年
"营改增"后一般纳税人	销售服务	生活服务	文化体育服务	文化服务				6%
				体育服务				
			教育医疗服务	教育服务				
				医疗服务				
			旅游娱乐服务	旅游服务				
				娱乐服务				
			餐饮住宿服务	餐饮服务				
				住宿服务				
			居民日常服务					
			其他生活服务					
	销售无形资产	技术						6%
		商标						
		著作权						
		商誉						
		其他权益性无形资产（基础设施资产经营权等）						
		自然资源	海域使用权、探矿权、采矿权、取水权等					
			土地使用权		9%	10%		11%
	销售不动产	建筑物			9%	10%		11%
		构筑物						

资料来源：根据《财政部　国家税务总局关于全面推开营业税改征增值税试点的通知》《财政部　税务总局关于简并增值税税率有关政策的通知》《财政部　税务总局关于调整增值税税率的通知》《财政部　税务总局　海关总署关于深化增值税改革有关政策的公告》整理所得。

二、"营改增"的政策效应

"营改增"是继 2009 年增值税转型后的又一次"扩围"改革，基本出发点是希望通过完善增值税抵扣链条和消除营业税重复征税现象，更好地促进经济结构调整和企业转型升级。由此看来，"营改增"最为直接的影响主要包括以下两个方面。

一是减轻了企业税收负担。"营改增"完成后，原按营业税纳税的第三产业的企业既可以抵扣其购入的机器设备等固定资产的进项税，也可以抵扣购买服务时承担的营业税，从而避免了企业之间重复征税的问题，减轻该类企业税负。根据相关数据统计，"营改增"全面铺开后，我国税收负担减轻或保持不变的企业占全部试点企业的比例高达 98.7%，且 2012～2017 年，这一政策带来的减税规模累计已经超过 1.2 万亿元，减税效果较为明显。①二是促进了我国经济结构调整和企业转型升级。"营改增"使得我国第二、第三产业的增值税抵扣链条被彻底打通，以制造业为典型的第二产业能够抵扣外购生产性服务成本，同时以服务业为典型的第三产业能够抵扣外购固定设备或服务的成本。在这一条件下，制造业企业为了加快自身产品研发和改进工业流程，更愿意借助市场获得相关的专业性服务，而服务业因为市场需求的增加和增值税抵扣的优势，也吸引了更多投资者，从而极大促进了这些服务业企业的发展。袁从帅（2015）、赵连伟（2015）的研究均表明，"营改增"能够较好地促进服务业企业投资规模的扩大、创新能力的增强以及生产效率的提升。梁若冰等（2015）基于福建 2 万多家企业的增值税数据研究也表明，"营改增"确实能够加强产业之间的交流合作，促进服务业的发展。此外，从官方数据统计结果来看，在"营改增"推进期间，我国服务业企业数量大幅增长，企业总产值和经济增加值比重明显上升。由此可见，在市场规律作用下，"营改增"作为一项重要的减税措施，在推动经济结构调整方面发挥的作用不容忽视。

当然，随着"营改增"的推进，地方税制体系重构的问题也被提上议程。营业税自 1984 年复征以来就一直是地方税制体系中的主体税种，贡献着较大比例的地方财政收入。增值税取代营业税之后，地方政府失去了最大的税收来源，财政收入也将不可避免地受到影响。此时，重新确立地方主体

---

① 王军. 营改增：增值税改革的中国样本与经验 [EB/OL]. http：//www. chinatax. gov. cn/n810219/n810724/c2568701/content. html，2017 - 04 - 21.

税种，构建地方税制体系成为调动地方政府参与税制建设积极性的关键点。

第二节　资源税和环境保护税等绿色税制[①]建设

改革开放以来，我国经济发展迅速，但伴随着经济发展的资源短缺和环境污染问题也日趋严重。2013 年，党的十八届三中全会将生态文明建设纳入全面深化改革的总体布局当中，解决这些问题自然成为国家治理的一个重要方面。对此，为促进资源节约和环境保护，国家在税制层面也推出了系列措施，主要内容包括以下几个方面。

一、加快资源税改革

自 1994 年税制改革以来，关于资源税制改革的内容基本上是基于当时社会经济条件的一种"小修小补"，资源税的级差调节功能并未发生根本性改变。这也就使得资源税制存在税目范围偏窄、税率较低、计征方式不合理等诸多问题，难以有效遏制资源过度开采现象、促进资源的集约利用。对此，2014 年《财政部　国家税务总局关于实施煤炭资源税改革的通知》规定自该年 12 月 1 日改按从价定率方式征收煤炭资源税，且税率幅度为 2% ~10% ，这意味着以改变煤炭资源税计征方式为起点的资源税改革正式启动。2015 年 5 月，从价定率征收的方式被应用到稀土、钨和钼资源项目中。其中，稀土资源适用 7.5% ~27% 不等的税率，钨资源适用 6.5% 的税率，钼资源适用 11% 的税率。此举将资源税与资源产品市场价格挂钩，较好地发挥了税收的市场调控功能，促进了资源的有效利用。当然这些措施也只是对资源税的局部调整，资源地区分布差异与税率统一的矛盾、稀缺资源品类众多与计征范围有限的矛盾依然存在。

因此，为进一步促进资源集约利用，加强全国资源市场的调控，2016

[①]　多数学者认为绿色税制是指有助于节能环保的税收制度。

年 5 月，财政部、国家税务总局发布《关于全面推进资源税制改革的通知》，改革的主要内容包括以下几点：（1）进一步扩大资源税的征税范围，在河北省开展水资源税改革试点工作的同时，将森林、草场、滩涂等自然资源纳入征税范围。（2）改变计征方式，决定对铁矿、金矿、铜矿、铝土矿等 21 种金属矿产资源实行从价计征方式，对其他非金属矿产品则实行从价计征为主、从量计征为辅的双重计征方式。（3）为避免重复征税，在实施资源税从价计征改革的同时，停止征收各项矿场资源补偿费，取消各种违规设立的矿产资源基金项目。（4）调整各类资源的税率区间，以税率表的形式确定了各类矿产品的税率区间范围，各省、自治区、直辖市再根据当地实际情况选择地方适用税率。这一系列改革措施的执行使得我国资源税收入从 2016 年的 950.81 亿元上升至 2019 年的 1 821.34 亿元，相应地，税收收入占总收入的比重从 0.67% 提高至 1.06%。[①] 资源税在税收制度体系中的职能作用逐渐得到重视。此外，为贯彻落实税收法定原则，2019 年 8 月，全国人大常委会表决通过了《中华人民共和国资源税法》（税率见表 6-2），税收条例由此也上升到了法律高度。

表 6-2　　　　　　　　　　　2019 年资源税税目税率

税目		征税对象	税率
能源矿产	原油	原矿	6%
	天然气、页岩气、天然气水合物	原矿	6%
	煤	原矿或者选矿	2% ~ 10%
	煤成（层）气	原矿	1% ~ 2%
	铀、钍	原矿	4%
	油页岩、油砂、天然沥青、石煤	原矿或者选矿	1% ~ 4%
	地热	原矿	1% ~ 20% 或者每立方米 1 ~ 30 元

---

① 根据 2017 年和 2020 年《中国税务年鉴》的数据整理而得。

续表

税目			征税对象	税率
金属矿产	黑色金属	铁、锰、铬、钒、钛	原矿或者选矿	1%～9%
	有色金属	铜、铅、锌、锡、镍、锑、镁、钴、铋、汞	原矿或者选矿	2%～10%
		铝土矿	原矿或者选矿	2%～9%
		钨	选矿	6.5%
		钼	选矿	8%
		金、银	原矿或者选矿	2%～6%
		铂、钯、钌、锇、铱、铑	原矿或者选矿	5%～10%
		轻稀土	选矿	7%～12%
		中重稀土	选矿	20%
		铍、锂、锆、锶、铷、铯、铌、钽、锗、镓、铟、铊、铅、铼、镉、硒、碲	原矿或者选矿	2%～10%
非金属矿产	矿物类	高岭土	原矿或者选矿	1%～6%
		石灰岩	原矿或者选矿	1%～6% 或者每吨（或者每立方米）1～10 元
		磷	原矿或者选矿	3%～8%
		石墨	原矿或者选矿	3%～12%
		萤石、硫铁矿、自然硫	原矿或者选矿	1%～8%
		天然石英砂、脉石英、粉石英、水晶、工业用金刚石、冰洲石、蓝晶石、硅线石（砂线石）、长石、滑石、刚玉、菱镁矿、颜料矿物、天然碱、芒硝、钠硝石、明矾石、砷、硼、碘、溴、膨润土、硅藻土、陶瓷土、耐火粘土、铁矾土、凹凸棒石粘土、海泡石粘土、伊利石粘土、累托石粘土	原矿或者选矿	1%～12%
		叶蜡石、硅灰石、透辉石、珍珠岩、云母、沸石、重晶石、毒重石、方解石、蛭石、透闪石、工业用电气石、白垩、石棉、蓝石棉、红柱石、石榴子石、石膏	原矿或者选矿	2%～12%
		其他粘土（铸型用粘土、砖瓦用粘土、陶粒用粘土、水泥配料用粘土、水泥配料用红土、水泥配料用黄土、水泥配料用泥岩、保温材料用粘土）	原矿或者选矿	1%～5% 或者每吨（或者每立方米）0.1～5 元

续表

税目			征税对象	税率
非金属矿产	岩石类	大理岩、花岗岩、白云岩、石英岩、砂岩、辉绿岩、安山岩、闪长岩、板岩、玄武岩、片麻岩、角闪岩、页岩、浮石、凝灰岩、黑曜岩、霞石正长岩、蛇纹岩、麦饭石、泥灰岩、含钾岩石、含钾砂页岩、天然油石、橄榄岩、松脂岩、粗面岩、辉长岩、辉石岩、正长岩、火山灰、火山渣、泥炭	原矿或者选矿	1%～10%
		砂石	原矿或者选矿	1%～5% 或者每吨（或者每立方米）0.1～5 元
	宝玉石类	宝石、玉石、宝石级金刚石、玛瑙、黄玉、碧玺	原矿或者选矿	4%～20%
水气矿产	二氧化碳气、硫化氢气、氦气、氡气		原矿	2%～5%
	矿泉水		原矿	1%～20% 或者每立方米 1～30 元
盐	钠盐、钾盐、镁盐、锂盐		选矿	3%～15%
	天然卤水		原矿	3%～15% 或者每吨（或者每立方米）1～10 元
	海盐			2%～5%

二、开征环境保护税

其实针对环境污染行为的征税问题，早在 1979 年实行的《中华人民共和国环境保护法（试行）》中就以排污费制度的形式出现。尽管这一制度在实际执行过程中经过了多次调整，但由于其执法刚性不足、内容分散模糊等特征，发挥的环境治理功能着实有限。因此，基于加强生态环境保护的紧迫性考量，2013 年党的十八届三中全会后就多次提及环境保护费改税问题。经过多次的研究论证，2016 年 12 月国家正式颁布《中华人民共和国环境保护税法》（以下简称《环保税法》），并决定于 2018 年 1 月 1 日起实行。《环保税法》从纳税人、征税对象、计税依据、税率及税收优惠等方面对环境保护税内容做出了详细规定。就纳税人而言，为保证"环境保护费改税"顺利过渡，《环保税法》依然沿用排污费制度的相关规定，将那些直接排放应税污染物的企事业单位及其他生产经营者界定为环境保护税纳税人。就征税对象和计税依据而言，《环保税法》以表格形式将大气污染物、水污染物、固体废物和噪声等纳入征税范围，并且就这些污染物给出了计税依据的确定办法。就税率而言，《环保税法》以大气、水污染物的排污费标准作为税额下限，采用从量定额的方式明确各污染物应纳税额。就税收优惠而言，《环保税法》规定农业生产排放的应税污染物，汽车、船舶和航空器等流动污染源排放的应税污染物，依法设立的污染物处理场所排放的不超过既定标准的应税污染物等，均可享受免征待遇。环境保护税税目税额如表 6 - 3 所示。

据财政部数据统计，2019 年我国环保税收入为 221 亿元，占全国财政收入的比重为 0.12%。仅从数字上看，这一金额相对较小，但开征环保税的主要目的并不在于汲取财政收入，而在于如何更好地加强环境保护。正如冯俏彬（2018）所指出的，环境保护税法在完善我国"绿色税收"体系的同时，能够较好地提高社会对生态环境的保护意识。白彦峰（2015）的研究也认为，环保税立法可以说是我国绿色税制的点睛之笔，对于加快推进我国生态文明建设和促进经济高质量发展均具有重大意义。

表 6 - 3　　　　　　　　　　2018 年环境保护税税目税额

税目		计税单位	税额	备注
大气污染物		每污染当量	1.2 ~ 12 元	
水污染物		每污染当量	1.4 ~ 14 元	
固体废物	煤矸石	每吨	5 元	
	尾矿	每吨	15 元	
	危险废物	每吨	1 000 元	
	冶炼渣、粉煤灰、炉渣、其他固体废物（含半固态、液态废物）	每吨	25 元	

续表

税目		计税单位	税额	备注
噪声	工业噪声	超标 1～3 分贝	每月 350 元	1. 一个单位边界上有多处噪声超标，根据最高一处超标声级计算应纳税额；当沿边界长度超过 100 米有两处以上噪声超标，按照两个单位计算应纳税额 2. 一个单位有不同地点作业场所的，应当分别计算应纳税额，合并计征 3. 昼、夜均超标的环境噪声，昼、夜分别计算应纳税额，累计计征 4. 声源一个月内超标不足 15 天的，减半计算应纳税额 5. 夜间频繁突发和夜间偶然突发厂界超标噪声，按等效声级和峰值噪声两种指标中超标分贝值高的一项计算应纳税额
		超标 4～6 分贝	每月 700 元	
		超标 7～9 分贝	每月 1 400 元	
		超标 10～12 分贝	每月 2 800 元	
		超标 13～15 分贝	每月 5 600 元	
		超标 16 分贝以上	每月 11 200 元	

第三节 建立综合与分类相结合的个人所得税制

除资源紧缺和环境污染问题外，经济高增长也带来了社会收入分配不公平的问题。据国家统计局数据显示，自 2000 年以来，我国基尼系数基本维持在 0.4 以上，2013 年这一系数达 0.473，说明我国收入分配不公、贫富差距明显的问题已十分突出。而与此同时，本应作为收入再分配重要工具的个人所得税作用却十分有限，改革这一税种、强化其收入再分配职能的呼声甚嚣尘上。

一、综合与分类相结合的个人所得税制建立

为助力解决收入分配不公、贫富差距明显的社会问题，我国分别于 2006 年、2008 年和 2011 年开展了一系列个人所得税改革。但这些改革内容基本局限于对税率、起征点等要素的局部调整，改革效果差强人意（陈工等，2011）。对此，时任财政部部长楼继伟在 2014 年国家会议上表示，简单

提高个税起征点的做法并不能体现每个家庭的差异，税收的公平收入分配的职能也难以有效发挥，必须实施综合与分类相结合的个人所得税制。基于这一税制建设方向，2018 年 6 月，在借鉴西方国家先进经验和充分征求社会意见的基础上，全国人大常委会又进一步修订了《中华人民共和国个人所得税法》（以下简称《个人所得税法》）。

此次《个人所得税法》修订以建立综合与分类相结合的个人所得税制为目标，进行了以下内容调整：（1）完善了有关纳税人的基本规定，将居民个人判定标准由之前的"是否满 1 年"改为"是否满 183 天"。（2）新增了"综合所得"的概念，将工资薪金、劳务报酬、稿酬和特许权使用费这四项所得纳入综合所得，对其按年合并计征；同时将个体工商户的生产经营所得调整为经营所得项目，将对企事业单位的承包承租经营所得分别并入综合所得和经营所得两个项目。（3）优化调整了税率结构，规定对个人综合所得适用 3%~45% 超额累进税率（见表 6-4）；对个体经营所得，适用 5%~35% 的超额累进税率（见表 6-5）；对利息股息红利所得、财产租赁所得、财产转让所得和偶然所得适用 20% 的比例税率。（4）新增了专项附加扣除项目，将子女教育、继续教育、大病医疗、住房贷款利息、住房租金、赡养老人六项居民日常开支纳入费用扣除范围，并对每一项支出项目的扣除标准做出了细致规定（见表 6-6）。（5）增加了反避税条款，针对某些个人的避税行为，规定税务机关有权按照合理方法作出纳税调整。此外，规定了非居民个人征税办法，进一步健全了与个人所得税改革相适应的税收征管制度。

表 6-4　　　　　　　　　个人所得税综合所得税率

级数	全年应纳税所得额	税率（%）
1	不超过 36 000 元的	3
2	超过 36 000 元至 144 000 元的部分	10
3	超过 144 000 元至 300 000 元的部分	20
4	超过 300 000 元至 420 000 元的部分	25

续表

级数	全年应纳税所得额	税率（%）
5	超过 420 000 元至 660 000 元的部分	30
6	超过 660 000 元至 960 000 元的部分	35
7	超过 960 000 元的部分	45

注：①本表所称全年应纳税所得额是指居民个人取得综合所得以每一纳税年度收入额减除费用 6 万元以及专项扣除、专项附加扣除和依法确定的其他扣除后的余额。②非居民个人取得工资、薪金所得，劳务报酬所得，稿酬所得和特许权使用费所得，依照本表按月换算后计算应纳税额。

表 6 - 5 个人所得税经营所得税率

级数	全年应纳税所得额	税率（%）
1	不超过 30 000 元的	5
2	超过 30 000 元至 90 000 元的部分	10
3	超过 90 000 元至 300 000 元的部分	20
4	超过 300 000 元至 500 000 元的部分	30
5	超过 500 000 元的部分	35

注：本表所称全年应纳税所得额是指依照《个人所得税法》第六条的规定，以每一纳税年度的收入总额减除成本、费用以及损失后的余额。

表 6 - 6 个人所得税专项附加扣除标准

名称	扣除标准		使用范围和条件	享受扣除政策对象
	每年	每月		
子女教育	—	每个子女 1 000 元（扣除比例 100% 或者 50% 或者不扣除）	学前阶段：年满 3 岁且处于小学入学前阶段	1. 父母可选择由一方按照规定金额标准的 100% 扣除，或者选择由父母双方分别按照规定金额标准的 50% 扣除；有多名子女的家庭，按照子女数量和规定金额标准的乘积计算父母双方共计可享受的扣除金额，并按照上述扣除方法之一进行扣除 2. 对不同子女，可以在父母间有不同的扣除比例 3. 一经确定一个纳税年度内不能变更
	—		义务教育	
			高中阶段教育（包括普通高中、中等职业教育、技工教育）、高等教育阶段（包括大学专科、大学本科、硕士研究生、博士研究生教育）	

续表

名称	扣除标准		使用范围和条件	享受扣除政策对象
	每年	每月		
继续教育	—	400 元	非全日制学历教育	接受教育的本人；符合规定条件的本科以下学历教育，可选择父母或本人扣除
	3 600 元	—	技能人员职业资格教育、专业技术人员职业资格继续教育	接受教育本人扣除，取得证书月份一次性预扣 3 600 元
住房贷款利息	—	1 000 元（扣除比例 100% 或者 50% 或者不扣除）	纳税人本人或者配偶单独或者共同使用银行或住房公积金个人住房贷款为本人或其配偶购买中国境内住房	实际发生首套贷款利息支出的期间，一经确定扣除比例一个纳税年度内不能变更 1. 纳税人未婚：本人扣除 2. 纳税人已婚： （1）夫妻双方协商确定由一方扣除 （2）夫妻双方婚前分别购买，婚后选择其中一套由购买方继续扣除，也可以由夫妻双方对各自购买住房分别按标准的 50% 扣除
住房租金	—	1 500 元	直辖市、省会（首府）、计划单列市以及国务院确定的其他城市	纳税人主要工作城市没有自有住房： 1. 纳税人未婚：本人扣除 2. 纳税人已婚： （1）纳税人未婚夫妻双方主要工作城市相同的，只能由一方扣除，并且由签订租赁住房合同的承租人扣除 （2）主要工作城市不相同的，且双方均在两地没有购买住房的，则可以按照规定的标准夫妻双方分别进行扣除
	—	1 100 元	除第一项所列城市以外，市辖区户籍人口超过 100 万人的城市	
	—	800 元	市辖区户籍人口不超过 100 万人（含）的城市	

续表

名称	扣除标准		使用范围和条件	享受扣除政策对象
	每年	每月		
	—	2 000 元	独生子女	独生子女本人
赡养老人	—	具体分摊金额	非独生子女	1. 采取按人数均摊、兄弟姐妹约定分摊以及由其父母指定分摊的方式，在约定分摊和指定分摊方式下，每个纳税人的扣除金额不能超过规定扣除标准的 50%（即由纳税人与兄弟姐妹分摊每月 2 000 元的扣除额度，每人分摊的额度不能超过每月 1 000 元） 2. 一经确定一个纳税年度内不能变更
大病医疗	80 000 元限额内据实，年度汇算清缴时申报	—	在医保目录内	纳税人发生的医药费用支出可以选择由本人或配偶扣除；未成年子女发生的医药费用可以选择由父母一方扣除

二、个人所得税的改革成效

2018 年《个人所得税法》的修订是我国个人所得税制的一次根本性改变，改革后的税收制度内容更加公平合理，使得纳税人税收负担明显减轻。具体而言，从税制要素设计来看，此次改革内容更多体现了国家对社会民生的关注。例如，在起征点的确定上，此次改革将个税起征点由原来的每月 3 500 元调整为 5 000 元（即每年 6 万元），综合考虑了居民消费支出水平及物价上涨因素的影响；在专项费用扣除上，此次改革充分考虑了教育、住房、养老、医疗等公众最为关心的基础民生问题，每一位纳税人可根据自身实际情况享受相关费用扣除优惠，实现有针对性的减税降负。在税率设计上，此次税制改革将比例与累进税率结合使用，适当扩大低税率级距，有利于发挥税收自动稳定器和调节社会收入分配的功能。从对纳税人的减负效果来看，据有关资料统计，截至 2019 年 6 月，个人所得税制改革累计新增减税 3 077 亿元。其中，有 1. 15 亿人因上调起征点后无须再缴纳的工资薪金所得税共计 2 775 亿元；六项专项附加扣除政策新增减税 302 亿元，惠及 5 190. 5 万纳税人。[①] 2019 年底，个人所得税减税金额共计 4 604 亿元，相当于该年全国个人所得税收入的 44. 3%，惠及 2. 5 亿个纳税人。[②] 这充分说明了此次税改对于减轻个人税收负担、缩小贫富差距的调节作用，体现了个税政策的公平性及合理性。

第四节　应对新冠疫情的临时性税收政策调整

2020 年伊始，一场突如其来的新冠疫情给我国社会经济发展带来了巨大冲击。税收政策作为促进经济社会平稳发展的重要工具，在统筹推进新冠疫情防控和社会经济发展工作中发挥着重要作用。

一、临时性税收政策梳理

为应对此次新冠疫情，我国围绕增值税、企业所得税和个人所得税等税种出台了系列税收优惠政策，意在支持疫情防控工作和助力企业复工复产。具体而言，在支持疫情防护救治工作上，对个人取得既定标准的疫情防治临时性工作补助、奖金、医药防护用品等予以个人所得税免征优惠，其中，工作性补助和奖金的优惠对象只针对医务人员和防疫工作者。在支持防疫物资供给上，对生产疫情防控重点保障物资的企业实行退还增值税留抵税额优惠且不受 60% 比例的限制；运输疫情防控重点保障物资的企业取得的对应运输服务收入免征增值税；对疫情期间提供公共交通运输、生活服务及快递收派服务的企业取得的相应收入免征增值税；对疫情防控重点物资生产企业因

① 中国人民银行上海市分库课题组. 个人所得税税制改革成效分析 [J]. 上海金融, 2019 (12)：89 –91.

② 个税改革成效彰显治理能力提升 [EB/OL]. http：//www. gov. cn/xinwen/2020 – 10/09/content_5549817. htm, 2020 – 10 – 09.

扩大产能需要购买的机器设备允许在企业所得税前一次性扣除并且不受 500 万元的限制等。在鼓励公益捐赠方面，对个人或单位通过公益组织、县级以上人民政府或部门捐赠疫情防控物资或现金可以在所得税税前一次性扣除，不受比例限制；对单位和个体工商户无偿捐赠的疫情防控货物免征增值税、消费税及附加税；对境外纳税人无偿捐赠的包括试剂、消毒用品、防护用品、救护车等在内的疫情防控进口物资免征进口环节增值税和消费税。在支持企业复工复产方面，将受疫情影响较大的困难行业（主要包括交通运输、餐饮、住宿、旅游行业）企业亏损弥补年限由 5 年延长至 8 年；对湖北省地区小规模纳税人予以增值税免征优惠，其他地区减按 1% 的税率缴纳增值税；对普通企业或个体工商户的职工养老、失业、工伤保险实行阶段性减免；对企业职工基本医疗保险也进行阶段性减征；与此同时，为减轻个体户和小型微利企业的生产租金压力，鼓励地方出台减免"房土两税"① 的优惠。应对新冠疫情的临时性税收优惠政策如表 6-7 所示。

表 6-7　　　　　　　　　应对新冠疫情的临时性税收优惠政策

优惠方向	享受主体	优惠内容	政策依据
支持防护救治	参加疫情防治工作的医务人员和防疫工作者	自 2020 年 1 月 1 日起，对参加疫情防治工作的医务人员和防疫工作者按照政府规定标准取得的临时性工作补助和奖金，免征个人所得税。政府规定标准包括各级政府规定的补助和奖金标准	《财政部　税务总局关于支持新型冠状病毒感染的肺炎疫情防控有关个人所得税政策的公告》
	取得单位发放的用于预防新型冠状病毒感染的肺炎的药品、医疗用品和防护用品等实物（不包括现金）的个人	自 2020 年 1 月 1 日起，单位发给个人用于预防新型冠状病毒感染的肺炎的药品、医疗用品和防护用品等实物（不包括现金），不计入工资、薪金收入，免征个人所得税	

---

① "房土两税"主要是指房产税和城镇土地使用税。

续表

优惠方向	享受主体	优惠内容	政策依据
支持物资供应	疫情防控重点保障物资生产企业	自 2020 年 1 月 1 日起，疫情防控重点保障物资生产企业可以按月向主管税务机关申请全额退还增值税增量留抵税额。增量留抵税额，是指与 2019 年 12 月底相比新增加的期末留抵税额。疫情防控重点保障物资生产企业名单，由省级及省级以上发展改革部门、工业和信息化部门确定	（1）《财政部　税务总局关于支持新型冠状病毒感染的肺炎疫情防控有关税收政策的公告》（2）《国家税务总局关于支持新型冠状病毒感染的肺炎疫情防控有关税收征收管理事项的公告》
	提供疫情防控重点保障物资运输服务的纳税人	自 2020 年 1 月 1 日起，对纳税人运输疫情防控重点保障物资取得的收入，免征增值税。疫情防控重点保障物资的具体范围，由国家发展改革委、工业和信息化部确定	
	提供公共交通运输服务、生活服务，以及为居民提供必需生活物资快递收派服务的纳税人	自 2020 年 1 月 1 日起，对纳税人提供公共交通运输服务、生活服务，以及为居民提供必需生活物资快递收派服务取得的收入，免征增值税。公共交通运输服务的具体范围，按照《营业税改征增值税试点有关事项的规定》执行。生活服务、快递收派服务的具体范围，按照《销售服务、无形资产、不动产注释》（财税〔2016〕36 号印发）执行	（1）《财政部　税务总局关于支持新型冠状病毒感染的肺炎疫情防控有关税收政策的公告》（2）《财政部　税务总局关于全面推开营业税改征增值税试点的通知》（3）《国家税务总局关于支持新型冠状病毒感染的肺炎疫情防控有关税收征收管理事项的公告》
	疫情防控重点保障物资生产企业	自 2020 年 1 月 1 日起，对疫情防控重点保障物资生产企业为扩大产能新购置的相关设备，允许一次性计入当期成本费用在企业所得税税前扣除。疫情防控重点保障物资生产企业名单，由省级及省级以上发展改革部门、工业和信息化部门确定	（1）《财政部　税务总局关于支持新型冠状病毒感染的肺炎疫情防控有关税收政策的公告》（2）《国家税务总局关于支持新型冠状病毒感染的肺炎疫情防控有关税收征收管理事项的公告》
	卫生健康主管部门组织进口的直接用于防控疫情物资	自 2020 年 1 月 1 日至 2020 年 3 月 31 日，对卫生健康主管部门组织进口的直接用于防控疫情物资免征关税。免税进口物资，可按照或比照海关总署公告 2020 年第 17 号，先登记放行，再按规定补办相关手续	《财政部　海关总署　税务总局关于防控新型冠状病毒感染的肺炎疫情进口物资免税政策的公告》

续表

优惠方向	享受主体	优惠内容	政策依据
鼓励公益捐赠	通过公益性社会组织或者县级以上人民政府及其部门等国家机关对应对新型冠状病毒感染的肺炎疫情进行捐赠的企业和个人	自 2020 年 1 月 1 日起，企业和个人通过公益性社会组织或者县级以上人民政府及其部门等国家机关，捐赠用于应对新型冠状病毒感染的肺炎疫情的现金和物品，允许在计算企业所得税或个人所得税应纳税所得额时全额扣除	(1)《财政部 税务总局关于支持新型冠状病毒感染的肺炎疫情防控有关捐赠税收政策的公告》(2)《国家税务总局关于支持新型冠状病毒感染的肺炎疫情防控有关税收征收管理事项的公告》
	直接向承担疫情防治任务的医院捐赠用于应对新型冠状病毒感染的肺炎疫情物品的企业和个人	自 2020 年 1 月 1 日起，企业和个人直接向承担疫情防治任务的医院捐赠用于应对新型冠状病毒感染的肺炎疫情的物品，允许在计算企业所得税或个人所得税应纳税所得额时全额扣除	
	无偿捐赠应对疫情货物的单位和个体工商户	自 2020 年 1 月 1 日起，单位和个体工商户将自产、委托加工或购买的货物，通过公益性社会组织和县级以上人民政府及其部门等国家机关，或者直接向承担疫情防治任务的医院，无偿捐赠用于应对新型冠状病毒感染的肺炎疫情的，免征增值税、消费税、城市维护建设税、教育费附加、地方教育附加	
	防控疫情捐赠进口物资	自 2020 年 1 月 1 日至 2020 年 3 月 31 日，适度扩大《慈善捐赠物资免征进口税收暂行办法》规定的免税进口范围，对捐赠用于疫情防控的进口物资，免征进口关税和进口环节增值税、消费税	(1)《慈善捐赠物资免征进口税收暂行办法》(2)《财政部 海关总署 税务总局关于防控新型冠状病毒感染的肺炎疫情进口物资免税政策的公告》
支持复工复产	受疫情影响较大的困难行业企业	自 2020 年 1 月 1 日起，受疫情影响较大的困难行业企业 2020 年度发生的亏损，最长结转年限由 5 年延长至 8 年。困难行业企业，包括交通运输、餐饮、住宿、旅游（指旅行社及相关服务、游览景区管理两类）四大类，具体判断标准按照现行《国民经济行业分类》执行。困难行业企业 2020 年度主营业务收入须占收入总额（剔除不征税收入和投资收益）的 50% 以上	(1)《财政部 税务总局关于支持新型冠状病毒感染的肺炎疫情防控有关税收政策的公告》(2)《国家税务总局关于支持新型冠状病毒感染的肺炎疫情防控有关税收征收管理事项的公告》

二、政策运行效果分析

上述税收优惠政策充分发挥了税收优化资源配置、调节社会公平的职能，对统筹推进疫情防控和社会经济发展的工作意义重大。一方面，在此次疫情防控工作中，税收优惠政策较好地支持了医疗防护救治工作，提高了防疫物资供给水平，并促进了社会公益捐赠事业的发展。就防护救治工作而言，据不完全统计，截至 2020 年 3 月初，全国驰援武汉的医护人员共计达30 197 人①，对这些人员免征相关工作性补助和奖金，既体现了国家对投身一线抗疫工作者行为的肯定，也体现了国家对当时防疫工作的高度重视。就防疫物资供给而言，根据国家统计局数据显示，仅 2020 年 3 月，全国医药行业增加值同比增长 10.4%，口罩产量同比增长 600%，酒精产量增长28.3%，医疗器械增长 83.4%。②应当承认，除国家财政专项支持外，这些医疗物资的及时供给离不开税收优惠政策的激励作用。就公益捐赠而言，以中国红十字会为代表，截至 2020 年 4 月 16 日，该组织共接收用于新冠疫情防控的社会捐赠物资已达 220 776.17 万元③，税收优惠政策在很大程度上鼓励了企业和个人的社会捐赠行为。

另一方面，在社会经济发展工作中，税收优惠政策能够有力支持中小微企业复工复产工作，助力困难行业企业的发展。就前者而言，税收主要通过阶段性减免医社保、减免写字楼物业租金等方式实现。就后者而言，疫情期间，遭受经济损失最大的当选交通运输、餐饮、住宿、旅游行业。据有关资料统计，2020 年第一季度，我国住宿餐饮业经济增加值下降幅度达 35.3%，旅游业进入了"冬眠期"，交通运输业也因封城、封路等原因陷入低谷。④

---

①③　林火灿.一季度中国经济怎么看？国家统计局 10 位司局长权威解读 [EB/OL]. https：//m. gmw. cn/baijia/2020－04/19/1301161953. html，2020－04－19.

②　李为人，王颖，乔乐乐.新冠肺炎疫情防控的税收支持政策探析 [EB/OL]. https：//www. fx361. com/page/2020/1009/7075522. shtml，2020－10－09.

④　谷小金.统计局公布一季度 GDP 初步核算结果住宿和餐饮业同比下降 35.3% [EB/OL]. http：//www. ahwxzy. com/xinwen/2004/18579. html，2020－04－18.

对此，税制层面主要通过延长这类企业亏损抵补年限、免征或减征增值税等方式减轻企业税收负担，缓解其经营困境。从税收收入情况来看，2020 年前 3 个月，我国实现税收收入总额为 39 029 亿元，同比下降 16.4%，其中增值税收入同比下降 23.6%，企业所得税收入同比下降 12.8%，进口货物增值税、消费税同比下降 23.9%。① 这不仅是因为经济下行而直接造成的税收收入下降，也是因为国家税收主动承担了抗疫纾困的作用。

第五节　历史逻辑与简要评价

2014 年以来的税收制度改革是站在国家治理的高度，助力政治、经济、文化、社会和生态文明等各个领域全面深化改革的一次统筹安排。改革进程中的约束条件逻辑和实践成果评价如下。

一、约束条件逻辑

第一，从财政汲取能力上看。这一时期随着社会主义市场经济的不断发展，市场在资源配置中的作用逐步提高，与此相伴随的社会经济生活中的结构性矛盾也日渐突出。促进经济结构性调整、缩小社会贫富差距、治理生态环境问题等内容成为政府工作的重点。财政政策作为国家宏观调控的重要手段，自然要发挥其应有的积极作用。而在积极的财政政策作用下，财政汲取能力不再成为税制改革的制约因素，如何充分发挥税收的市场调节作用才是其努力的方向。也正因此，这一时期具有减税效应的"营改增"、建立综合与分类相结合的个人所得税制等改革措施才得以实施。

第二，从税收征管水平上看。为助力这一时期税制改革内容的推进，以覆盖所有税种的税收征管为目标的金税三期工程项目经 2013 年在广东、山

---

① 财政部：2020 年一季度财政收入下降 14.3% 税收收入下降 16.4% ［EB/OL］. https：//baiji-ahao. baidu. com/s？ id = 1664484081643955542&wfr = spider&for = pc，2020 – 04 – 20.

东、河南、山西、内蒙古、重庆 6 个省（市）级国地税局试点后，于 2016 年在全国推广。这标志着一套覆盖全国各级税务机关的、涵盖税收主要工作环节的税收管理信息系统正式建成，为税制改革提供了重要技术支持。2018 年 12 月，为保障综合与分类相结合的个人所得税制的实行，国家税务总局将金税三期个人所得税扣缴系统独立出来，升级为自然人税收管理系统（ITS），该系统涉及信息采集、申报、优惠、征收、证明、会统核算和查询统计等业务范围，能够较好地服务广大扣缴义务人准确办税。此外，自 2018 年 6 月起，我国逐步推进省、市、县级国地税征管机构合并，并于该年 10 月完成了"三定"工作[①]。这不仅从根本上解决了纳税人"两头跑"的问题，而且大幅度提升了税务部门的征管效率，为税制改革措施的落实提供了良好的征管条件。

第三，从中央与地方关系上看。长期以来，营业税一直是地方税体系中的主体税种，贡献着较大份额的地方税收收入。2016 年 5 月"营改增"的全面推行不可避免地导致地方主体税种缺失，进而大大减少了地方政府财政收入，损害其积极性。考虑到这一问题，尽管同时期国务院出台了《全面推开营改增试点后调整中央与地方增值税收入划分过渡方案》，将之前按 3∶1 分成的中央与地方增值税收入划分办法改按 1∶1 分成，但这只是一个过渡方案。重构地方税制体系、保障地方政府财政收入才是解决这一矛盾问题的关键所在。

第四，从税收意识形态建设上看。这一时期的税收意识形态建设内容越来越聚焦税收热点问题，致力于提高纳税人主动关注税收知识，参与税制建设的积极性。例如，为助力 2016 年全面推进"营改增"工作，该年的税收宣传就围绕"聚焦营改增试点、助力供给侧改革"这一主题展开，努力让每一纳税人熟悉和了解相关税收政策；为更好地落实减税降费政策，2019 年以"落实减税降费，促进经济高质量发展"为主题的第 28 个税收宣传月活动在全国迅速铺展开来。胡怡建（2019）表示，近 3 年来，我国减税降费力度不断加大，通过税收宣传月的活动能够让社会各界更好地知晓这些红

---

①　"三定"工作指的是定机构、定职能、定编制。

利，促进减税降费政策尽快落到实处。

二、实践成果评价

从税种组合结构来看，经过这一时期的税收制度改革，我国依然保持 18 个税种，但各税类中的税种结构有所调整。其中，货劳税类包括：增值税、消费税、车辆购置税和关税；所得税类包括：企业所得税和个人所得税；财产税类包括：房产税、城镇土地使用税、契税、土地增值税和车船税；其他税类包括：资源税、耕地占用税、船舶吨税、印花税、城市维护建设税、烟叶税和环境保护税。这一时期的税种组合结构如图 6-2 所示。

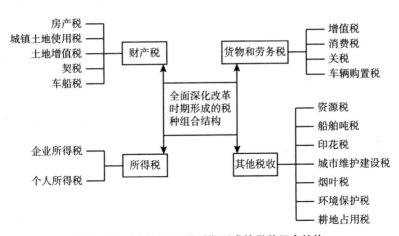

图 6-2　全面深化改革时期形成的税种组合结构

从税收收入结构来看，据 2021 年《中国税务年鉴》的数据统计，2020 年我国实现货劳税收入 78 758.41 亿元，占全国税收总收入的 52.8%，较 2012 年降低 7.96%；所得税收入 43 419.02 亿元，占全国税收总收入的 29.11%，较 2012 年提高 11.52%；财产税收入 17 559.71 亿元，占全国税收总收入的 11.77%，较 2012 年提高 2.31%。不难看出，我国所得税和财产税等直接税收入的比重在不断提高，税收改善社会收入分配和稳定经济发展的作用得到了进一步发挥。例如，在社会收入调节上，据《中国税务年鉴》的数据显示，2020 年我国个人所得税收入同比上升 11.93%，改革减轻了中低收入群体的税收负担，有利于缩小贫富差距，实现社会公平。在稳定经济发展功能上，一方面，随着结构性减税降费政策和供给侧改革内容的不断深化，我国经济结构也得到了不断调整。这在税收数据上表现为第三产业税收比重由"十二五"末期的 54.8% 上升至 2020 年的 58.1%，新兴产业如信息传输、软件和信息技术服务业等税收年均增长 12.5%，比全国税收增速快 8.2 个百分点，成为税收新增长点。另一方面，全面"营改增"的推进，减少了税收对经济所产生的扭曲效应，有利于释放市场主体潜在动力，促进经济持续稳定发展。当然，站在国家治理的高度，现行以间接税为主体的税制结构仍然存在妨碍市场竞争、社会收入调节功能有限的不足，税收制度改革内容还需进一步深化。

第七章

中国税收制度改革的基本现状分析

新中国成立 70 多年的税收制度是根据我国社会经济发展的实际需要走出来的一条具有时代特征、中国特色的改革之路。然而在当前社会经济背景下，原本较为完善的税收制度又难以满足现实需要，改革内容需进一步深化。因此，本章目的在于总结过去 70 多年税收制度改革的成效与不足，以期能够为接下来的税收制度深化改革奠定有力的实践基础。

第一节 中国税收制度改革取得的积极成效

经过 70 多年的改革调整，中国税收制度从计划经济时期作为财政收入方式之一的不完全的单一税制发展演变为当前作为财政收入主体形式的基本适应社会主义市场经济发展需要的复合税制。改革取得的积极成效可归纳为以下几个方面。

一、税收收入持续增长，税收财政功能应显尽显

在社会经济飞速发展的条件下，中国税收制度改革带来了持续快速的税收收入增长。一方面，从税收收入绝对量指标来看，1950 年新中国成立初期，我国税收收入仅为 45.42 亿元，1978 年税收收入总额达 519.28 亿元，

首次突破了 500 亿元的大关。此后在 1985 年，由于"利改税"方案的全面推进，全国税收收入总额进一步增加至 2 040.79 亿元，相当于 1978 年的 3.93 倍、1950 年的 44.93 倍。1986 年，我国税收收入规模达 2 090.73 亿元，税收增速为 2.45%；而到 1988 年，我国税收收入规模达 2 390.47 亿元，实现了 11.69% 的两位数增长；1993 年，我国实现税收收入 4 255.3 亿元，税收增长速度进一步提高至 29.07%；2012 年，我国税收收入突破了 10 万亿元大关，税收总量达 100 614.28 亿元；2019 年，我国实现税收收入 157 992.00 亿元，相较 1950 年，税收收入总额增长了 3 400 多倍。2020 年尽管新冠疫情的暴发导致经济不景气，但我国税收收入总额仍达 154 312.29 亿元。从图 7-1 不难看出，自改革开放以来，我国税收绝对量呈突飞猛进的增长态势。1994~2012 年，税收增长速度基本保持在两位数，并且绝大多数年份的税收增长速度快于同期的 GDP 增长速度，年平均增长率为 18%。2013 年以后，我国税收增速虽然有所下滑，但税收收入占全国财政收入的比重基本维持在 80% 以上水平，这充分凸显了税收保障政府财政收入的功能。

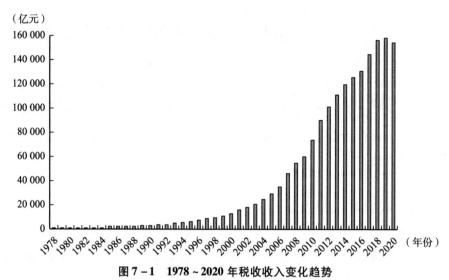

图 7-1　1978~2020 年税收收入变化趋势

资料来源：2021 年《中国统计年鉴》。

另一方面，从相对量指标来看（见图7-2），我国1978年税收收入占国内生产总值的比重为14.12%，1986年这一数值为20.15%，但到了1994年仅剩下10.54%。为解决财政收入占GDP比重过低的问题，1994年进行了一场以货劳税为重点的工商税制改革，意在充分发挥税收的财政收入职能，缓解当时政府特别是中央政府国民收入分配中占有较低份额的尴尬局面。这次税改后，我国的税收收入占GDP的比重稳步提升，并且在2013年达18.64%。2020年，由于不景气的经济和大规模减税降费政策的实行，我国税收收入占GDP比重下降为15.19%，但仍较1994年增长了近5个百分点。税收收入占国内生产总值的比重提高，不仅意味着政府在国民财富中所占的份额逐步加大，而且也在一定程度上表明政府能够供给的公共产品规模不断扩大。总体而言，税收收入的增长为我国政府加强社会经济治理提供了坚实有力的财力保障。如果只是从税收在GDP中的占比来看，事实上，我国居民所承担的宏观税负并不算高，尤其是在计划经济向社会主义市场经济转型过程中，情况更是如此。

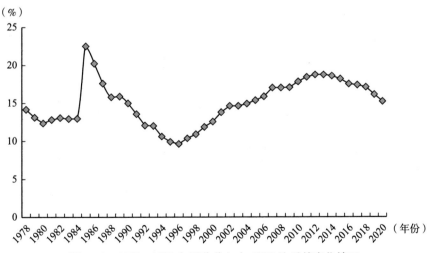

图7-2 1978~2020年税收收入占GDP比重的变化情况

资料来源：2021年《中国统计年鉴》。

二、税制结构不断优化，税收宏观调控能力逐步提高

计划经济时期，由于单一公有制经济的实行以及"非税论"思想的影响，税收职能仅局限于组织财政收入。而随着社会主义市场经济的不断发展，人们对税收理论的认识也逐步提高，税收功能作用得到不断凸显。这在税制结构上表现为直接税（或者说是所得税和财产税）的比重逐步增加和间接税（或者说是货劳税）比重的逐步减少。具体地，表7-1显示的是我国1994年以来各税类收入绝对量的变化情况。

表7-1　　　　　1994~2020年各税类收入数据描述性统计　　　单位：亿元

年份	货劳税	所得税	财产税	资源环境税	其他税
1994	3 713.24	782.16	103.06	45.45	482.97
1995	4 234.30	1 014.09	128.56	54.96	606.13
1996	4 658.50	1 124.25	157.77	57.33	912.08
1997	5 658.88	1 167.90	169.46	56.52	1 181.28
1998	6 450.78	1 225.54	183.16	61.93	1 341.39
1999	7 322.25	1 629.79	155.02	62.86	1 512.66
2000	8 472.42	2 321.66	195.84	63.62	1 527.97
2001	10 029.18	3 626.12	223.23	67.11	1 355.74
2002	11 463.76	4 294.57	315.90	75.08	1 487.14
2003	13 494.54	4 337.55	449.62	83.50	1 692.30
2004	15 907.62	5 694.39	646.23	98.80	1 818.54
2005	18 434.65	7 438.83	872.48	142.2	1 844.38
2006	21 713.94	9 493.31	1 044.48	207.11	2 345.51
2007	27 087.11	11 964.83	2 638.46	261.15	3 670.42
2008	32 476.64	14 897.94	3 486.31	301.76	3 061.04
2009	36 147.33	15 486.19	4 365.76	338.24	3 184.07
2010	45 306.69	17 680.81	5 882.84	417.57	3 922.88

年份	货劳税	所得税	财产税	资源环境税	其他税
2011	53 841.52	22 823.75	7 454.99	595.87	5 022.26
2012	59 424.84	25 474.81	8 900.3	904.37	5 909.96
2013	62 987.13	28 958.73	10 912.16	1 005.65	6 667.03
2014	66 341.62	32 018.8	12 300.7	1 083.82	7 430.42
2015	65 984.03	35 751.14	12 537.36	1 034.94	9 615.13
2016	68 339.21	38 940.34	13 671.52	950.83	8 458.83
2017	74 982.09	44 083.66	15 560.17	1 353.32	8 390.63
2018	79 427.87	49 195.68	17 478.67	1 781.28	8 519.36
2019	80 604.00	47 688.00	18 644.00	2 043.00	9 013.00
2020	75 820.00	47 992.00	18 429.00	1 962.00	10 106.00

资料来源：1995～2019 年《中国财政年鉴》，2019 年和 2020 年的数据来自中华人民共和国财政部网站。

如表 7-1 所示，从各类税总量变化情况来看，1994～2020 年我国各类税收的收入绝对量明显增加，税收规模稳步提高。其中，货劳税从 3 713.24 亿元增加至 75 820.00 亿元，所得税从 782.16 亿元增加至 47 992.00 亿元，财产税从 103.06 亿元增加至 18 429.00 亿元，资源环境税从 45.45 亿元增加至 1 962.00 亿元，其他税从 482.97 亿元增加至 10 106.00 亿元，这虽与我国经济发展水平的提高不无关系，但税收财政功能显著增强的事实也不可否认。从各税类收入的变化趋势来看，货劳税在 2001 年之前的增长相对平稳，2001 年这一税类收入首次冲破万亿元大关。2019 年，货劳税收入额达 80 604 亿元，是历史上的最高值。2020 年收入额为 75 820 亿元，是 1994 年的 20 余倍。所得税类收入从整体上看变化比较明显，特别是在 2001 年之后，随着我国政府对所得税重视程度的进一步提高，所得税类收入的增长更加迅速。2020 年，我国实现所得税总收入为 47 992 亿元，是分税制改革之初的 61 倍有余，说明我的所得税调节力度正在持续加大。财产税从 1994～2005 年的税收总量一直处于低位徘徊阶段，大多年份不到千亿元。但自

2005 年以来，由于国家加强对房地产市场的宏观调节力度，财产税收入规模明显增大。2022 年财产税收入总额达 18 429 亿元，表明国家对居民财产收入调节力度进一步加大。资源环境税类是为促进资源节约和环境保护而专设的税种，1994 年至今，资源环境税收入基本上呈显著上升态势，也在一定程度上表明了国家加大对生态文明领域税收调节力度的决心。表 7 - 2 给出的是 1994 ~ 2020 年各税类占比的变化情况。

表 7 - 2　　　　1994 ~ 2020 年我国各税类收入占比变化情况　　单位：%

年份	货劳税占比	所得税占比	财产税占比	资源环境税占比	其他税占比
1994	72.43	15.26	2.01	0.89	9.42
1995	70.13	16.80	2.13	0.91	10.04
1996	67.42	16.27	2.28	0.83	13.20
1997	68.73	14.18	2.06	0.69	14.35
1998	69.64	13.23	1.98	0.67	14.48
1999	68.54	15.26	1.45	0.59	14.16
2000	67.34	18.45	1.56	0.51	12.14
2001	65.54	23.70	1.46	0.44	8.86
2002	65.00	24.35	1.79	0.43	8.43
2003	67.28	21.63	2.24	0.42	8.44
2004	65.83	23.56	2.67	0.41	7.53
2005	64.16	25.89	3.04	0.49	6.42
2006	62.39	27.28	3.00	0.60	6.74
2007	59.37	26.23	5.78	0.57	8.05
2008	59.89	27.47	6.43	0.56	5.65
2009	60.73	26.02	7.33	0.57	5.35
2010	61.89	24.15	8.04	0.57	5.36
2011	60.00	25.43	8.31	0.66	5.60
2012	59.06	25.32	8.85	0.90	5.87
2013	56.99	26.20	9.87	0.91	6.03
2014	55.67	26.87	10.32	0.91	6.23
2015	52.82	28.62	10.04	0.83	7.70
2016	52.42	29.87	10.49	0.73	6.49
2017	51.94	30.54	10.78	0.94	5.81
2018	50.78	31.45	11.18	1.14	5.45

年份	货劳税占比	所得税占比	财产税占比	资源环境税占比	其他税占比
2019	51.02	30.18	11.80	1.29	5.70
2020	49.14	31.10	11.94	1.27	6.55

资料来源：根据表 7 – 1 数据计算所得。

从表 7 – 2 可知，1994 年我国货劳税收入所占份额最高达 72.43%，而同期所得税占比仅为 15.26%、财产税 2.01%。此后货劳税占比呈现波动下降的特征，且至 2020 年，这一比例下降至 49.14%，而同时期的所得税占比提高至 31.10%，财产税比重提高至 11.94%，资源环境税提高至 1.27%。逐渐形成所得税、资源环境税、财产税、货劳税和其他特定目的税 5 大类 18 个税种组合而成的复合税制体系。可以说，通过系列税收制度改革，我国税制结构已经得到不断优化。税收不仅发挥着组织财政收入的基本功能，而且在宏观经济调控、收入分配调节等方面的作用也日渐突出。

三、税制更为科学，税收法治内容日趋完善

税收法定内容日渐完善是我国税收制度改革的重大成效之一，在规范我国政府部门的征税行为，维护纳税人权利，改善税收营商环境等方面均存在着重要意义。纵观 70 多年的税收制度改革历程可知，我国税收法治建设的脉络已经十分清晰。1949 年新中国成立初期，我国以"要则"形式统一了全国税政工作，但由于其非法定特征，税收内容的权威性和稳定性并不明显。1980 年《中华人民共和国个人所得税法》的颁布成为税收法治内容建设的起点。1992 年《中华人民共和国税收征收管理法》的颁布意味着征管程序实现了法治化，但此后近 20 年税收法治内容没有取得实质性突破。直到 2011 年《中华人民共和国车船税法》的颁布才使得税收法治工作重新得到重视。2013 年，党的十八届三中全会明确提出落实税收法定原则的目标，并于 2015 年出台了《贯彻落实税收法定原则的具体实施意见》，要求以后开征新税种必须以税收法律的形式规定，现行的税收条例也需要逐步上升至法律高度。

正是在这一税收原则的指导下，2016 年我国以法律形式开征了环境保护税，2017 年通过《中华人民共和国烟叶税法》和《中华人民共和国船舶吨税法》，2018 年车辆购置税和耕地占用税制被纳入法律范畴，2019 ~ 2020 年又先后通过了《中华人民共和国资源税法》《中华人民共和国契税法》《中华人民共和国城市维护建设税法》。综上所述，不难看出自 2013 年以来，我国税收法治建设步伐明显加快，仅 2016 ~ 2020 年短短五年的时间就修订或制定了11 部税收法律，且这些法律基本上是在征求广大人民群众和专家学者的意见基础上完成，集中体现了税收民主的原则。此外，在既定的 11 部税收法律中，部分税种是以"平移"的方式实现立法，既稳定了税负，也保障了制度内容的连续性和稳定性；部分税种是在税制简化中完成立法，更多维护了纳税人权益；还有部分税种则是在之前法律框架下，根据新时代社会经济发展需要进行的修订和完善，更多反映了与时俱进的特征。应当承认，我国税收法治内容的完善既为税收制度改革提供了良法依据，又为国家政治治理奠定了税收法律基础。新中国成立以来的税收法治化进程如图 7 - 3 所示。

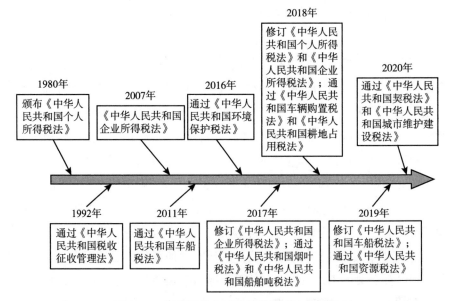

图 7 - 3 新中国成立以来的税收法治化进程

四、减税降费力度持续加大，红利惠及经济和民生

据前面关于税收制度改革历程的梳理可知，自 2004 年起，"减税"就一直是我国税制改革努力的方向。2008 年 12 月，中央经济工作会议首次提及要推进"结构性减税"① 方案落实，随后增值税转型、上调个税起征点等系列减税措施陆续出台。这些措施仅 2009 年就为企业和居民减负达 5 000 亿元②，在经济复苏过程中发挥着重要作用。近些年来，面对经济产业及供需结构失衡、社会收入分配差距扩大、环境污染严重等问题，我国政府进一步增大减税降费力度，通过制度性安排与阶段性政策双管齐下、普惠性减税与结构性减税齐头并进的方式有条不紊地推进税制改革。详言之，2016 年"营改增"内容的全面推进，大约释放了 5 000 亿元的税收红利。③ 2017 年简并增值税税率结构、加大企业所得税研发创投抵免优惠、清理规范 41 项行政事业性收费等措施的出台，减少企业和个人税收负担超过 1 万亿元。④ 2018 年进一步降低增值税税率、上调个人所得税扣除标准、完善创新创业和小微企业优惠政策内容，实现全年减税降费金额达 1.3 万亿元。⑤ 2019 年国家先后实施了小微企业普惠性减税优惠、个人所得税专项附加扣除、社会保险费率下调等措施，带来全年 2.36 万亿元减税降费红利。⑥ 2020 年为应对新冠疫情，国家及时出台了针对疫情防控物资保障、困难行业企业的税收优惠措施，新增减税降费规模超过 2.5 万亿元。⑦

---

①　关于结构性减税，当前社会至少达成两点共识，一是结构性减税的大方向是提高直接税比重，降低间接税比；二是结构性减税的落脚点在"减"，意在从总量上削减实际税负水平。

②　包兴安. 结构性减税重点：让利中小企业提高居民收入 [N]. 证券日报，2010 – 03 – 19.

③　李万甫. 全面推开营改增实现三大效应 [N]. 经济日报，2016 – 12 – 27.

④　曾金华. 2017 年减税降费超万亿元　扭转税收增长持续放缓状况 [EB/OL]. https：//baijia-hao. baidu. com/s? id = 1591708964708865445&wfr = spider&for = pc，2018 – 02 – 07.

⑤　高宏飞. 财政部：2018 年中国减税降费规模约 1.3 万亿元 [EB/OL]. https：//m. dbw. cn/caijing/system/2019/01/15/058138306. shtml，2019 – 01 – 15.

⑥　刘昆. 国务院关于 2019 年中央决算的报告 [EB/OL]. http：//www. npc. gov. cn/npc/c30834/202006/c6b4e1f6afa348dc8ea9e020dd1ebb80. shtml，2020 – 06 – 20.

⑦　曲哲涵. 积极的财政政策要提质增效更可持续——访财政部部长刘昆 [EB/OL]. http：//www. mof. gov. cn/zhengwuxinxi/caijingshidian/renminwang/202101/t20210106_3639393. htm，2021 – 01 – 06.

据财政部有关负责人表示，不断丰富的减税降费政策不但给实体经济的稳定发展奠定了强有力的税收基础，而且较好地保障和改善了民生。就前者而言，以 2019 年的数据为例，减税降费对 GDP 增长的贡献率估计为 0.8 个百分点，对固定资产投资的贡献率估计为 0.5 个百分点，对社会消费品零售总额的贡献率估计为 1.1 个百分点，对推动经济高质量发展的深层效果也正在逐步显现。[①] 就保障和改善民生而言，一方面，个人所得税基本费用扣除标准的上调以及专项附加扣除项目的增加，使得人民税收负担得以减轻；另一方面，对生产生活性服务业实行的大规模减税效应会通过产业链条的层层传导惠及广大消费者。此外，对大学生创业的特殊优惠、对养老医疗服务机构减免的行政事业性收费等均较好地促进了社会民生建设。

第二节　改革进程中税制结构存在的问题分析

本书第二章已述及，税收制度改革的历程也是税制结构优化的过程，且一国政府的税制改革总是致力于形成与当时社会经济发展相适应的税制结构。而随着社会经济的发展，原本相对合理的税制结构逐渐显现其不尽完善之处，集中表现为以下几个方面。

一、间接税比重偏高，不利于提高资源配置效率

传统最优税制理论提出了直接税与间接税的匹配思路。该理论认为直接税有益于公平，间接税有益于效率，直接税和间接税的相互搭配，有益于公平和效率的统一。进一步地，这一理论认为在具体的税制改革实践中，要根据改革的目标权衡公平与效率的相对重要性，进而选择是以直接税还是间接

---

① 更大规模减税降费成为应对经济下行压力的关键举措——去年效果超预期　今年力度再加码 [EB/OL]. 经济日报，http://www.chinatax.gov.cn/chinatax/n810219/n810780/c5150069/content.html，2020 – 05 – 19.

税作为主体税种。在这一理论指导下，我国自 1994 年以来就一直致力于形成直接税与间接税为双主体的税制结构，但直到当下，间接税比重依然占 50% 以上（见图 7 - 4）。这一税制结构框架下，税收主要通过税负转嫁形式给商品或服务的价格上涨带来空间，进而实现居民收入向政府和企业部门转移。

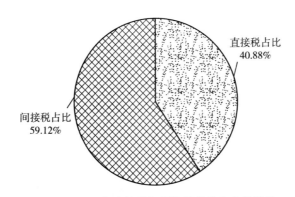

图 7 - 4　2020 年直接税与间接税收收入占比结构

资料来源：根据 2021 年《中国税务年鉴》的数据整理而得。

应当承认的是，以间接税为主体的税制结构能够较好地配合经济建设这一政府工作目标的实现，但对我国经济发展方式的转变以及社会生态事业的发展均存在不利影响。一是政府财力资源的集中扩张，会刺激政府更加冲动地干预市场，进而出现政府主导的市场周期性波动，经济运行效率也随之在一定程度上减低。二是居民可支配收入的减少直接抑制了居民消费能力，有碍于消费扩大对内需的拉动作用。三是这一税制结构使得市场在商品价格形成和国民收入分配中的主导作用被扭曲，不仅有碍于市场对资源的有效配置，而且导致税收对国民经济的影响呈现非中性特征。进一步分析间接税收入结构不难发现，在 2020 年间接税系收入中，增值税占间接税税收收入的比重高达 71.76%，消费税占比为 13.75%。其缘由可追溯至 1994 年税制改革，这次改革基于发展社会主义市场经济的考量，不断突出增值税作用，加上 2016 年"营改增"的全面落实，使得增值税在税收收入中占绝对比重。因此，当下如若要将市场经济在资源配置中的决定性作用发挥得淋漓尽致，在税收中性原则指引下，改革和降低间接税似乎可借助增值税实现。

二、辅助性税种占比过小，相应功能未得到充分发挥

从现行税制结构看，我国当前辅助税类包括财产税、资源环境税等，其对强化税收功能起到不可忽视的作用。例如，通过车船税、房产税等税种的设置，可以弥补个人所得税在调节收入分配上的不足，促进社会公平；通过土地增值税的设置，可以调节土地增值收益，实现土地的"涨价归公"；通过资源税和城镇土地使用税等税种的设置，可调节资源和土地的级差收入，促进市场公平竞争；通过环境保护税的设置，可调节企业污染物排放量，引导企业绿色生产消费等。由此可见，税收功能的发挥不仅通过主体税种实现，也需要辅助税种的配合。然而，我国当前辅助税种的功能并未得到应有的重视，相应税种收入占税收总收入中的比重着实偏低。如图 7-5 反映的

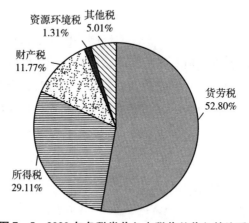

图 7-5　2020 年各税类收入占税收总收入的比重

资料来源：根据 2021 年《中国税务年鉴》的数据整理而得。

是 2020 年我国各税类收入结构，从图中不难看出，我国财产税收入占税收总收入的比重仅为 11.77%，而同期的资源环境税比重甚至仅占 1.31%，如此微量比例的税收收入自然很难发挥它们应有的税收功能。

三、个人所得税占比偏低，对社会经济发展的作用有限

不可否认，在社会主义市场经济体制框架下，现行税制结构能够在一定程度上助力经济发展，但对经济的自动稳定功能并不突出。以对宏观经济具有内在稳定功能的个人所得税为例，据相关数据统计，1999~2020 年，我国个人所得税收入绝对量虽然呈逐年增加的趋势，但其占全部税收收入的比重年均只有 6.71%。[①] 而从横向对比来看，同时期的美国个人所得税占税收总收入的比重平均值是 38.55%，德国是 25.46%，加拿大是 36.11%，英国是 28.44%，日本是 18.94%。[②] 从中可以看出，我国个人所得税收入占比与上述国家还存在较大差距。此外，通过比较近些年中西方国家的减税方案也可知，西方国家的减税计划主要通过个人所得税实现，而我国的"结构性减税"则以货劳税为主。由此，个人所得税在我国经济发展中的作用可见一斑。

就个人所得税对社会收入分配的调节作用而言，图 7-6 反映的是 2020年我国所得税收入结构。由图 7-6 不难看出，我国超七成的所得税收入都是由企业贡献，个人收入贡献比不到三成，而这不到三成的个人所得税收入中，近 40% 的个人所得税收入来自工薪阶层[③]。这就使得收入原本就不高的劳苦大众生活压力增大，社会福利水平明显下降。从国民收入分配格局的角度看，2020 年我国个人所得税收入大约 11 732 亿元，占 GDP 的比重仅为1.15%，以此比例去调节国民收入分配差距，实属"天方夜谭"。

---

① 1999~2018 年的资料来源于《中国财政年鉴》，2019 年和 2020 年的数据来自中华人民共和国财政部网站。

② 资料来源：OECD 数据库。

③ 李时宇. 中国税制改革：迈向统一市场的步伐 [M]. 北京：经济科学出版社，2018.

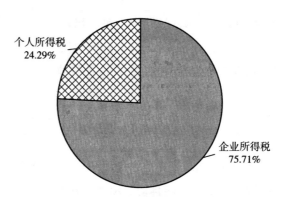

图 7 - 6　2020 年我国所得税收入结构

资料来源：根据 2021 年中国税务年鉴的数据整理而得。

第三节　基于税制结构视角的税种制度问题分析

税制结构是一国税制设计的根本，其内容是否合理，不但关系到税收职能的发挥，而且决定着税收作用的范围和深度。[①] 而基于上一节的内容分析可知，我国当前税制结构存在间接税比重偏高、辅助性税种占比过小、个人所得税比重偏低等问题，影响税收宏观调控职能的发挥。因此，为充分发挥税收职能作用，本节从税制结构的视角深入剖析现行税收制度存在的问题。

一、货劳税制建设存在的问题

"营改增"后，我国货劳税主体税种包括增值税和消费税。其中，增值税虽然在"营改增"之后又下调了税率、统一了小规模纳税人标准、扩大了增值税留抵退税范围，但是仍然存在扣减链条缺失、税收抵免不一致、税

---

①　江西财经大学课题组，王乔，席卫群. 法治背景下我国税制结构的优化研究 [J]. 税务研究，2018（12）：20 - 26.

收优惠烦冗复杂等问题，导致一定程度的要素市场价格扭曲。消费税近些年虽然也经过了"小修小补"，但仍存在征税范围狭窄、税基侵蚀严重等问题，影响其税收调节功能的发挥。

（一）增值税制要素设置存在的问题

不可否认，在 2016 年全面"营改增"之后，我国增值税内容已经相对完善，但依然存在诸多问题，主要表现在以下几个方面：一是增值税的抵扣链条还不够完善。增值税最为典型的特征就是根据层层抵扣的原则对产品的"增值额"征税，即本环节应纳增值税应当扣减上一环节已纳增值税，且已纳的增值税以增值税专用发票为依据。然而，我国当前仍存在部分增值税应税业务无法开具增值税专用发票，不仅增加了下游企业的成本，还会造成企业重复征税。最为典型的表现是我国金融业的贷款利息一般不允许开具增值税专用发票，也不允许其在下游企业中进行抵扣。而这一不能抵扣的进项税额可能会被转嫁给其他非金融企业，从而造成重复征税的后果。据 2019 年《中国统计年鉴》数据统计，我国 2018 年非金融企业贷款余额 86.8 万亿元，若按照 5% 的贷款利率[①]，意味着该类企业要支付 5.2 万亿元的贷款利息。这一数值如果根据田志伟等（2018）关于贷款利息无法抵扣进项税的额度测算办法，大约可增加 1 581 亿元的企业增值税成本，非常不利于企业健康发展。二是增值税"征抵一致"的原则并未得到贯彻落实。"征抵一致"意味着本环节纳税人缴纳增值税额应当与下一环节的抵扣税额尽可能地保持一致，本环节纳税人未缴纳税款的，下环节纳税人也不得抵扣税款。但现实却是由于对部分行业企业实行加计抵扣或者免税的政策违背了这一原则。例如，2019 年 4 月 1 日至 2019 年 9 月 30 日，我国允许生活性服务业纳税人按照当期可抵扣进项税额加计 10% 抵减应纳税额。2019 年 10 月 1 日至 2021 年 12 月 31 日，生活性服务业纳税人按照当期可抵扣进项税额加计 15%，抵减应纳税额。这些优惠虽然能够减轻企业税收负担，但也在一定程

---

① 2016 年起中国人民银行不再公布贷款基准利率，2019 年《中国统计年鉴》数据显示，2015 年 10 月中长期的金融机构法定贷款基准利率为 4.75%，五年以上为 4.9%。

度上增加了企业税收遵从成本和税务机关税收管理成本，甚至可能滋生增值税的偷税、逃税和漏税问题。三是增值税减免税优惠的形式烦冗复杂。我国增值税税收优惠的典型方式是免税，即对增值税应税业务不征收增值税但也不允许抵扣增值税进项税。这类优惠如若在最终消费环节享受，则可以较好地减轻企业税收负担。但若发生在中间环节，不可避免地会中断增值税抵扣链条。原因在于免税商品或服务的买方在销售免税商品或者服务时，需要补征原有的免税环节免征的增值税应纳税额，但又不能抵扣这一环节的进项税额。而未抵扣的进项税则容易转化为商品成本，并经过层层传导影响商品价格，进而阻碍市场的健康发展。况且在当下，为确保"营改增"期间各行业税负只减不增，我国沿用了多项营业税时期的税收优惠政策。这让"营改增"之后的增值税优惠内容繁杂，严重影响增值税税收中性优势的发挥。

（二）消费税制要素设置存在的问题

消费税作为我国规模较大的税种之一，在未来的经济和社会发展中将会扮演越来越重要的角色。而当前消费税存在的各种问题十分不利于其职能的发挥。一是消费税征税范围偏窄，难以满足当前社会经济发展的需要。众所周知，随着社会经济的飞速发展，我国居民消费水平和消费结构已然发生了巨大变化，由曾经满足基本生活需要的普通物质型消费转变为新型高端的商品或服务性消费。然而消费税的征税范围并未随这一形势的变化而做出及时调整。例如，我国现行消费税暂行条例对高档化妆品和高档手表的认定标准是根据其销售价格确定，而随着物价水平的不断提高，有的普通消费品可能会被升级为高档消费税品，使消费税的市场调节功能受到影响。又如我国一些高档皮草、高档家具、私人飞机等新兴高档商品被剥离在征税范围之外，不利于规范和引导市场消费行为；我国一些塑料制品、有害农药等高污染产品也并未被纳入征收范围，非常不利于资源节约和环境保护。此外，与其他征收同类税种的国家相比，我国消费税增税范围偏窄的特点也是显而易见。众所周知，我国当前仅针对 15 类商品征收消费税，而美国却将消费税品目分为 39 类，并且每一类品目下又涉及多类分品目；欧盟成员国基本上将洗衣粉、塑料袋、地下水、糖果、饮品、氟利昂、二氧化碳、硫化品等纳入了消费税征税范围①。二是征税环节多处于生产阶段，容易导致税基侵蚀。毋庸置疑，现下实行的消费税主要集中在进口、生产环节，其纳税人主要为进口商以及生产者，这虽有利于税收征管，但却存在一定的税基侵蚀问题。根据《中华人民共和国消费税暂行条例》的有关规定可知，从价征收的应税商品除了自产自用的以外，其余全部应当在出厂销售环节纳税。而制造商或进口商在实际生产销售活动中经常利用这一漏洞，通过设置关联公司将应税商品低价出售给关联公司，后期再由关联公司进行公允定价销售，以逃避消费税，导致消费税税基侵蚀。虽然《中华人民共和国税收征管法实施细则》明确规定"购销业务未按照独立企业之间的业务往来作价"或"未按照独立企业之间业务往来作价或者收取、支付费用"等通过转移定价逃避税款的情况，税务机关有权进行纳税调整。但由于关联交易的普遍性和隐蔽性较强，一旦厂商在前期交付环节通过阴阳合同、不开票等转移定价方式逃避了税款，那么税务机关在商品流通链条后端很难追回税款，进而导致消费税收入流失。三是"价内税"的特征弱化了消费税税收调控功能。一般而言，消费税主要通过提高消费成本来引导市场消费行为。因此，消费税功能发挥的前提是让消费者感知其已承担的税负。然而，我国目前的消费税中只有很少一部分的应税商品在批发和零售环节征税，且大部分纳税义务还是集中在生产和进口环节。这种纳税义务相对靠前的税收活动无法明确体现商品流转过程的税额征收情况，消费者在消费时往往会忽略其税收负担，从而影响了消费税引导消费的作用发挥，不利于培养消费者的纳税人意识。

二、所得税制建设存在的问题

所得税类的主体税种包括企业所得税和个人所得税。二者在税制要素设置上均存在不同程度的缺陷，影响收入分配调节及稳定经济发展等税收功能的发挥。

---

① 龚辉文. 消费税征收范围的国际比较与启示［J］. 涉外税务，2010（5）：22-25.

（一）企业所得税制要素设置存在的问题

自 2008 年以来，为适应国内外社会经济环境变化的需要，政府也先后实施了"结构性减税"（2009～2018 年）和"更大规模的减税"（2019 年至今）等积极性财税政策。然而，就企业所得税而言，这些政策仅仅是关于研发费用扣除、小微企业优惠范围、固定资产加速折旧等内容的小修小补。要满足新形势下社会经济发展的需要，企业所得税至少还应关注以下问题：一是企业所得税税率相对偏高。2008 年至今，我国除了对部分新兴行业企业实行 15% 的优惠税率外，企业所得税税率基本维持在 25% 的水平。这一水平在改革初期当然具有较大优势，但随着近年来经济增长速度的放缓，25% 的税率似乎给企业带来了较大负担。根据世界银行数据，2018 年我国企业税占利润总额的比重为 64.90%。[①] 2019 年我国企业所得税收入占GDP 的比重为 3.76%，而同时期亚太经济合作组织成员国的企业所得税收入占 GDP 的平均水平为 2.99%。况且，世界各国也已经普遍下调了企业所得税率。例如，日本的企业所得税税率从 2008 年的 39.54% 下降至 2020 年的 29.74%，泰国的企业所得税税率从 2011 年的 30% 下降至 2020 年的20%，越南的企业所得税税率从 2013 年的 25% 下降至 2020 年的 20%，印度的企业所得税税率从 2019 年的 34.61% 下降至 2020 年的 25.17%。[②] 二是税收优惠受益面较窄，优惠形式单一。近年来，我国企业所得税制度改革多是以优化产业结构、促进节能环保为目标新增或调整相关税收优惠内容。在促进产业结构优化的税收政策导向上，目前企业所得税虽以产业优惠为主，但仍存在着目标不清晰、重点不突出和行业偏好显著等问题；对金融业、现代物流、软件研发、产品技术研发和工业设计等技术含量高的现代服务业可享受的税收优惠力度相对较小；对于促进战略性新兴产业发展的税收优惠更是屈指可数。在税收优惠政策的实现方式上，现行企业税收优惠政策主要以

---

① 潘向东. 全球宏观税负比较 ［EB/OL］. https：//www.163.com/dy/article/E8QFDHUO0517 PGHM.html，2019－02－24.

② 余丽萍，江波. 企业所得税改革完善建议探讨 ［J］. 财会通讯，2022（2）：145－149.

税率或税额式的直接性优惠为主，税收优惠方式较为单一，优惠效果也并不显著。原因在于这类优惠多属于经营事后优惠，对经营过程的优惠力度不大，难以调动那些投入较大、风险较高的高新技术企业发展的积极性。对此，选择加速固定资产折旧、延期纳税、加计扣除、投资减免等间接性优惠可能更为合理。然而，现有企业所得税法中，以间接性优惠形式出现的税收优惠力度也相对较小。例如，在研发费用加计扣除上，尽管我国研发费用加计扣除比例已提高至75%，但真正享受到研发加计扣除的企业并不多，政策效果有待强化。在折旧费用扣除上，目前我国企业多采用年限平均折旧法。这种折旧法虽然简单易行，但无法反映固定资产的真实损耗速度。而且在新时代背景下，产业更新换代速度加快，使用年限平均折旧法反而会出现企业税负加重的后果，影响企业所得税的调控功能。三是企业亏损结转弥补制度有待进一步完善。当前我国企业所得税法规定一般企业发生的亏损可以向后结转5年，高新技术企业和科技型中小企业亏损可向后结转10年。这一亏损结转弥补制度缺陷至少存在两个方面：一方面，亏损属于企业实实在在发生的成本费用，税法上向后5年结转弥补的规定意味着超过5年的亏损无法抵补，这无疑增加了企业，尤其是那些投资周期长、科研成果转化周期久的企业的税收负担；另一方面，由于市场变化等原因，企业前期盈利缴纳了企业所得税，后续年度亏损了又不能抵减以前年度的利润，这无疑会导致部分企业通过关联交易等方式来防止亏损弥补时效过期，加大企业的税务风险。此外，相较于国际上其他国家的所得税制度，向后5年亏损结转的规定也相对较为苛刻。例如，英国的企业亏损可向前结转1年，向后无期限结转；日本的企业亏损在50%的上限范围内可向前结转1年，向后结转10年；美国税改后，对于2017年以后企业产生的经营净亏损可以无期限往后结转抵减以后年度的应纳税所得额，但最高可抵减应纳税所得额的80%。①

（二）个人所得税制要素设置存在的问题

2018年实施的综合与分类相结合的个人所得税制虽然在起征点、税率、

---

① 余丽萍，江波．企业所得税改革完善建议探讨［J］．财会通讯，2022（2）：145–149.

专项附加扣除等方面都进行了较为全面的优化，但实践中的收入分配调节效果并不突出。究其原因，可能是税制要素设置上存在以下不足所导致：一是纳税人及征税范围还相对较小。相较于西方发达国家，我国目前个人所得税制并未将广大农村地区纳入征税范围，对户籍所在地为农村的居民家庭也并未给出专门的征税办法。这就使得个税难以在全国范围内发挥其调节作用。二是累进税率层级过多。相较于旧税制，新税实行 3%～45% 的七级累进税率，上调起征点至 5 000 元的同时将前三档税率级距扩大至 25%，而高收入群体适用的后三档税率级距保持不变。这就说明新个税政策重在调节中低收入者的收入，对于高收入者的调控作用也相对有限。此外，累进级次的数量往往与税收成本呈正相关关系，越复杂的税制、税收征管成本越高。七级累进税率虽较以往未发生变化，但相比西方国家个税制度，税率级次明显偏多，并且 45% 的最高边际税率普遍高于经济合作与发展组织（OECD）成员国水平。三是专项附加扣除条款的设计存在缺陷。新个税法增设专项附加扣除的目的是增强税收公平性，但在个人信息不完全的条件下，这一扣除效果可能适得其反。就现有专项附加扣除内容来看，扣除方式多以定额为主，且在全国范围内"一视同仁"，这难免同当前我国较大的地区生活成本差异相矛盾。例如，针对子女教育支出的扣除，不同地区不同职业背景的家庭子女数量、教育程度、教育成本均存在差异，以一个统一的标准进行专项扣除恐难达到真正意义上的公平。又如针对住房贷款利息的扣除，由于各地区的经济发展水平差异，房价差距十分明显。① 而让不同房贷压力的纳税人享受等额的房贷利息扣除显然有失公平。

三、其他辅助税制建设存在的问题

一个国家的税制结构要想充分发挥税收的职能作用，除了关注主体税种外，辅助税种的选择与设置问题也不容忽视。而基于前文对我国税制结构的

---

① 根据国家统计局发布的《70 个大中城市住宅销售价格月度报告》显示，全国房价最高城市同最低城市之间的差距近 16 倍。

相关内容分析可知，财产税和资源环境税的税收辅助功能最为明显，但实际作用效果甚微。因此，笔者主要从这两大税类切入分析其他辅助税制要素设置存在的问题。

（一）以房产税为典型的财产税制建设存在的问题

财产税在我国辅助税制建设中居于主体地位，对增加地方政府财政收入、调节社会财富分配、促进资源公平合理配置等具有重要作用。然而，当前我国财产税收入占税收总收入的比重依然偏低，财产税功能并未得到充分发挥。究其原因在于我国财产税制设计存在诸多缺陷。以房产税为例，就征税范围而言，现行这一税种只是将城市、县城、建制镇和工矿区的房产纳入征税范围，许多坐落于发达农村地区的资本雄厚的企业并不需要承担该类税种的纳税义务，这并不符合税收的横向公平原则。就计税依据而言，现行房产税主要以房产原值或租金收入为依据计算课税金额，而随着我国房地产市场的发展，这一计税依据明显偏离了虚高的市场价值，既不利于房地产市场的调控，也难以保障政府财政收入。就税率而言，现行房产税对从价计税的房产实行 1.2% 的税率，对从租计征的房产实行 12% 的税率。倘若按照 $\frac{1}{300}$ 这一租售比来算，采用从价计征模式承担的房产税负是从租计征模式的 2.5 倍，这显然也有失公允。[①] 此外，我国财产税一直存在"重流转、轻保有"的问题。从房地产行业的税负分布格局来看，我国财产税主要针对土地购置、房地产交易和保有三个环节征税。其中，前两者属于房地产流转环节，涉及增值税、企业所得税、城市维护建设税、土地增值税、印花税、契税等多个税种，而后者属于财产保有环节，仅涉及城镇土地使用税和房产税。这种"重流转、轻保有"的税负分布格局既不利于经济效率的提高，也在一定程度上阻碍了社会收入分配公平目标的实现。进一步分析不难看出，在房地产流转和保有环节的税种制度中，城镇土地使用税、土地增值税以及耕地占用税的征税对象都是土地；契税和印花税在房地产交易中均以产权转移书据为

---

① 苏涵. 完善我国财产税制度研究［D］. 昆明：云南财经大学，2016.

课征对象。重复课税问题的存在使得房地产市场调节目标并不协调。[①] 需要提及的是,我国计划开征的遗产税早在 1950 年就被列入《全国税政实施要则》,但直至今日并未实行这一税种,难以有效发挥其特有的收入调节功能。

(二) 资源环境税等其他辅助税制建设存在的问题

除了房产税、城镇土地使用税、土地增值税等财产税外,在税制结构中起辅助作用的税种还包括印花税、资源税、环境保护税等。为突出当前税收助力国家推进生态文明建设的改革任务,这里主要剖析关系最为紧密的资源税和环境保护税。一方面,随着改革的不断推进,我国资源税征税范围不断扩大、计征方式日渐完善、税率设置也趋于合理,基本能够适应经济发展需要。2019 年 8 月的十三届全国人大常委会第十二次会议表决通过的《中华人民共和国资源税法》(以下简称《资源税法》) 更是从法律上增强了我国资源税法的执行效力。但不可否认,现行的《资源税法》依然存在瑕疵,例如,尚未将共伴生矿、水资源纳入征税范围,也并未细化税率的设置[②]。因此,要增强资源税的税收功能,未来的制度改革还应当在征税范围和税率上作出调整。另一方面,近两年的环境保护税在执行过程中也发现了不少问题。例如,在征税范围上,现行环境保护税法主要涵盖应税大气污染物、水污染物、固体废弃物和噪声四大类,而引起温室效应的主要气体——二氧化碳并未纳入应税范围,这在一定程度上削弱了其环境保护功能。在计税依据的确定办法上,现行《中华人民共和国环境保护税法》对污染物当量的确定存在困难。一般而言,气体污染物当量的确定需要采用符合国家规定的检测设备,但不同的设备监测出的数据并不一致。而且并不是所有的纳税企业都具备监测条件,对于因污染物种类多而无法监测的企业采用排污系数、物料衡算方法计算确定的污染物当量明显和设备监测结果不统一,导致环境保护税在一定程度上的征管困难。在税率设置上,与发达国家相比,我国相对

---

① 李升. 现代税收制度研究 [M]. 北京:经济科学出版社,2015.
② 周波,吕思锜. 资源税改革仍有待解决的三个基本问题 [J]. 财经问题研究,2020 (5):74-81.

较低的环境税率很可能导致企业污染排放所产生的收益大于成本，进而选择继续破坏环境来获得相对更高的收益，完全达不到环境保护的效果。在税收优惠内容设置上，当前环境保护税的部分税收优惠政策也并不合理。例如，缺少环境保护税的起征点；声源税收优惠中关于"15天的规定"存在逆向调节的可能；对养殖场中的牛、猪、鸡、鸭等禽畜按数量折算污染当量而忽视其体积大小可能导致的排放量差异等。

第八章

税收制度改革的目标导向：服务国家治理

继2013年党的十八届三中全会提出全面深化改革的总目标是"完善和发展中国特色社会主义制度、推进国家治理体系和治理能力现代化"之后。2019年党的十九届四中全会又专门针对这一目标作出了明确部署，指出国家治理体系和治理能力现代化的总体规划是到2035年实现各方面制度更加完善。由此可见，至少到2035年，我国税收制度（以下简称"税制"）改革都是为实现国家治理现代化这一政府工作目标服务。在这一背景下，如果说2014年至今的税制改革搭建起了现代税收制度的基本框架，那么"十四五"甚至未来更长一段时期的税制改革任务将更多转向税制的完善。因此，为完善现代税收制度，深刻认识国家治理现代化目标导向下现代税制应发挥的税收职能作用，明确现代税制发展中税制结构的优化方向，并了解这一税制深化改革的约束条件显得十分必要。

第一节　国家治理与现代税制

自2013年党的十八届三中全会以来，以服务国家治理为目标导向的税制改革内容稳步推进，并于2020年基本建成了现代税收制度。那么，当前国家治理的内容是什么？现代税制在国家治理中又应当发挥怎样的职能作用？本节就这些问题展开分析。

一、对国家治理的再认识

在第一章中，笔者已对"国家治理"的传统概念做出明确界定。而随着社会经济的发展，国家治理概念总会被赋予更多的时代内涵。例如，在党的十八届三中全会提出"推进国家治理体系和治理能力现代化"后，"现代化"就成为国家治理追求的目标。根据党中央会议精神，国家治理现代化的目标至少应当包括两个方面：一是国家治理体系现代化，二是国家治理能力现代化。其中，国家治理体系现代化是指国家治理体系要随着政治、经济、社会、文化等各方面领域的现代化变革而进行相应的调整，其内容包括国家治理主体、治理客体、治理目标以及治理方式的现代化。国家治理能力现代化是指国家完成治理活动所必需的各种主观条件，集中体现为国家的行政管理能力。一般而言，"治理能力现代化"以"治理体系"为基础，是"治理体系"服务的目标和结果。因此，如若要顺利推进国家治理现代化，最为棘手的任务是建立并健全一套完整、有效、合法的"国家治理体系"。

习近平总书记曾指出，国家治理体系是在党领导下管理国家的制度体系，包括经济、政治、文化、社会、生态文明和党的建设等各领域体制机制、法律法规安排，是一整套紧密相连、相互协调的国家制度①。这说明在当前党的领导下，国家治理体系的建设至少应当从经济、社会、政治、文化、生态五个方面协同推进。在经济治理领域，当前推动经济高质量发展必须发挥市场在资源配置中的决定性作用，必须从深化供给侧结构性改革着手，加快建立一个商品和要素平等交换、自由流动，消费者自由选择、自主消费，企业自主经营、公平竞争的现代市场体系，尽可能实现公平高效的资源配置局面。在政治治理领域，要想提高政府行政行为的权威性和社会认可度，必须积极推进政治体制改革和社会主义民主法治建设，而诸如法治、透明、廉洁、稳定、负责等要素既是促进政府行为合法性的手段，也是衡量政

---

① 胡鞍钢等. 中国国家治理现代化［M］. 北京：中国人民大学出版社，2014：86.

治治理质量的重要指标。在文化治理领域，应当坚持中国特色社会主义文化发展道路，推进社会主义文化强国建设，加快构建现代公共文化服务体系。在社会治理领域，应当坚持把人民利益摆在至高无上的地位，让改革成果更多更好地惠及人民。在生态文明治理领域，应当尽可能去实现人与自然和谐共处，实现绿色、循环和可持续发展。

二、现代税制在国家治理中应发挥的职能作用

现代税制是指适应社会主义市场经济发展需要并且随着社会主义市场经济发展而得到不断完善的新型税收制度。2013 年党的十八届三中全会提出构建与国家治理现代化相匹配的现代财政制度。现代税收制度作为现代财政制度的核心组成部分，应当以服务国家治理体系和治理能力现代化建设为目标，满足政治、经济、社会、文化、生态等各方面发展的需要。除了获取国家治理所需要的财政资金外，在政治领域，现代税制可通过税收法定原则的落实来提升国家治理能力。因为在落实这一原则的过程中，国家必须依法征税，公民必须依法纳税，这不仅体现了国家贯彻民主法治的治国理念，而且充分彰显了国家对纳税人权利的尊重和保护。在经济领域，现代税制可通过发挥税收优化资源配置、稳定经济发展等职能正确处理政府与市场的关系，使得市场在资源配置中发挥决定性作用。在社会领域，现代税制可以促进社会公平正义为导向，把保障和改善民生作为重点，更好地发挥其在再分配环节的收入调节作用。在文化领域，现代税制自身作为文化建设的一部分，总能通过传递诚信纳税、依法纳税等税收意识，影响着人们对世界观、人生观和价值观的认知。在生态领域，生态问题大部分是人们在经济发展过程中片面追求经济利益的结果，因此现代税制可因势利导，发展有利于生态文明建设的经济模式，助力生态文明治理。综上所述，不难看出，现代税制服务国家治理的核心是促进经济治理和社会治理。对二者的职能作用作出进一步分析。

（一） 现代税制在国家经济治理中应发挥的职能作用

现代税制对国家经济治理的职能作用主要体现在优化资源配置和稳定经济发展两个方面。在优化资源配置上，税收职能作用可分为市场有效和市场失效两种情况。当市场有效时，以价格为核心的资源配置方式已经使得资源处于有效配置状态。此时的税收制度应当尽可能保持税收中性，避免过多的经济干预造成资源配置的效率损失。在市场失效时，市场上的经济资源使用一般处于低效或无效状态，此时的税收制度可通过纠正外部性成本或调节资源级差收益的方式提高资源配置效率。由此可见，在当前社会主义市场经济体制的深化改革时期，一方面，要发挥市场在资源配置中的决定性作用，现代税制应尽可能保持税收中性，减少对市场的干预；另一方面，要发展有利于生态文明建设的经济模式，现代税制应尽可能降低市场在决定资源配置中带来的环境负外部效应。

在稳定经济发展上，税收职能作用主要表现为稳定价格、实现充分就业和促进经济增长。从价格稳定的角度来看，价格水平一般是由社会总供给和总需求共同决定的。当因社会总需求超过总供给带来物价上涨时，可通过增加需求方税收促进新一轮供求平衡的实现，进而实现稳定价格的目标；当因供给方单方面成本增加而引起物价上涨时，可通过税率降低、税收减免等方式降低企业生产要素的税收成本，进而达到控制产品价格的目的。从实现充分就业来看，税收主要通过影响劳动力的供给和需求来调节社会就业。当因劳动力需求不足而带来就业问题时，减少个税收入可在一定程度上增加个人收入，进而增加消费，带来社会总需求的增加，对劳动力的需求也会相应增加；当因劳动力供给过剩带来就业问题时，增加税收会使劳动者闲暇的机会成本降低，导致他们更愿意增加闲暇时光，从而减少劳动力供给。从促进经济增长来看，税收主要通过增加劳动、资本、技术等生产要素的供给，间接发挥其职能作用。其中，税收对劳动供给的影响前已述及。税收对资本供给的影响则主要是从社会投资的角度考虑。若个人或者企业的边际投资倾向大于政府的边际投资倾向，此时减少税收有利于增加社会资本投资；若个人或者企业的边际投资倾向小于政府的边际投资倾向，此时增加税收则有利于社会资本投资。税收对技术供给的影响主要是通过税收优惠政策促进研发投入和技术发展，从而增加技术供给。例如，在企业所得税方面，允许加速折旧、实行研发费用加计扣除、允许高新技术企业的所得税按较低税率申报纳税等均是激励企业加强科研投入和技术创新的重要举措，在增值税方面，给予新能源汽车销售业务、软件开发转让业务、资源综合利用业务不同程度的增值税优惠也是基于增加技术供给的考虑。由此，要充分发挥税收制度稳定经济发展的职能，现代税制应当能够根据宏观经济发展的实际情况对企业或个人收入做出适时调整。

（二）现代税制在国家社会治理中应发挥的职能作用

现代税制在国家社会治理中的职能作用主要体现为优化社会收入分配。一般而言，国家治理现代化过程中的收入分配应立足于初次、再次及三次分配三个环节。在初次分配环节，国民总收入与生产要素存在直接联系，劳动、资本、技术等要素则按贡献参与分配。此时的分配活动主要在企业内部进行，只要让市场价格、竞争、供求等机制发挥作用，即可实现利益分配格局调整。再次分配的作用是为了弥补初次分配环节中市场无法解决的居民收入和财富分配过分悬殊的缺陷，主要通过政府收入或者税收收入调节来改善社会分配状况。三次分配注重的是社会责任，主要是指非政府组织及第三部门，如社区群众组织、慈善机构、志愿团体等，积极参与社会慈善事业，目的是让弱势群体获得更多的收益。可见，在这三次分配中，税收的收入调节作用主要发生在再分配环节，即在市场完成个人收入分配后，国家对个人收入进行的再分配。对此可能带来影响的税种包括两类：一是个人所得税，主要是通过累进税率的设计来调节社会公平。因为在累进税制框架下，个人收入的增加意味着要缴纳更多的个人所得税，而更多的所得税支出意味着收入增量的减少，进而收入分配的实际差距也随之变小，社会也就随之实现了相对公平。二是财产税，这类税种一般是针对社会的富有阶层，主要通过对这一阶层的财产进行再分配而产生累进影响。显而易见，要充分发挥税收优化社会收入分配的职能作用，现代税制应当更多重视个人所得税制和财产税制的建设。

第二节　现代税制应形成以直接税为主体的税制结构

由上节可知，国家治理目标导向下的现代税制应当充分发挥税收组织财政收入、调节收入分配、优化资源配置和稳定经济发展等各方面职能。如若要对这些职能重要性作出排序，笔者认为在当前时代背景下应当以稳定经济发展和调节收入分配为重点。而从税制结构的角度来看，可承担起这两个主体功能的税种主要是所得税和财产税。如此，现代税制的建设应当形成以直接税为主体的税制结构模式，具体可从两个方面做出解释。

一、满足国家治理现代化建设的需要

既然现代税制服务国家治理的核心是经济治理和社会治理。那么现代税制形成的税制结构应当能够助力社会经济问题的解决，推动社会经济事业的发展。遵循这一逻辑，笔者从对经济社会的治理视角出发，分析证明以直接税为主体的税制结构是国家治理现代化建设的一种必然选择。

就经济治理而言，自改革开放以来，我国经济一直以追求效率为主要目标。正是基于对经济效率的追求，我国现行以间接税为主体税种的税制结构，迎合了经济增长的要求。例如，增值税的中性特征在保障财政收入的同时减轻了税收对经济资源配置的损害程度；消费税主要是对特定消费品或消费行为课税，通过调节国民经济若干产业及其若干行为来促进经济效率的提高。目前，我国经济已步入高质量发展阶段，深化经济体制改革要充分实现市场在资源配置中的决定性作用，同时让经济发展的成果更多惠及人民。在这种情况下，公平逐渐被摆在了一个更加重要的位置。这对于税制结构而言，一方面，充分发挥市场在资源配置中的决定性作用，意味着政府介入市场的行为将减少，所以尽可能保持税收中性和发挥税收稳定经济发展的功能显得十分必要，这就要求深化以增值税为主体的间接税制度改革，减少其在税收总收入中的比重；同时加强个人所得税制建设，增加其在税收总收入中

的比重。另一方面，让经济发展的成果更多惠及人民，意味着公平的税制将更为重要，而能实现社会公平的税种主要包括所得税、财产税等直接税种。就所得税而言，个人所得税自 2019 年全面实行综合与分类计征模式以来，体现公平的制度框架已经基本形成，今后应当深化改革，将其培育成所得税类中的主体税种；就财产税而言，其作为辅助税制中的主体税种，目前基本处于缺位的状态，应适当充实其内容。

就社会治理而言，随着经济的增长，社会收入差距也不断扩大。据有关资料显示，我国 2000 年以来的基尼系数一直保持在 0.4 的国际警戒线水平以上，国民收入分配差距极大，社会公平问题已经十分突出。① 然而，我国现行以间接税为主体的税制结构又存在税负容易转嫁的弊端，加剧了这种收入分配不公平的尴尬局面。从供给角度说，厂商税负转嫁能力的大小取决于市场对商品的需求弹性和供给弹性。即若市场需求弹性大、供给弹性小则税负转嫁较困难；若需求弹性小、供给弹性大，则税负易被转嫁。从需求角度看，一般而言，在对正常品的消费过程中，中低收入者的消费占比较大，高收入者占比较小；在对高档品的消费过程中，高收入者的消费占比较大，中低收入者占比相对较小。这一消费结构特征很可能导致以正常品消费为主的中低收入者承担着较高的税负，而以高档品消费为主的高收入者税负相对较低。如今以间接税为主体的税制结构只会增加厂商税负转嫁的机会，加剧这种税负分配不公的局面。直接税具有税负不易转嫁的特征，税收累进性强，自然成为解决社会收入分配不公问题的最佳选择。

二、符合世界税制结构演变的趋势

在资本主义发展初期，促进经济效率提高是各国税制改革的主要目标，因此，税制结构模式也主要表现为以国内商品税、关税等间接税为主体。而随着市场经济的不断发展，这些国家的收入分配差距不断扩大，社会不稳定

---

① 蒋姣，赵昕东. 收入差距、社会地位与家庭消费结构 [J]. 云南财经大学学报，2021，37 (1)：27 – 37.

因素逐渐增多。这些国家在税制改革中逐步提高了所得税和财产税比重，最终形成了以直接税为主体的税制结构。表8-1列示的是2020年30个OECD国家不同税类占全部税收的比重。如若将所得税、社会保障税、工资税和财产税纳入直接税范畴，将货劳税和其他税收归入间接税行列，那么几乎90%以上的国家都实行以直接税为主体的税制结构。

表8-1　　　　OECD国家的不同税类占全部税收的比重（2020年）　　　单位：%

	所得税	社会保障税	工资税	财产税	货劳税	其他税收
奥地利	27.75	36.77	1.37	6.50	27.19	0.43
比利时	35.43	31.93	8.01	0.00	24.63	0.00
加拿大	49.80	14.27	11.99	2.30	21.53	0.11
智利	32.31	8.00	5.34	0.00	54.81	-0.45
捷克	22.86	45.48	0.59	0.00	31.06	0.01
丹麦	64.63	0.12	4.13	0.38	30.71	0.02
芬兰	35.10	27.43	3.58	0.00	33.81	0.07
法国	26.15	32.91	8.66	4.12	26.97	1.18
德国	31.34	39.67	3.29	0.00	25.69	0.02
希腊	20.41	33.23	7.84	0.00	38.52	0.00
匈牙利	18.17	30.79	2.91	2.88	45.13	0.13
冰岛	51.08	8.33	6.25	0.87	31.66	1.81
爱尔兰	49.08	16.59	4.98	0.97	28.37	0.01
以色列	33.13	17.36	10.32	3.85	35.34	0.00
意大利	32.81	31.81	5.72	0.00	26.92	2.75
日本	30.42	40.35	8.08	0.00	20.90	0.25
韩国	30.93	28.02	14.21	0.30	24.39	2.15
拉脱维亚	21.60	31.39	3.00	0.03	43.97	0.00
卢森堡	37.94	29.22	9.97	0.00	22.78	0.09
墨西哥	42.62	13.88	1.91	2.54	37.22	1.82
荷兰	30.70	34.11	4.25	0.00	30.46	0.48

	所得税	社会保障税	工资税	财产税	货劳税	其他税收
挪威	35.56	28.86	3.38	0.16	32.05	0.00
波兰	21.07	38.18	3.63	0.92	36.07	0.12
葡萄牙	27.71	29.65	4.15	0.00	37.51	0.98
斯洛文尼亚	19.35	45.17	1.68	0.12	33.68	0.00
西班牙	29.08	37.45	6.70	0.00	26.75	0.03
瑞典	35.77	21.36	2.25	12.00	28.52	0.11
瑞士	46.32	25.12	8.06	0.00	19.95	0.54
英国	35.82	21.00	11.61	0.42	31.16	0.00
美国	45.48	24.79	12.44	0.06	17.22	0.00
OECD 国家均值	34.57	28.39	5.99	1.28	29.29	0.49
发达国家均值	35.39	28.04	6.54	1.28	28.31	0.44
发展中国家均值	27.15	24.45	3.36	1.27	43.44	0.32

资料来源：OECD 数据库。

从税制结构的发展趋势来看，以日本为例，在第二次世界大战以前，日本实行的是以间接税为主体的税制结构，第二次世界大战后，其在"夏普劝告"[①] 的基础上，根据经济形势发展的需要不断改革和调整税制，最终形成了以个人所得税和企业所得税为主的直接税税制结构。美国在 1913 年以前经历了以关税为主体的税制结构阶段和以商品税为主体的复合制阶段。此后随着经济的发展，美国出现国民收入高速增长，社会贫富分化严重的问题，开征所得税的呼声也随之甚嚣尘上。于是在 1913 年，美国国会通过法案的形式决定征收个人所得税，美国的主体税种也逐渐从间接税转向直接税。此后在 1935 年美国颁布了《社会保障法案》，社会保障税在其税制结构中的地位逐步提高，最终形成个人所得税及社会保障税并重的税收制度体系。从发展中国家的改革趋势来看，近些年来，这些国家也开始重视直接税制的建设，体现为该类国家的所得税收入在税收总收入中的比重稳步提升。

---

① 夏普劝告指 1949 年美国哥伦比亚大学教授夏普为首的"日本税制调查团"对日本的税制改革提出的著名方案，其建议日本形成以所得税为主体的税制结构。

以俄罗斯、巴西和印度为例，据有关资料统计，俄罗斯的所得税占比从2000年的33.6%上升至2012年的40.4%，巴西从2000年的39.1%上升至2009的43.1%，印度从2000年的22.1%上升至2013年的32.5%。与此同时，这些国家也开展了以"广覆盖、低税率"为主要特征的间接税制改革，使得货劳税占税收总收入的比重明显下降。其中，俄罗斯的货劳税占比从2000年的50%降至2012年的41.9%，巴西从2000年的47.2%降至2009年的42.4%，印度从2000年的68%降至2013年的57.4%。[①] 由此可见，形成以直接税为主体的税制结构已经成为世界税制结构演变的主要方向。

第三节　现代税制改革的约束条件分析

由上可知，以服务国家治理为目标导向的现代税收制度应当形成以直接税为主体的税制结构。而前面关于税制改革实践成果的分析告诉我们，当前我国税制结构中的间接税（尤其是货劳税）收入比重仍居高位。因此，为更好地实现服务国家治理目标，应当以逐步提高直接税比重，降低间接税比重为改革方向，深化现代税收制度要素的调整。在这之前，充分认识和分析税收制度深化改革的约束条件必不可少。2019年中央经济工作会议已经明确指出，要继续实施积极的财政政策，财政汲取能力自然不再成为税制改革的制约因素。因此，从税收征管水平、中央与地方关系、税收意识形态来看，现代税制改革主要存在以下约束。

一、税收征管水平有待进一步提升

历史的经验告诉我们，税制改革内容的顺利推进和有效实施离不开与之相配套的税收征管水平。基于上文对税制结构优化方向的分析，现代税制的重点是不断提高所得税和财产税等直接税收入的比重。这就要求税收征管机

---

① 樊丽明，李昕凝. 世界各国税制结构变化趋向及思考 [J]. 税务研究，2015（1）：39 – 47.

制和信息化建设水平能够有进一步的突破。而目前，二者均存在不同程度上的缺陷。

（一）税收征管机制存在的不足

就税收征管机制而言，目前还存在执法不够统一、组织不够完善、职责不够明晰、管理不够科学、环境不够优化等问题。例如，在职责定位上，一方面，当前税务机关内部出现按税种、征管环节、企业类型设置职能部门的现象。这一设置办法固然可以发挥各职能部门的优势，但不可避免地因职能交叉带来扯皮推诿的问题，降低组织运行效率和税收征管的有效性；另一方面，在现行税务系统中，税收管理职能被分解在征收、管理、稽查三个不同的职能机构，然而由于这些机构间存在职责范围界定不清、工作内容交叉重叠等问题，导致税种征收、管理、稽查三个环节间的协调配合能力较薄弱，进而造成税务信息传递不通畅。在执法统一方面，现行《中华人民共和国税收征收管理法》（以下简称《税收征收管理法》）颁布于 2001 年，仅在 2013 年和 2015 年作出微小的修订。征管法中的部分内容已不能适应现实征管的需要，导致基层税务机关在实际执法中无法找到合适的执法依据，地方自由裁量权被无形放大。在税收管理上，现行税收征管模式缺少税收评定或者是纳税评估环节，并且当前《税收征收管理法》也没有就纳税评估给出明确界定。这就使得实际征管工作中，经常出现以评估为形式的纳税检查现象。此外，既有较为传统的征管模式导致人均管户数量已经超过管理员可支配的上限，突出表现在管户数量激增、管户规模过大以及执法风险和廉政风险过高三个方面。

（二）税收信息化建设存在的不足

税收信息化建设存在的不足主要体现在以下四个方面：一是纳税服务流程虽已实现高度信息化，然目前的征管体制仍停滞不前，二者的不匹配直接导致了税收征管效率低下。尽管现行的税收信息化系统已在诸如纳税人网上申报、税款缴纳、发票开具管理等多个方面实现了电子化流程，但税收征管流程并未实现根本性变革。例如，许多办事程序、环节、制度等依旧使用的是传统的行政管理模式。二是税收信息化建设力度还需进一步加大。虽然目前金税三期系统已经相对完善，但是在各地的实际运行中，还存在进一步挖掘数据信息的需求。而且税务部门对该系统并未实现信息数据的充分利用，甚至形成了某些"信息孤岛"，加上资金、人力资源的浪费，使得税收信息化开发进度偏慢。三是税务信息化系统尚未实现与其他部门系统间的数据共享，从而影响政府部门行政效率的提升。比如，当前第三方的涉税信息采集、传递等环节仍由人工进行操作，税务机关与医疗、公安、民政、住房城乡建设、金融监管、人民银行等第三方部门之间尚未建立统一完善的信息交换平台，导致税务机关获取信息的规范性、时效性、稳定性等方面都有待提高。四是信息化的建设侧重于技术开发和应用，忽视了管理和分析，造成税收数据信息的利用率较低。主要表现在大多数税务部门未对税务数据进行系统整理和分析，纳税人信息化管理还处于税务登记、纳税申报、税款征收、发票管理等初级阶段。前述这些都极大地限制了数据信息库的利用，不利于税收征管质量的提升。

二、中央与地方税收关系有待进一步调整

以财权划分为核心的中央与地方关系问题一直是制约税收制度改革的重要问题。正因如此，在新中国成立 70 多年的税收制度历史演进过程中，每一阶段的税收制度改革都会进行中央与地方税收关系的调整。当前我国中央与地方的税收分配格局是在 1994 年分税制改革的基础上形成，其按照中央税、地方税和共享税的形式明确的中央与地方税收分配关系如表 8－2 所示。

表 8－2 　　　　　　　　　我国中央与地方政府税收分配格局

中央税	地方税	中央和地方共享税
关税、消费税、车辆购置税、船舶吨税	房产税、车船税、烟叶税、环境保护税、土地使用税、土地增值税、耕地占用税、契税、城建税（不含铁道、银行总行、保险总公司等）	增值税（中央 50%，地方 50%）、企业所得税（中央 60%，地方 40%）、个人所得税（中央 60%，地方 40%）、资源税（海洋石油天然气资源归中央，其余归地方）、印花税（证券交易印花税归中央，其余归地方）

尽管我国当前的税种收入划分已经十分明确，但从表 8 – 2 中不难看出，那些收入高、税源充足且易于征管的大税种收入均划归属于中央政府所有，而那些税基较窄、收入不高且征收较困难的税种收入归属于地方政府。这一税收划分办法与目前二者承担的事权支出责任并不匹配。据国家统计局数据显示，2019 年，地方政府财政收入为 101 080. 61 亿元，在全国财政收入中占 53.09％；同年，地方财政支出为 203 743. 22 亿元，在全国财政收入中占 85.3％。对比之下，中央政府财政收入在全国财政收入中占 46.91％，但财政支出比重仅为 14.7％。可以发现，我国中央政府拥有更多的财权而较少的支出责任，地方则承担了更多的支出责任却拥有较少的财权。虽然中央政府可以通过对地方的转移支付来缓解地方政府收不抵支的尴尬困境，但由于转移支付制度自身的局限性，地方正常支出往往很难得到满足。对此，当前大部分地方政府虽然也通过土地出让金或者其他税费形式维持财政的正常运转，但"土地财政"并不利于地方财政的可持续发展，而地方性收费的随意性经常导致地方出现费大于税的现象，既不利于地方政府涵养税基，也加重了当地民众的负担，影响了地方社会经济发展。因此，从这一点上讲，未来的税制改革应当立足于提高地方政府财政收入，重构一个能够保障地方政府财政收入相对合理的地方税制体系。

三、税收意识形态建设有待进一步加强

前已述及，现代税制应当加强所得税、财产税等直接税种建设，这将不可避免地提高纳税人税负痛感，增加税制改革的难度。因此，需要积极的纳税环境来保障制度的有效实施，但就目前来看，我国公民的纳税意识仍旧薄弱。例如，2018 年影视明星的偷税漏税事件，引发了影视行业的补税争议和风暴，此事件暴露了我国除了财税专业人员以外的其他社会大众对税收认识不足的问题。深入分析其中的原因，主要体现在两个方面：一是在思想观念上，纳税人缺乏正确的税收认识。这一方面是由于历史上"苛捐杂税"的意识已经在普通群众心中形成了深刻烙印；另一方面是由于财政收支的不透明性和税收的无偿性使得纳税人无法真正了解国家所提供的公共服务和公

共产品与税收之间的关系。加上近年来反腐倡廉工作披露了一些官员贪污腐败数额巨大，导致一些公民错误地认为腐败分子所窃取的是其缴纳的税款，进而产生政府对税款使用不当的信任危机。二是在税收宣传上，当前缺乏关于大众平民化的税收宣传机制。一方面，在宣传内容上，当前税收宣传的部分内容只流于表面形式。例如，新浪微博上的受众对象虽然包括许多普通用户，但是国家税务总局在该平台的税收宣传内容大多是直接粘贴新发布的全篇政策文件的链接，内容冗长又具有很强的专业性，只有专业人员才可能真正理解其中的内涵，导致宣传效果不佳，税收知识在全社会的普及难度较大。另一方面，在税收宣传节点上，当前官方对税收宣传还不够主动，没有及时追踪解答热点问题，导致的结果就是群众不信任官方媒体。而在信任崩塌后，舆论的主动权就会丧失，导致群众纷纷对税收工作产生负面评价。同样，在 2018 年的影视行业税收事件中，官方媒体的被动作为让社会舆论对税收环境的负面评价越发扩大，对税收文化氛围的构建产生不利影响。

第九章

税收制度改革的国家治理效应分析
——基于税制结构的视角

在 2013 年国家治理体系和治理能力现代化建设这一目标提出后，以建设现代税收制度为主要任务的税制改革内容稳步推进。那么，税制改革的成效如何？改革能否较好地促进国家治理效能的提升？为证实这一问题，本章以税制改革的实践成果——税制结构为自变量，以国家治理绩效评价指数为因变量，采用双向固定效应模型回归分析 2013~2020 年 31 个省份税制改革的国家治理效应。

第一节　国家治理绩效评价指标体系的构建及指数化评估

自党的十八届三中全会提出"推进国家治理体系和治理能力现代化"这一重大命题以来，关于国家治理绩效评价指标体系的研究成果也甚嚣尘上。例如，俞可平（2013）认为国家治理现代化水平的评价至少应包括公共权力运行的制度化与规范化、民主化、法治化、效率和协调五个方面。戴长征（2014）基于国家治理的过程分析指出国家治理体系内容至少需要涵盖规划与决策体系、支持体系、评估体系以及监督体系四个模块，而国家的治理能力建设需要包括以下四种能力，分别是合法化能力、规范化能力、一体化能力、危机响应和管控能力。杨琛、王宾（2016）以习近平新时代中国特色社会主义思想为指导，从经济、政治、文化、社会、生态和党的建设六个层面，通过产业结构分配、政治稳定性、教育经费、城镇化率、植被覆盖程度、政府效能等 28 个二级指标构建国家治理体系。此外，部分学者在构建评价指标体系的基础上也给出了如何量化评估的过程。例如，王永兴、景维民（2014）从政治稳定性与政府能力、市场有效性与经济发展、社会稳定性与社会发展三个维度构建了一个涵盖 26 项次级指标的国家治理绩效评价体系，并在采用专家打分法确定指标权重的基础上作出了国家治理绩效的指数化评估和比较。高奇琦、游腾飞（2016）在总结国内外优秀学术成果的基础上，从基础性、价值性和持续性三个层面构建评价指标体系并采用层次分析法确定了各项指标的权重，进而在数据标准化的基础上作出国家治理绩效的量化评估。吴丹（2019）则是立足于我国国民经济和社会发展的全局，从经济发展、科教发展、资源环境和民生服务四个维度进行国家治理绩效评价指标体系的构建，并采用加权综合指数法及改进的理想解模型评价了我国 2000～2015 年的国家治理绩效水平。综上不难看出，当前学者们关于国家治理绩效评价指标体系的设计虽无统一标准，但其内容始终离不开经济发展、人民生活改善和公共服务水平提升这几个维度，以此为基础确定的国家治理绩效水平也给出了相对合理的量化过程。不足之处在于这些指标体系的构建多是衡量国家整体治理水平，诸多宏观性指标难以满足省域层面的绩效评价需要。因此，本书在吸收借鉴各学者研究成果的基础上，立足国民经济和社会发展的全局，从经济增长、科教进步、资源环境优化和民生服务改善四个维度构建省域层面的国家治理绩效评价体系，并采用加权综合指数法评估 31 个省份 2013～2020 年的国家治理绩效水平。

一、国家治理绩效评价指标体系的构建

现有关于国家治理绩效评价的研究成果中，景维民（2014）、吕冰洋（2015）和吴丹（2019）等学者均认为，国家治理虽然涵盖政治、经济、文化、社会和生态等诸多领域的内容，但其核心还是对经济和社会的治理，包

括对经济发展、科教进步、资源环境、民生服务等不同维度现代化要素的治理。基于这一观点，本书借鉴吴丹（2019）构建国家治理绩效评价指标体系的思路，立足于国民经济和社会发展全局，从经济发展、科教进步、资源环境优化和民生服务改善四个维度构建省域层面的国家治理绩效评价指标体系，见表9-1。

表9-1 国家治理绩效评价指标体系

治理层面	治理目标	现代化要素	衡量指标
国民经济	经济发展	经济增长	人均地区生产总值（元）
			固定资产投资额（亿元）
			社会劳动生产率（元/人）
			进出口总额（亿美元）
		结构优化	第二产业生产总值比重（%）
			第三产业增加值比重（%）
社会公共事务	科教进步	科技进步	科学技术支出占财政支出的比重（%）
			每万人发明专利授权量（件）
		教育事业发展	小学及以上学校生师比
			财政性教育经费占GDP比重
	资源环境优化	资源节约	万元GDP用水量（立方米）
			万元GDP电力消费量（千瓦·时）
		环境保护	废水中COD排放量（万吨）
			废气中SO_2排放量（万吨）
			垃圾无害化处理率（%）
			造林面积（公顷）
	民生服务改善	人民生活改善	农村居民人均可支配收入（元）
			城镇居民人均可支配收入（元）
		公共服务水平提高	基本医疗保险参保人数（万人）
			基本养老保险参保人数（万人）
			社会就业人口数（万人）
			城镇登记失业率（%）

据表9-1可知，国民经济层面的治理目标是实现经济发展，主要通过对促进一个地方经济增长和结构优化的现代化要素进行治理，代表性指标包括人均地区生产总值（元）、固定资产投资额（亿元）、社会劳动生产率（元/人）、进出口总额（亿美元）、第二产业生产总值比重（％）、第三产业增加值比重（％）。社会公共事务层面的治理目标包括科技教育事业进步、资源环境优化、民生服务改善三个维度。其中，科技教育事业进步体现为科技进步和教育事业发展，可度量的指标包括科技支出占财政支出的比重（％）、每万人中发明专利授权量（件）、小学及以上学校师生比（生/师）、财政性教育经费占GDP比重（％）。资源环境优化目标体现为对资源节约和环境保护现代化要素的治理，可度量的指标包括每万元GDP用水量（立方米）、废水中COD排放量（万吨）、每万元GDP电力消费量（千瓦·时）、废气中SO_2排放量（万吨）、垃圾无害化处理率（％）、造林面积（公顷）。民生服务改善目标主要通过对人民群众生活以及公共服务水平提高的现代化要素治理来体现，可度量的指标包括农村居民人均可支配收入（元）、城镇居民人均可支配收入（元）、基本医疗保险参保人数（万人）、基本养老保险参保人数（万人）、社会就业人口数（万人）、城镇登记失业率（％）。

二、指标的合成及相关说明

（一）数据挖掘与处理

根据上文构建的国家治理绩效评价指标体系，本书评估了2013～2020年31个省份的国家治理绩效评价指数，原始数据主要通过查阅《中国财政年鉴》以及《中国统计年鉴》获得。其中，部分省份缺失的部分指标数据运用插值法的方式来将之补齐。此外，由于收集到的原始数据存在不同量纲，在合成绩效评价指数之前，我们采用在同类研究中经常使用的"最小－最大标准化（Min-Max标准化）"法对数据进行无量纲化处理，标准化指标数值公式如下：

$$x = \frac{i - Min(I)}{Max(I) - Min(I)} \times 100 \qquad (9.1)$$

式（9.1）中，i 表示某个省某一年份的某个具体指标原始数据，$Min(I)$ 和 $Max(I)$ 分别表示 i 的最小值和最大值。需要指出的是，在现有评价体系中，部分指标数值存在反向意思表示（即指标数值越高代表该维度的治理质量越差）。对于这类指标数据，我们用 1 减去这个数值来表示其实际的治理水平，目的是确保较大的数值始终能够代表较高的治理质量。

（二）指标的赋权

现有关于绩效评价指数的合成办法中，各项指标权重的设计主要存在两种方案：一种是对所有指标均赋予相同权重，即所谓的等权法；另一种则是根据指标的相对重要程度赋予其不同的权重，具体方法包括专家确定法、因子分析法、熵值法、层次分析法和德尔菲法等。就"现代化要素"和"具体指标"而言，考虑到指标体系中各个现代化要素及各项衡量指标具有同等重要性，采用等权法确定其权重。就"治理层面"和"治理目标"而言，考虑到不同层面及不同目标的重要性差异，运用层次分析法来确定其指标权重。具体方法如下：事先邀请 15 位专家判断各个治理目标或治理层面的指标重要性，每位专家根据 1～9 级标度法对每两项同级指标间的关系（如 A 指标相当于 1/3 个 B 指标）进行打分；之后根据专家判断结果确定递阶层次结构模型，并按照计算最大特征根、一致性检验等层次分析法的估算步骤确定每项指标权重。最终，汇总得到的国家治理绩效评价体系中各级指标权重，如表 9－2 所示。

表 9－2　　　　　　国家治理绩效评价体系中的各项指标权重

治理层面	治理目标	现代化要素	衡量指标	指标性质
国民经济 （0.4）	经济发展 （0.4）	经济增长 （0.5）	人均地区生产总值（0.25）	＋
			固定资产投资额（0.25）	＋
			社会劳动生产率（0.25）	＋
			进出口总额（0.25）	＋

续表

治理层面	治理目标	现代化要素	衡量指标	指标性质
国民经济 （0.4）	经济发展 （0.4）	结构优化 （0.5）	第二产业生产总值比重（0.5）	+
			第三产业增加值比重（0.5）	+
社会公共事务 （0.6）	科教进步 （0.18）	科技进步 （0.5）	科学技术支出占财政支出的比重（0.5）	+
			每万人发明专利授权量（0.5）	+
		教育事业发展 （0.5）	小学及以上学校生师比（0.5）	−
			财政性教育经费占 GDP 比重（0.5）	+
	资源环境优化 （0.18）	资源节约 （0.5）	万元 GDP 用水量（0.5）	−
			万元 GDP 电力消费量（0.5）	−
		环境保护 （0.5）	废水中 COD 排放量（0.25）	−
			废气中 SO$_2$ 排放量（0.25）	−
			垃圾无害化处理率（0.25）	+
			造林面积（0.25）	+
	民生服务改善 （0.24）	人民生活改善 （0.5）	农村居民人均可支配收入（0.5）	+
			城镇居民人均可支配收入（0.5）	+
		公共服务水平 提高（0.5）	基本医疗保险参保人数（0.25）	+
			基本养老保险参保人数（0.25）	+
			社会就业人口数（0.25）	+
			城镇登记失业率（0.25）	−

注：（1）表中的"＋"号表示正指标，"－"号表示负指标；（2）括号里的数字表示指标权重。

（三）指数合成的基本模型

基于上述国家治理绩效评价体系中的指标赋权和数据处理结果，国家治理绩效评价指数得分由式（9.2）给出：

$$y = \prod X_m W_m \qquad (9.2)$$

其中，y 是最终得分，X_m 代表各个评价指标，W_m 为各个指标权重系数。

三、基于省域层面的国家治理绩效指数评估

综合以上步骤，利用多层指数加权的方法，我们最终得到的 31 个省份 2013～2020 年国家治理绩效评价指数，如表 9－3 所示。

表 9－3　　　　　　　　国家治理绩效评价指数

省份	2013 年	2014 年	2015 年	2016 年	2017 年	2018 年	2019 年	2020 年
北京	25.58	36.94	36.88	45.45	57.43	65.55	72.90	77.49
天津	33.11	49.20	51.17	55.73	58.98	61.44	54.45	55.69
河北	23.33	34.44	36.40	54.90	59.32	68.44	68.10	73.20
山西	25.31	31.38	33.57	41.19	50.28	63.15	67.43	69.21
内蒙古	35.67	49.55	47.52	53.48	54.99	57.62	60.72	61.37
辽宁	46.91	55.98	51.29	34.53	44.22	59.35	57.17	56.25
吉林	29.18	42.58	45.94	54.34	56.91	64.88	49.72	56.41
黑龙江	37.56	39.70	39.71	46.83	58.38	61.96	55.39	60.03
上海	15.76	31.15	34.86	43.15	55.48	66.10	71.61	82.95
江苏	18.56	31.04	37.11	44.91	54.12	68.91	75.32	80.47
浙江	13.61	29.08	38.07	47.18	58.08	74.85	89.17	85.02
安徽	15.90	29.50	34.99	43.76	51.23	61.07	71.73	72.77
福建	12.89	29.97	37.85	42.45	53.99	64.49	77.28	83.04
江西	14.51	26.34	31.94	43.99	55.49	62.73	75.71	76.84
山东	33.86	42.52	45.65	51.56	60.81	67.77	62.10	59.19
河南	18.06	33.62	40.73	47.62	57.16	64.84	73.56	76.10
湖北	14.29	30.40	39.08	49.02	62.06	68.88	80.56	69.91
湖南	13.48	27.91	34.45	40.81	54.21	64.01	74.36	81.78
广东	21.95	29.29	37.23	45.46	53.70	68.56	74.82	77.55
广西	21.85	31.68	41.17	51.24	61.22	67.90	69.10	70.99

省份	2013 年	2014 年	2015 年	2016 年	2017 年	2018 年	2019 年	2020 年
海南	23.71	32.75	37.02	45.31	52.86	62.34	71.08	72.38
重庆	17.14	33.32	40.50	50.76	54.10	66.10	73.48	82.17
四川	13.91	26.29	34.37	45.88	54.75	68.29	78.49	77.33
贵州	21.10	33.25	41.75	45.97	60.11	68.56	76.18	68.53
云南	23.21	31.37	38.82	45.75	54.52	63.35	70.24	64.17
西藏	27.33	37.59	42.53	41.89	52.47	59.76	66.08	69.56
陕西	18.16	32.94	41.76	50.72	57.97	72.54	67.83	70.22
甘肃	27.46	38.80	45.87	54.83	54.51	62.05	67.35	64.69
青海	24.18	32.87	43.45	53.39	59.03	63.35	66.33	69.70
宁夏	17.28	31.49	36.32	54.01	64.35	68.97	69.22	69.00
新疆	31.29	39.57	39.58	42.65	59.69	60.05	67.44	61.05

第二节 变量定义与模型构建

上节已经对被解释变量——国家治理绩效指数进行量化处理，这里主要是就核心解释变量和控制变量做出定义和说明，进而在对这些变量进行相关数据描述性统计基础上构建面板数据的双向固定效应模型。

一、变量的定义与说明

本书考察税制改革的国家治理效应时选用面板数据模型。在指标选取上，被解释变量和解释变量分别为国家治理绩效评价指数和税制结构（更确切地说是税收收入结构，即各税系、税类或税种收入占比）。此外，由于财政透明度、财政自给率、市场化指数及社会治安水平等均会影响国家治理绩效，因此选取相应指标作为控制变量。具体关于核心解释变量和控制变量的定义及说明如下。

（一）核心解释变量

前文已经述及，税收制度改革的进程也是税制结构优化的过程。因此，为全面考察税制改革进程中的国家治理效应，本书以税制结构为核心解释变量，分税系结构、税类结构和税种结构三个层面分析。在税系结构层面，直接税指标（TAX1）为所得税和财产税之和占税收总收入的比重，间接税指标（TAX2）为货劳税和其他税之和占税收总收入的比重。在税类结构层面，货劳税指标（Tax1）为增值税、消费税、营业税及车辆购置税之和占税收总收入的比重；所得税指标（Tax2）为企业所得税和个人所得税之和占税收总收入的比重；财产税指标（Tax3）为房产税、城镇土地使用税、耕地占用税、土地增值税、契税和车船税之和占税收总收入的比重；其他税指标（Tax4）为资源税、城市维护建设税、印花税、烟叶税和环境保护税等其他税种收入占税收总收入的比重。在税种结构层面，增值税（$Tax1_1$）指标为增值税收入占税收总收入的比重，消费税（$Tax1_2$）指标为消费税收入占税收总收入的比重，其他诸如企业所得税（$Tax2_1$）、个人所得税（$Tax2_2$）、房产税（$Tax3_1$）、城镇土地使用税（$Tax3_2$）、土地增值税（$Tax3_3$）和资源税（$Tax4_1$）指标的表示方法与之类似。

（二）控制变量

为尽量避免因变量遗漏带来的误差，本书在借鉴已有研究成果和相关经济理论基础上引入了以下控制变量：一是财政透明度（Ftransp），反映政府财政使用过程中的信息公开程度。一般而言，财政透明度越高的省份，社会公众越是能够积极主动地了解财政资金使用去向。即通过充分发挥其社会监督职能来规范政府行为，促进政府绩效水平的提升。[1] 根据国际货币基金组织（IMF）《货币和财政政策透明度良好做法守则》并结合中国的实际情况，

---

[1] 申亮. 我国基层政府治理与财政透明度问题研究 [J]. 经济研究参考，2018(27)：15-23.

从"公布政府的结构和职能""公布显示政府与其他公共部门关系图""公布预算内财政报告""公布政府性基金、土地出让金、三公消费、政府负债信息""公布预算执行情况的报告""公布决算报告""公布预算会计基础（现金制/收付制）以及编制和介绍预算数据所使用的标准""公布预算外活动、债务和金融资产、或有负债和税收支出信息"八个维度采用主成分分析法构建指标体系，综合评价中国财政信息公开水平（见附录三表 A3 – 15）。二是财政自给率（Fs），反映的是地方政府财政自由程度。财政自给率越高，说明地方政府拥有更多的地方自有收入用于地方公共项目建设支出，其财政收支行为将更加规范，从而治理绩效也相对更好。① 就这一指标的衡量，本书采用地方政府一般公共预算收入占一般公共预算支出之比得到，指标数据见附录三表 A3 – 16。三是市场化指数（Mar），反映地区的市场化水平。胡伟（2014）认为，国家治理体系和治理能力的现代化建设首先应当改革和完善政府自身的行政行为，使市场在资源配置中起决定性作用。② 而市场起决定性作用意味着市场化指数的提高，政府也更加有为。就这一变量的度量，本书采用王小鲁等（2021）测度的中国市场化指数表示，缺失的部分年份数据运用插值法补齐。四是社会治安水平（Sel）。众所周知，一个安定的社会秩序以及稳定的政治局面，与公民的生活和社会发展密切相关，影响政府的社会治理水平。③ 一般而言，犯罪率越低的省份，社会治安水平越高，越是便于国家治理。因此，本书采用犯罪率这一变量代表社会治安水平，基本公式为刑事生效犯罪人数除以年平均常住人口数。指标数据见附录三表 A3 – 18。

综上所述，本书对税制改革的国家治理效应进行实证分析时，涉及的变量名称及描述如表 9 – 4 所示。

---

① 储德银，费冒盛，黄暄. 税制结构优化与地方政府治理 [J]. 税务研究，2020 (11)：31 – 38.

② 胡伟. 市场化与国家治理：政府改革的取向 [J]. 上海交通大学学报（哲学社会科学版），2014，22（2）：20 – 23.

③ 俞可平. 中国治理评估框架 [J]. 经济社会体制比较，2008（6）：1 – 9.

表 9 – 4　　　　　　　　面板数据模型变量选取与描述

变量分类	变量名称	数据描述
被解释变量	国家治理指数	综合值，通过加权平均综合指数法计算得出
解释变量	直接税占比	财产税与所得税之和占税收总收入的比重
	间接税占比	货劳税和其他税之和占税收总收入的比重
	货劳税占比	增值税、消费税、营业税及车辆购置税之和占税收总收入的比重
	所得税占比	企业所得税和个人所得税之和占税收总收入的比重
	财产税占比	房产税、城镇土地使用税、耕地占用税、土地增值税、契税和车船税之和占税收总收入的比重
	其他税占比	资源税、城市维护建设税、印花税、烟叶税和环境保护税等其他税种收入占税收总收入的比重
	增值税占比	增值税收入占税收总收入的比重
	消费税占比	消费税收入占税收总收入的比重
	企业所得税占比	企业所得税收入占税收总收入的比重
	个人所得税占比	个人所得税收入占税收总收入的比重
	房产税占比	房产税收入占税收总收入的比重
	城镇土地使用税占比	城镇土地使用税收入占税收总收入的比重
	土地增值税占比	土地增值税收入占税收总收入的比重
	资源税占比	资源税收入占税收总收入的比重
控制变量	财政透明度	综合值，构建综合评价体系并采用主成分分析法综合计算而得
	财政自给率	反映财政自收自支程度，通过地方政府一般公共预算收入除以一般公共预算支出这一公式得到
	市场化指数	综合值，借鉴王小鲁等（2021）测度的中国市场化指数，部分缺失的数据运用插值法补齐
	社会治安水平	犯罪率，刑事生效犯罪人数除以总人口数

二、数据来源和描述性统计

除财政透明度和市场化指数外，本书自变量和控制变量指标计算涉及的原始数据均通过《中国统计年鉴》《中国税务年鉴》《中国检察年鉴》等年鉴或者查阅《中国分省份市场化指数报告》和 EPS 数据库等获得。各变量的基本描述性统计结果如表 9-5 所示。

表 9-5　　　　　　　　　各变量基本描述性统计

变量名称	样本数	最大值	最小值	平均值	标准差
国家治理绩效（LNGov）	248	4.491	1.061	3.849	0.444
直接税占比（TAX1）	248	0.667	0.207	0.361	0.073
间接税占比（TAX2）	248	0.793	0.333	0.639	0.073
货劳税占比（Tax1）	248	0.722	0.306	0.573	0.068
所得税占比（Tax2）	248	0.611	0.119	0.243	0.082
财产税占比（Tax3）	248	0.327	0.000	0.118	0.049
其他税占比（Tax4）	248	0.191	0.016	0.065	0.030
增值税占比（$Tax1_1$）	248	0.615	0.178	0.381	0.084
消费税占比（$Tax1_2$）	248	0.270	0.009	0.095	0.054
企业所得税占比（$Tax2_1$）	248	0.528	0.082	0.184	0.066
个人所得税占比（$Tax2_2$）	248	0.198	0.029	0.059	0.024
房产税占比（$Tax3_1$）	246	0.048	0.000	0.016	0.005
城镇土地使用税占比（$Tax3_2$）	248	0.074	0.000	0.018	0.013
土地增值税占比（$Tax3_3$）	248	0.137	0.004	0.031	0.019
资源税占比（$Tax4_1$）	248	0.125	0.000	0.017	0.023
财政透明度（Ftransp）	248	4.749	4.256	4.513	0.137
财政自给率（Fs）	248	0.931	0.094	0.478	0.196
市场化指数（Mar）	248	10.130	0.230	6.210	2.131
社会治安水平（Sel）	248	0.100	0.011	0.058	0.027

　　表9-5列示的是主要变量的名称、样本数、最大值、最小值、平均数和标准差。由表中数据可知，2013~2020年各地区治理绩效对数的均值为3.849，治理水平较为一般；间接税占比均值为0.639，说明间接税在我国税制结构中处于绝对主体地位。货劳税占比均值为0.573，最大值甚至达到0.722，说明货劳税依然在我国税制结构中占主体地位；企业所得税最大值虽然可达到0.528，但这只是个例，其均值只有0.184，表明企业所得税占比并不突出；财产税和其他税的占比相对更小。从具体税种来看，增值税作为我国第一大税种，2013~2020年的最大占比可达0.615，均值为0.381；其次是企业所得税、消费税和个人所得税，占比分别为0.184、0.095、0.059。从控制变量的统计结果来看，财政透明度对数的均值为4.513，表明财政信息公开水平一般；财政自给率的最大值虽然达0.931，但平均值只有0.478，说明政府一半以上的财政项目需要靠外来资金支持；市场化指数的均值为6.21，最大值也仅有10.13，说明我国当前各地区的市场化程度并不算高。

三、模型设定

　　为考察直接税和间接税两大税系结构对国家治理绩效的影响，设置基本模型（9.3）：

$$LnGov_{it} = \beta_0 + \beta_1 TAX(I)_{it} + \beta_2 LnFtransp + \beta_3 Fs + \beta_4 LnMar +$$
$$\beta_5 LnSel + \alpha_i + \lambda_t + \xi_{it}$$
$$I \in (1, 2) \qquad (9.3)$$

　　为考察货劳税、所得税、财产税三大税类结构对国家治理绩效的影响，设置基本模型（9.4）：

$$LnGov_{it} = \beta_0 + \beta_1 Tax(I)_{it} + \beta_2 LnFtransp + \beta_3 Fs + \beta_4 LnMar +$$
$$\beta_5 LnSel + \alpha_i + \lambda_t + \xi_{it}$$
$$I \in (1, 2, 3, 4) \qquad (9.4)$$

　　更具体地，为考察增值税、消费税、企业所得税、个人所得税、房产税、城镇土地使用税、土地增值税、资源税等具体税种结构对国家治理绩效的影响，设置基本模型（9.5）：

$$LnGov_{it} = \beta_0 + \beta_1 Tax(In)_{it} + \beta_2 LnFtransp + \beta_3 Fs + \beta_4 LnMar +$$
$$\beta_5 LnSel + \alpha_i + \lambda_t + \xi_{it}$$
$$I \in (1, 2, 3, 4); \ n \in (1, 2, 3, 4, 5, 6) \tag{9.5}$$

模型（9.3）～模型（9.5）中，i 表示截面个数，t 代表考察时期，α_i 为个体效应，λ_t 为时间效应，β 表示回归系数，ξ_{it} 为随机干扰项。

第三节　税制改革的国家治理效应实证结果分析

从税制结构的视角，为系统分析税收制度改革的国家治理效应，本书基于 2013～2020 年的省级面板数据，采用双向固定效应模型，分税系结构、税类结构和税种结构三个层面展开相关内容的实证分析结果如下。

一、基于税系结构视角的实证结果分析

在税系层面，由于直接税与间接税占比是一种"反向"关系，分析直接税比重变化带来的国家治理效应，就能在一定程度上反映出间接税对国家治理绩效的影响结果。因此这里主要列示直接税比重变化对国家治理绩效影响的回归分析结果（见表 9－6）。从表 9－6 不难看出，回归方程调整后的拟合优度为 0.7287，说明整体上直接税比重变化对国家治理绩效影响的解释性较好。直接税比重与国家治理绩效的相关系数为 1.761，且在 1% 的显著性水平下显著，说明直接税比重的增加能够在一定程度上提升国家治理绩效。

表 9－6　　　　　　直接税比重变化对国家治理绩效的影响

变量	(1)	(2)	(3)	(4)	(5)
TAX1	7.293 *** （-1.1029）	2.422 *** （-0.66）	2.190 *** （-0.6569）	1.761 *** （-0.6388）	1.761 *** （-0.64）

续表

变量	(1)	(2)	(3)	(4)	(5)
LNFtransp		2.587 *** (-0.1196)	2.986 *** (-0.1915)	2.444 *** (-0.2225)	2.442 *** (-0.223)
Fs			1.563 *** (-0.5901)	1.944 *** (-0.5738)	1.932 *** (-0.5755)
Mar				0.184 *** (-0.0424)	0.184 *** (-0.0424)
Sel					0.259 (-0.5741)
_Cons	1.213 *** (-0.3995)	-8.700 *** (-0.5105)	-11.17 *** (-1.0585)	-9.885 *** (-1.0591)	-9.887 *** (-1.0611)
F - statistic	43.72 ***	302.94 ***	209.94 ***	175.25 ***	139.72 ***
Adj - R^2	0.0490	0.6991	0.7073	0.7298	0.7287
Obs.	248	248	248	248	248

注：*、**、*** 分别表示在10%、5%、1%的显著性水平下显著；括号内的数值是标准误，(1)~(5)是逐步放入控制变量的回归结果。

二、基于税类结构视角的实证结果分析

在税类层面，笔者分别验证货劳税、所得税、财产税和其他税比重变化带来的国家治理效应。

(一) 货劳税比重变化对国家治理绩效的影响

表9-7显示货劳税比重变化对国家治理绩效影响的回归分析结果。可以发现，回归方程的拟合优度为0.7238，说明整体上货劳税占比对国家治理绩效的解释性较好。货劳税比重对国家治理绩效的影响系数是 -0.985，且在10%的显著性水平下显著，说明货劳税比重的增大不利于国家治理绩效水平的提升。主要原因在于：我国目前形成的以货劳税为主的税制结构虽然有利于财政收入的筹集，但随着我国社会经济的发展，财政收入已不再成

为影响政府治理绩效的重要约束条件。而此时的政府基于经济增速放缓、国民贫富差距明显、环境污染严重等现实问题的考虑，会将工作重心更多地转向维持宏观经济稳定、调节社会收入分配等方面。在这一现实环境中，货劳税自然很难凸显其积极作用。与此同时，货劳税间接征收的隐蔽性不仅不利于提高政府部门自身对其税收征管信息公开的积极主动性，而且可能引发社会公众监管欠缺等问题，进而带来政府支出结构和规模异化，导致政府治理绩效的降低。

表 9 - 7　　　　　　　　货劳税比重变化对国家治理绩效的影响

变量	(1)	(2)	(3)	(4)	(5)
Tax1	- 6. 673 *** (- 0. 7764)	- 1. 336 ** (- 0. 5437)	- 1. 167 ** (- 0. 5385)	- 0. 992 * (- 0. 516)	- 0. 985 * (- 0. 5173)
LNFtransp		2. 572 *** (- 0. 1325)	3. 007 *** (- 0. 2022)	2. 414 *** (- 0. 2319)	2. 413 *** (- 0. 2324)
Fs			1. 681 *** (- 0. 5971)	2. 054 *** (- 0. 5762)	2. 045 *** (- 0. 5779)
Mar				0. 196 *** (- 0. 0423)	0. 196 *** (- 0. 0424)
Sel					0. 223 (- 0. 5796)
_Cons.	7. 673 *** (- 0. 4458)	- 6. 992 *** (- 0. 8021)	- 9. 856 *** (- 1. 2876)	- 8. 674 *** (- 1. 2567)	- 8. 684 *** (- 1. 2594)
F - statistic	73. 87 ***	289. 59 ***	201. 92 ***	171. 20 ***	136. 44 ***
Adj - R^2	0. 1479	0. 6890	0. 6987	0. 7249	0. 7238
Obs.	248	248	248	248	248

注：*、**、***分别表示在10%、5%、1%的显著性水平下显著；括号内的数值是标准误，(1) ~ (5) 是逐步放入控制变量的回归结果。

此外，从控制变量回归结果来看，财政透明度对国家治理绩效具有正向促进作用，并且这一作用在1%的水平下显著。这是因为财政透明度的提高意味着政府信息公开程度的提高，使得社会公众能够更好地监督政府财政资金使用内容和方向，督促政府规范行政行为，进而推进国家治理能力的提升。财政自给率对国家治理绩效具有正向促进作用，且在1%的显著性水平下显著。这主要是由于财政自给率的提高意味着政府有更多的自有收入用于经济发展或社会公共事务治理，使得政府财政收支行为更加规范，治理能力愈发强大，进而更为容易实现国家治理绩效水平的提升。市场化程度对国家治理具有正向促进作用，并且这一结论在1%的显著性水平下显著。主要原因可能在于市场化程度的提高，意味着政府参与市场建设的社会资源减少，进而有更多的精力负责社会公共事务治理，国家治理绩效水平相应获得提升。这也在一定程度上证实当前国家治理体系和治理能力现代化建设背景下，充分发挥市场在资源配置中决定性作用这一论断的正确性。

（二）所得税比重变化对国家治理绩效的影响

表9－8显示的是所得税比重变化对国家治理绩效影响的回归结果，不难发现，在加入控制变量后，所得税占比变化对国家治理绩效的正向影响在10%的显著性水平下表现显著。这在一定程度上表明所得税比重的提高能够助力国家治理现代化建设。在本书的理论分析部分已经阐释，以所得税为代表的直接税种虽然组织财政收入功能相对有限，但在调节收入分配和稳定经济发展方面的作用效果较好。并且，所得税由于其税种的直接性特征，纳税人对其的税负感知明显。此时的政府为提高纳税人的税收遵从度，必然会尽可能满足纳税人偏好，如营造良好的纳税环境、公开税款征纳和使用信息等，这些都自然而然地推进了国家治理能力的提高。

表9－8　　　　　　　　所得税比重变化对国家治理绩效的影响

变量	（1）	（2）	（3）	（4）	（5）
Tax2	8.895 *** （－1.3587）	1.593 * （－0.8544）	1.702 ** （－0.8379）	1.496 * （－0.8012）	1.484 * （－0.8034）
LNFtransp		2.641 *** （－0.1259）	3.096 *** （－0.19）	2.482 *** （－0.2241）	2.481 *** （－0.2246）

续表

变量	(1)	(2)	(3)	(4)	(5)
Fs			1.875 *** (-0.5947)	2.224 *** (-0.5727)	2.213 *** (-0.5745)
Mar				0.197 *** (-0.0423)	0.197 *** (-0.0424)
Sel					0.217 (-0.58)
_Cons.	1.687 *** (-0.3313)	-8.456 *** (-0.5196)	-11.44 *** (-1.073)	-10.01 *** (-1.0694)	-10.01 *** (-1.0715)
F - statistic	42.86 ***	284.99 ***	201.22 ***	170.99 ***	136.27 ***
Adj - R^2	0.0458	0.6853	0.6979	0.6759	0.7235
Obs.	248	248	248	248	248

注：*、**、*** 分别表示在 10%、5%、1% 的显著性水平下显著；括号内的数值是标准误，(1) ~ (5) 是逐步放入控制变量的回归结果。

（三）财产税比重变化对国家治理绩效的影响

表 9-9 显示的是财产税比重变化对国家治理绩效影响的回归结果，从中可以发现，财产税比重对国家治理绩效的正向促进作用并不显著。主要原因可能在于当前我国财产税制度建设还相对薄弱，相关税收收入还相对较少，自然很难充分发挥其调节社会收入分配差距的显著性功能。

表 9-9　　　　　财产税比重变化对国家治理绩效的影响

变量	(1)	(2)	(3)	(4)	(5)
Tax3	1.149 (-1.0881)	1.027 * (-0.5726)	0.800 (-0.5692)	0.562 (-0.5463)	0.569 (-0.5474)
LNFtransp		2.735 *** (-0.115)	3.155 *** (-0.1869)	2.539 *** (-0.2228)	2.537 *** (-0.2232)
Fs			1.706 *** (-0.6031)	2.096 *** (-0.5824)	2.083 *** (-0.5842)
Mar				0.198 *** (-0.0427)	0.198 *** (-0.0428)

续表

变量	(1)	(2)	(3)	(4)	(5)
Sel					0.273 (−0.583)
_Cons.	3.713*** (−0.1321)	−8.614*** (−0.5232)	−11.30*** (−1.0807)	−9.904*** (−1.0757)	−9.906*** (−1.0777)
F − statistic	1.11	284.52***	198.52***	168.47***	134.33***
Adj − R²	−0.1376	0.6850	0.6949	0.7215	0.7205
Obs.	248	248	248	248	248

注：*、**、***分别表示在10%、5%、1%的显著性水平下显著；括号内的数值是标准误，(1)~(5)是逐步放入控制变量的回归结果。

（四）其他税比重变化对国家治理绩效的影响

表9-10显示的是其他税比重变化对国家治理绩效影响的回归结果，从中不难看出，其他税比重对国家治理绩效的影响并不显著。可能的解释在于其他税类结构中的税种性质划分并不统一。例如，这一税类中的资源税，有的学者认为其是直接税，而有的学者则认为其属于间接税的范畴。相对杂乱的税种性质，加上不健全的税种制度，使其实证结果与理论存在一定偏差。

表9-10　　　　其他税比重变化对国家治理绩效的影响

变量	(1)	(2)	(3)	(4)	(5)
Tax4	7.902*** (−1.4604)	−0.700 (−0.9131)	−0.714 (−0.8959)	−0.740 (−0.8976)	−0.771 (−0.9003)
LNFtransp		2.779*** (−0.1286)	3.231*** (−0.1944)	3.297*** (−0.2064)	3.303*** (−0.2069)
Fs			1.828*** (−0.599)	1.916*** (−0.6073)	1.907*** (−0.6084)
Mar				−0.0494 (−0.0514)	−0.0541 (−0.052)

续表

变量	(1)	(2)	(3)	(4)	(5)
Sel					0.381 (-0.6203)
_Cons.	3.331*** (-0.0996)	-8.649*** (-0.5571)	-11.56*** (-1.099)	-11.82*** (-1.1329)	-11.85*** (-1.1359)
F - statistic	29.28***	279.80***	196.85***	147.46***	117.70***
Adj - R²	-0.0070	0.6811	0.6930	0.6932	0.6923
Obs.	248	248	248	248	248

注：*、**、***分别表示在10%、5%、1%的显著性水平下显著；括号内的数值是标准误，(1)~(5)是逐步放入控制变量的回归结果。

三、基于税种结构视角的实证结果分析

虽然以上实证结果已经证明货劳税比重的提升不利于国家治理，而所得税和财产税比重的提升作用则相反。但为进一步论证各税类中税种结构带来的国家治理效应，结合实际情况，笔者又选择了货劳税类中的增值税（$Tax1_1$）和消费税（$Tax1_2$）占比，所得税中的企业所得税（$Tax2_1$）和个人所得税（$Tax2_2$）占比，财产税类中的房产税（$Tax3_1$）、城镇土地使用税（$Tax3_2$）和土地增值税（$Tax3_3$），以及其他税类中的资源税占比为解释变量，运用基础模型（9.5）回归分析其对国家治理绩效的影响。回归结果如表9-11所示。

从表9-11不难看出，在货劳税类中，增值税（$Tax1_1$）对国家治理绩效的负向作用在10%的显著性水平下显著。表明增值税比重的提高可能在一定程度上抑制国家治理绩效。这也在一定程度上证明当前推进国家治理能力建设中，从增值税着手落实大规模减税降费政策的明智性。在所得税类中，个人所得税（$Tax2_2$）与国家治理在1%的水平下显著正相关，而企业所得税（$Tax2_1$）与国家治理绩效的影响并不显著。这一估计结果表明，目前我国以所得税为代表的直接税虽然从总体上能够促进国家治理绩效水平提升，但个人所得税和企业所得税对国家治理绩效的影响方向截然不同。可能

表 9－11

各税种比重变化对国家治理绩效的影响

变量	(1)	(2)	(3)	(4)	(5)	(6)	(7)	(8)
$Taxl_n$	-0.589*** (-0.3514)	-1.582 (-1.1361)	-0.0914 (-0.9556)	5.416*** (-1.4875)	0.745 (-4.4198)	3.972* (-2.3953)	0.265 (-1.7715)	-2.463 (-1.6545)
LNFtransp	3.061*** (-0.2289)	3.239*** (-0.1985)	3.259*** (-0.2058)	3.209*** (-0.1935)	3.256*** (-0.2029)	3.247*** (-0.1979)	3.242*** (-0.2135)	3.320*** (-0.203)
F_s	1.912*** (-0.6054)	1.773*** (-0.6139)	1.906*** (-0.6099)	2.134*** (-0.5945)	1.951*** (-0.6178)	1.857*** (-0.6061)	1.884*** (-0.6235)	1.985*** (-0.6087)
Mar	-0.0708 (-0.0528)	-0.0511 (-0.0519)	-0.022 (0.0497)	-0.0681 (-0.0507)	-0.0428 (-0.0587)	-0.0555 (-0.0518)	-0.0526 (-0.0521)	-0.0555 (-0.0518)
Sel	0.312 (-0.6168)	0.328 (-0.6178)	-0.0540 (-0.053)	-0.0681 (-0.0507)	0.364 (-0.6314)	0.325 (-0.6166)	0.354 (-0.6207)	0.364 (-0.6172)
_Cons.	-11.00*** (-1.1832)	-11.40*** (-1.1324)	-11.68*** (-1.1209)	-11.86*** (-1.0873)	-11.74*** (-1.1296)	-11.69*** (-1.1125)	-11.62*** (-1.1729)	-11.97*** (-1.1312)
F – statistic	119.27***	118.61***	117.15***	127.16***	115.51***	119.22***	117.16***	118.82***
Adj – R^2	0.6953	0.6940	0.6912	0.4091	0.6898	0.6952	0.6913	0.6944
Obs.	247	247	247	185	245	247	247	247

注：表格中的列 (1) (2) (3) (4) (5) (6) (7) (8) 对应的是增值税、消费税、企业所得税、个人所得税、房产税、城镇土地使用税、土地增值税和资源税依据模型 (9.4) 的回归结果。

的解释在于企业所得税虽然具有税负不易转嫁的特性，但如果企业面临的是单一比例税率时，税收累进性功能的缺失很可能使得企业为追求更多的利润而将资金投向利润率相对更高的行业，出现税收在不同行业间的调节功能难以有效发挥的情况。在财产税类中，城镇土地使用税对国家治理的正向影响在 10% 的水平下显著，而房产税（$Tax3_1$）与土地增值税（$Tax3_3$）对国家治理的影响并不显著。这在一定程度上反映出当前房产税和土地增值税可能存在的不足，与当下改革房地产税的呼声不谋而合。在其他税类中，资源税对国家治理的影响并不显著。可能的原因在于当前资源税法存在的征税范围和税率方面的瑕疵使得资源税对国家治理的正向效用得不到有效发挥。

第四节　研究结论与政策含义

本章的实证分析结果如下：一是从税系结构层面来看，直接税比重（TAX1）的变化与国家治理绩效呈正相关关系，即直接税（TAX1）比重的提高能够促进国家治理绩效水平的提升。二是从税类结构层面来看，货劳税（Tax1）与所得税（Tax2）、财产税（Tax3）对国家治理绩效的影响存在方向性差异。其中，加大货劳税比重对国家治理能力的提升具有明显的抑制作用，但是所得税比重增加却有助于提高国家治理水平，财产税对国家治理绩效的影响并不显著。三是从税种结构上看，增值税（$Tax1_1$）比重的提高不利于国家治理；个人所得税（$Tax2_2$）和城镇土地使用税（$Tax3_2$）比重的提升会带来一定的国家治理效用，而消费税（$Tax1_2$）、企业所得税（$Tax2_1$）、房产税（$Tax3_2$）、土地增值税（$Tax3_3$）和资源税（$Tax4_1$）对国家治理效用的影响并不显著。

以上研究结论可以为深化现代税制的改革提供方向性指导。基本思路是提高所得税和财产税等直接税在税收总收入中的比重，降低货劳税比重。具体措施是结合税种性质和特征进行有增有减的结构性改革。例如，在货劳税类中，为缓解增值税对国家治理的抑制作用，应当充分发挥"营改增"的减税效应，按照"宽税基、低税率、中性"的原则不断深化增值税改革。

并且可以考虑以发挥社会经济的调节功能为重点，完善消费税制度。在所得税类中，一方面，应当通过进一步完善个人所得税制来增加个人所得税收入，提高其在所得税类收入中的比重；另一方面，可考虑通过完善税收优惠政策减轻企业税收负担，降低企业所得税的收入占比。在财产税方面，结合控制变量中财政自给率对国家治理的积极效应，可考虑整合房产税、城镇土地使用税和土地增值税内容，将它们统一内含于房地产税中，并加快其立法。此外，改革资源税、环境保护税等其他绿色税收制度也应当成为推进国家治理体系和治理能力现代化建设的关键。

第十章

税收制度改革的国际经验借鉴

西方国家直接税制建设起步较早，通过税制改革基本建立起了较为完善的以直接税为主体的税制结构。本章通过梳理美国、英国、日本、俄罗斯等西方国家的税制改革历程，归纳西方国家税收制度改革的特征，以期为我国深化税收制度改革提供经验借鉴。

第一节 美国税制改革的内容及特征

一、美国税制改革内容

美国税制的演变主要经历了三个阶段，分别为以关税为主的间接公平税制阶段、以直接税为主的复合税制阶段、以所得税为主的复合税制阶段。这里主要介绍美国在确立以所得税为主体的税制结构后，尤其是在 20 世纪 80 年代之后实行的税制改革。

（一）1986 年的税制改革

20 世纪 80 年代，资本主义国家出现通货膨胀严重、财政赤字规模急剧扩大等问题。同时受凯恩斯主义的影响，当时的政府主要通过税收优惠手段干预市场，使得美国税制变得相对冗杂。1986 年受供给学派经济思想的影响，里根政府进行了美国历史上规模巨大的税制改革。此次税制改革主要从简化税制和实现公平两个方面展开。在税制简化方面，此次改革将个人所得税的税率档次减少至 15%、28% 两个档次，最高税率从 50% 降低为 28%；将企业所得税的税率从 46% 降低至 34%，同时取消了各种形式的优惠政策。在实现公平方面，此次改革加大了对高收入者的征税力度，减少了一系列针对特别投资的税收条款，并取消了对资本利得与普通利得的不平等对待条例内容。同时，以减轻低收入者税收负担为目标，提高了纳税扣除标准和宽免限额。通过以上内容的税制改革，弱化了政府对经济的干预，推动了美国经济的增长。

（二）1993 年的税制改革

由于老布什政府期间，过度依赖财政的经济刺激政策导致联邦政府 1992 年面临着巨额财政赤字。大幅削减开支、缩小赤字成为 1993 年上台的克林顿政府面临的首要任务。在这一背景下，克林顿政府开展了以增加财政收入、促进社会公平为主要特征的税制改革。一是增加对富裕阶层的所得税课税，表现为新增两档个人所得税边际税率，将应税收入在 14 万美元以上的夫妻联合申报家庭（单身纳税人应税收入在 11.5 万美元以上）边际税率从 31% 提高至 36%，应税收入超过 25 万美元的边际税率提高至 39.6%；二是以提高高收入人群的实际边际税率为目标，取消了工薪税征税的最高限额。三是不同程度上提高了汽油税、为老年与伤残人员的医疗保险征收的工薪税、对社会保障费收入的税收、对资本利得的征税、公司所得税等税负水平。此外，为进一步促进社会公平，扩大了中低收入者以及小企业的勤劳所得税税收抵免的适用范围。在这一改革的作用下，1993 年美国财政实际赤字额为 2 547 美元，比 1992 年实际水平降低 12.3%，改革效果十分显著。

（三）1997 年的税制改革

1997 年的税制改革主要基于社会经济发展的实际情况，政府出台了一系列涵盖投资储蓄、教育、养老等内容的税收优惠政策。例如，在投资方面，此次税制改革将长期资本利得的最高适用税率从28%调低至20%，其中持有期间在5年及5年以上的长期资本利得最高税率进一步降低至18%；针对纳税人出售自有住房所取得的资本利得应纳税所得税的免征额度从12.5万美元提高至25万美元，且在2年内可重复享受该优惠政策。在教育方面，此次税制改革规定了适用于大学教育前两年的教育扣税额以及不限定教育时间的终身进修扣税额，并将学生贷款利息费用的税前扣除额从100美元提高至2 500美元。在养老方面，此次税制改革将个人申报的个人退休账户纳税免征额由25 000美元提高至50 000美元，对于夫妇申报的个人退休账户免征额由40 000美元提高至80 000美元。[①] 但由于改革中期条款的逐步废除以及新条款的建立，纳税人实际边税率不降反升，税制改革并没有达到预期的结果。

（四）2001～2003 年的税制改革

2000～2001 年，随着欧美与亚洲地区多数国家的互联网泡沫逐步消退，美国经济也出现了停滞甚至是萧条现象。因此，为刺激经济发展，布什政府分别于2001 年和2003 年颁布并签署《2001 年经济增长与税收减免协调法案》（Economic Growth and Tax Relief Reconciliation Act of 2001）、《2003 年就业与增长税收减免协调法案》（The Jobs and Growth Tax Relief Reconciliation Act of 2003），并实行了一系列以减税为核心的改革措施。一是就个人所得税而言，此次改革在简化个人所得税税率级次的同时，将最低税率降低至10%，将最高税率降低至35%；并且将每位儿童可享受的抵减税额从500 美元提高至1 000 美元，允许家庭联合申报的纳税人享受10%的税收抵免。[②] 二是就遗产税而言，此次税制改革将遗产税纳税起征点从2001 年的67.5 万美元逐步提高至2009 年的350 万美元，相应税率从55%降低至45%。[③] 此外，

① 王陆进. 美国1997 年税改简析 [J]. 涉外税务，1998（5）：33－36.

② 宋凤轩，江月. 美国20 世纪80 年代以来的减税改革及借鉴 [J]. 税务研究，2004（5）：21－24.

③ Congress U. S. Economic Growth and Tax Relief Reconciliation Act of 2001 [J/OL]. Pub－lie Law，2001：107－116. http//www. nysscpa. org/reconciliationact/reconciliationact.

为鼓励社会投资，此次税制改革将资本利得税税率由 20% 降低至 15%，将股息税税率由 38.6% 降低至 15%；为鼓励小企业再投资，将其折旧减免额从 2.5 万美元提升至 10 万美元。① 总体而言，此次税制改革虽然较好地刺激了美国经济发展，但也给美国财政带来了更多负担，其偏向于富裕阶层的减税政策受到反对党的诸多诟病。

（五）2008～2011 年的税制改革

2008 年金融危机的爆发导致全球经济十分萧条，此时的奥巴马政府为促进美国经济的发展，于 2009 年签署了《经济复苏与再投资法案》（以下简称《法案》），涉及的税收刺激政策主要针对个人和企业所得。其中，在针对个人所得的税收刺激方面，《法案》将工薪所得的税收抵免额调整为单人 400 美元与夫妻 800 美元，抚养儿童的税收抵免限额被提高至 1 000 美元，同时将大学学费以及相关费用的额外税收抵免额提高至 2 500 美元，个人所得税税率总体维持在布什政府期间的低水平状态。此外，《法案》规定 2010 年停止征收遗产税一年，2011 年遗产税起征点为 500 万美元、税率为 35%。针对公司的税收刺激方面，《法案》规定公司可以将近 5 年的利润弥补亏损，对于用来弥补亏损的利润，已纳税款的予以退还；扩大可再生能源生产企业的税收抵免额并允许企业采用加速折旧法计提折旧；2010 年提高企业基本投资的免税幅度为 50%，且在 2011 年进一步上调至 100%。在税收管理方面，改革逐步取消了为保证政府承包人缴纳税款而允许政府直接将 3% 的交易额进行保留的政策，并禁止公司为谋取利益而购买亏损性金融产品制造账面亏损以抵偿利润获取退税的做法。总体而言，此次税制改革一定程度上完善了税法内容，减少了税收漏洞，在促进社会税收公平的同时，优化了制造业企业发展的税收环境，促进其经济复苏。

---

① Congress U. S. Economic Growth and Tax Relief Reconciliation Act of 2001 [J/OL]. Pub-lie Law, 2001：107 – 116. http//www. nysscpa. org/reconciliationact/reconciliationact.

（六）2017 年的税制改革

2016 年，特朗普以全球化中的不平等问题、种族问题以及华盛顿－华尔街问题成功赢得了总统选举，但由于国内制度性、官僚体系、既得利益集团和民众的四个制约，特朗普总统上台之后的经济政策面临着巨大的压力，亟待一次立法的胜利。2017 年 12 月 22 日，特朗普在白宫签署的《减税和就业法案》于 2018 年 1 月起正式实施，该法案秉持"使税法简单，公平，易懂""提高美国劳动人民收入水平""通过改进美国企业和员工的竞争环境，从全球吸引工作机会至美国""将目前留存在海外的数万亿美元带回美国，并再次投资到美国经济中"四项基本准则，大幅削减企业和个人所得税。一是为改善企业经营环境，将企业所得税税率从 35% 降低至 21%，并允许企业应纳税所得额按收入的 20% 确定，各地方可根据当地实际情况制定额外的税收优惠政策。二是为鼓励企业回归本土，对未缴税的海外企业利润给予一次性征税，汇回税率从此前最高 39.6% 的税率改变为按流动性分为两类：现金及其等价物形式的税率设为 15.5%，非现金资产的税率为 8%。三是继续维持个人所得税七级税率但调低部分档位税率，将最高档税率从 39.6% 降低为 37%，个人所得税单身标准抵扣额度从 6 300 美元提高至 12 700 美元，夫妻标准抵扣额度从 12 600 美元提高至 24 000 美元。四是将遗产税起征点从 549 万美元调高至 1 120 万美元，并适当调整了房产税、教育替代性最低限额税等内容。

（七）2021 年的税制改革

自 2021 年拜登总统上台以来，陆续提出了高额的基建投资、振兴本土制造业等计划或法案。这些法案的落实需要足够的财政收入来支撑，加上当前美国社会不均衡的发展，富裕阶层长期"合理避税"，本土制造业竞争力不断降低，贫富差距扩大等问题，美国从企业和个人税制方面进行了改革。就企业税而言，一是将企业所得税税率从 21% 提高至 28%；二是对美国大公司的全球账面会计利润征收 15% 的最低税；三是针对特朗普税改提出的全球无形低税率收入（GILTI）进行系列改革，例如，将 GILTI 最低税率提高至 21%，取消无形资产超额利润的激励措施，改变 GILTI 最低税的计算方法等；四是废除出口税收优惠，将相应增加的税收收入直接用于鼓励在美国的研究开发活动，支持企业创新，并对企业用于科技研发以及低收入可负担住房等领域的投资进行税收减免；五是以对清洁能源生产的税收优惠替代对化石燃料生产的补贴，以应对气候变化的影响。就个人税制而言，一是将应税收入超过 40 万美元的最高个人所得税税率从现行法律规定的 37% 上调至 39.6%。二是将年收入超过 100 万美元的群体资本利得税率从目前的 20% 提高至 39.6%，禁止通过遗产继承避税。三是加强税收执法，要求金融机构报告有关账户流水的信息；增加对国家税务总局的投资，确保将更多资源用于加强对高收入者的税收审计。

二、美国税制改革的特征

（一）加强纳税管理，注重纳税人遵从度的提高

美国根据纳税人的不同类型设置了包括大中型企业局、工资和投资局、小型和私营企业局、免税与政府实体局四个直接面向纳税人的职能部门，通过 10 个税收征收中心如实接收并处理纳税人的纳税申报表。为增强纳税人的税法遵从意识，美国每年要拿出一定比例的经费直接用于税法宣传和纳税咨询服务，有针对性地开展税法宣传教育活动。例如，免费提供电话咨询服务、发放和寄送大量的税法公告、为各类申报表编制填报说明和指导；实施中小学生税务教育计划，开设"了解美国历史上的税收""理解税收""税收和你"等课程，从小培养公民的依法纳税意识；实施社区税收宣传教育工程，常年组织面向退休者、农场主、小企业主、雇员等的免费税收学习班。美国实行的是纳税人自行申报的税收征管模式，但税务机关对于经催缴仍拒不申报的纳税人视情况采取不同的惩处制度：一是传唤质询；二是移送纳税审计部门办理；三是列入犯罪调查，准备法律诉讼；四是由征收部门编拟替代性的纳税人申报表，并处以罚款或加收逾期缴税的滞纳金。①

---

① 李方旺. 美国税制和税收征管的特点及启示 [J]. 税务研究，2007，267（8）：77-81.

（二）实行低税率、宽税基的减税政策

面对不同阶段的经济低迷，美国各届政府不约而同地选择了以降低所得税税负为主的减税政策。从短期来看，其所采取的降低并简化税率级次、提高纳税扣除标准的减税措施均有利于减轻纳税人负担、增强居民消费能力、刺激公司投资。从长期来看，利用减税这一政策支持中小企业的发展，能够促进经济结构的调整，进而改善经济预期，促进经济长期持续增长。此外，美国政府在实行减税政策的同时拓宽了税基，完善了税收征管制度。其逐步建成的税收基数大、累进性强的税收制度实现了美国政府"减税不减收"的目的，即微观主体税负下降的同时，宏观税收增加。值得一提的是，美国每一次减税的结果都掀起了世界性的减税浪潮。主要原因在于美国减税政策的落实使其成为世界上税率较低的国家，在经济全球化和国际竞争日趋激烈的大环境下，这一举措必然会导致大量资本流入美国，削弱流出国的经济力量。因此，各国为了防止资本外逃，更重要的是吸引外资、促进本国经济发展，在美国宣布减税的情况下，会立即审视本国的税收制度和政策，推出类似的减税政策。①

（三）重视社会保障税，强调税收公平目标的实现

1935 年美国《社会保障法案》首次提出开征的"工薪税"即为社会保障税的最初形式，主要目的是筹措社会养老金。而随着社会保障制度的不断完善，这一税种在税制中的地位也不断提高，成为美国税制体系中的第二大税种。2020 年美国社会保障税收入高达 1 333 998 美元，一方面原因在于美国劳动力增加导致的社会保障人数增加；另一方面原因在于美国社会福利计划的扩大要求增加社会保障税收入。此外，税收公平一直是美国税制改革的重要追求。1986 年的美国税制改革致力于寻求对经济水平相似的人群的横向公平，但复杂的条款不仅违背了简化税制的初衷，横向公平也由于个体经济来源、构成的差异较大而难以在实践中实现。在税收的纵向公平上，针对

---

① 孟宪琦，江月. 美国税制改革的特点 [J]. 经济论坛，2004（10）：116 – 117.

在高收入阶层中普遍存在的税负递减情况，美国政府着力提高高收入阶层个人所得税的最高边际税率。《1993年综合预算调解法案》中的相关措施使高收入阶层个人所得税税负增加幅度适应于收入增加的幅度，避免了税负递减不公平现象的发生。

第二节　日本税制改革的内容及特征

一、日本税制改革内容

（一）20 世 纪 80 年 代 的 税 制 改 革

20世纪80年代，经济增速的放缓导致日本税收收入减少，加上扩张性财政政策的实施和社会保障支出的增加使得日本财政日益紧张。在这一背景下，1987年9月，日本国会通过了以个人所得、利息减税为主要内容的税制改革方案。主要内容包括：（1）调整个人所得税税率级次，将原来实行10.5%～70.0%的十五级累进税率调整为10.5%～60.0%的十二级累进税制；（2）在所得税扣除项目中增加配偶特别扣除内容；（3）调整居民存款利息税制度，废除小额存款免税政策（65岁以上老人保留），对利息收入实行分离课税办法。然而，此次以减税为主基调的税制改革进一步增加了日本财政风险。1987年12月，日本国会又一次出台了新的"结构性减税"税制改革方案，主要内容涵盖个人所得税、企业所得税、遗产赠与税等多个税种。就个人所得税而言，一是将原来实行10.5%～60%的十二档累进税率改为10%～50%的五档累进税率；二是废除资产所得的综合课税制度；三是将股票转让收益纳入课税范围。就企业所得税而言，一是将所得税税率从原来的42%下调为40%；二是废除分红税率、降低企业间红利收入的所得扣除比例；三是限制与取得土地有关的借款利息成本扣除金额。就遗产赠与税而言，一是将税率由最高的75%降低为20%；二是提高各项税前扣除标准。就其他流转税而言，一是取消原属于中央的物品税、砂糖消费税、入场税和通行税，取消原属于地方的电器税、煤气税和木材交易税；二是新设消费税，税率为 3%；三是对酒税实行依价计征制度；四是将香烟消费税改为烟税，并按量课征收等。应当承认，此次改革对以"夏普劝告"①指导思想建立起来的直接税制进行了重大修改，突出了流转税的地位，为日本经济的发展和税制改革产生了深远的影响。但此次税制改革也存在对贫富差距较大的收入群体课税不公平、对中小企业和垄断大企业课税不公平等问题。

（二）20世纪 90 年代的税制改革

20 世纪 90 年代，由于泡沫经济的破灭，日本经济增长速度持续下滑，财政收支矛盾愈发尖锐。为促进经济发展，增加财政收入，1994 年 11 月日本国会通过了包含税制改革在内的"税制改革关联四法案"②，主要内容包括：（1）降低个人所得税的累进程度，相对扩大较低税率的适用范围；（2）提高个人所得税的起征点，将日本标准家庭（一对夫妇加两个孩子）的起征点从 327.7 万日元提高至 353.9 万日元；（3）将消费税税率从 3% 提高至 4%，并外加一层 1% 的地方消费税，实际税率为 5%，同时取消了某些消费税减免措施。与此同时，为了简化征管，扩大了消费税简易课税制度的适用范围。1998 年 7 月上台的小渊内阁把税制改革作为其扭转经济颓势的重要手段，于同年 12 月制定的税制改革大纲中提出了 6 万亿日元的减税计划，具体内容如下：一是将个人所得税最高税率从 50% 下调至 37%，个人住民税最高税率从 15% 下调至 13%，并减免个人所得税 20%、个人住民税 15%；

---

① 第二次世界大战结束后，美国政府派遣以美国哥伦比亚大学教授——卡尔·夏普为首的税制考察团赴日，并于 1949 年 8 月 26 日向占领军总部提交了《日本税制报告书》，对日本的税制改革提出了建议案，即所谓的"夏普劝告"。其核心是建立持久、稳定的税制，主要内容包括：（1）形成以直接税为中心的税制结构，并主张以个人所得税为主体。（2）推行申报纳税制度，取消税收优惠政策。（3）明确中央和地方政府，以及地方上下级政府间税收的权限，建立起独立税为主体的地方税收体系。1950 年，日本政府以"夏普劝告"为蓝本进行税制改革，确立了战后日本税制的基本框架。

② 余炳雕，吴宇. 20 世纪 80 年代以来日本税制改革综述 [J]. 现代日本经济，2004（1）：15－20.

二是将中央政府征收的法人税基本税率从 34.5% 降至 30%，地方政府征收的法人事业税的基本税率从 11% 降至 9.6%；三是为了鼓励民间消费和投资，调整了个别税种的优惠政策，如减征用于住宅、土地消费的贷款相关税收，减征或免征购买节能环保汽车的相关税收；废除有价证券交易税等。日本政府在 20 世纪 90 年代的税制改革，总体上延续了 20 世纪 80 年代末税制改革的思路，是对 1987 年税制根本性变革的延续和强化。改革后的日本税制结构得到了进一步优化，并与其他经济刺激政策相配合促进了日本经济在 20 世纪 90 年代中期的短暂复苏。但是这一时期日本经济的增长仍然缺乏持续性，大规模的财政刺激计划和减税措施使得日本政府的财政状况持续恶化。

（三）2003 年和 2006 年的税制改革

20 世纪的税制改革并没有使日本经济实现根本复苏。经济的不断恶化导致日本税收收入增长极为缓慢，加上大规模的财政刺激计划和人口老龄化问题带来的财政支付不断膨胀，财政状况持续恶化。这一背景下，2003 年 3 月 28 日，日本议会通过的税制改革内容包括：（1）自 2004 年起取消个人所得税中针对那些收入低于一定数额的配偶享受的额外比例性税收的减免扣除，不再享受"配偶特别扣除"优惠。（2）扶持 IT 行业和中小企业的发展，对他们实行特殊优惠内容。（3）降低消费税免税标准，将小规模企业免税销售额从 3 000 万日元降到 1 000 万日元，符合使用简易征税制度的小规模企业的年销售额从不超过 2 亿日元降至 5 000 万日元。2006 年初，日本政府在充分考虑日本现阶段经济、财政和社会状况的基础上，出台了《适当税制》改革方案，其主要内容如下：一是就个人所得税而言，日本自 2007 年起个人所得税累进税率由四档调为六档，最低税率由 10% 下调为 5%，最高税率由 37% 上调为 40%；自 2007 年 1 月 1 日起将目前 10% 的特定年金源泉征收率下调至 5%；取消了个人所得税定率减税制度，取消了各项特例政策等。二是就法人税而言，考虑到 20 世纪末的数次税制改革已经让日本的法人税税率处于 1949 年以来的最低点，此次改革主要对这一税种进行微调，要点是修改与实验研究费总额相关的特别扣除制度内容、扩大对中小企业税收优惠范围。三是就其他税种而言，主要调整了土地住宅税、酒税、烟税等政策内容。

（四）2012～2019 年的税制改革

数次的税制改革并没有让日本经济走上自主稳定发展的道路，大规模的财政刺激政策使得日本政府背上了沉重的债务负担，加上人口老龄化带来的政府社保费用激增，日本财政支出规模不断膨胀。基于这一背景，日本政府改变了之前以减税为主的税改思路，通过提高消费税率来充实社保财源、巩固和完善社会保障制度，提高人们对未来生活的安全感，从而增加消费和投资的预期，带动经济发展。具体而言，这一时期采取的税改如下：一是就消费税而言，自 2014 年 4 月 1 日起将消费税税率由之前的 5%（国税 4%，地方税 1%）提高至 8%（国税 6.3%，地方税 1.7%），2019 年 10 月再进一步提高至 10%（国税 7.8%，地方税 2.2%），征税期限为 25 年，并且规定此次通过提高消费税增加的税收收入将全部用于充实社保财源，并通过社保体系完全返还给国民，不得用于扩大政府机构支出。二是就个人所得税而言，自 2015 年 1 月起将个人所得税最高税率从之前的 40% 上调为 45%，并降低了个人所得税的纳税起征点，规定个人年工资收入超过 1 500 万日元的纳税起征点均按 245 万日元计算，有效期至 2025 年止；将股票分红的金融所得附加税税率由之前的 10% 提高至 20%。三是就法人税而言，为了提高和维持日本企业的国际竞争力，促进经济的发展、扩大就业和国内投资，日本政府将法人税实际税率从之前的 32.11% 降至 2016 年度的 29.97%，并进一步降至 2018 年的 29.74%。对于亏损数量众多的中小企业，日本政府也采取了额外的照顾措施，对其购入的机械设备予以适当的减免优惠。2019 年，日本政府将研发投资税额扣除优惠与研发投资每年度的增长幅度挂钩，对于研发增减比率超过 8% 和低于 8% 的情形分别设置计算税额扣除率，从总量和增量两个角度诱导企业不断投入研发成本，鼓励企业创新。四是就资产税而言，为了促进资产尽快向下一代转移，自 2015 年 1 月起降低了继承税的定额扣除基数，将之前 50% 的继承税税率提高至 55%。此外，这一时期的税制改革还针对中央和地方的财政关系进行调整，强化了中央财政的调配能力，有利于各地区均衡发展。

（五）2020 年疫情下的税制改革新动向

2019 年 10 月消费税的增税改革使得日本民间消费能力受到影响，日本经济陷入负增长的境地。2020 年在新冠疫情的冲击下，日本经济形势进一步恶化，当年实际国内生产总值较 2019 年下降了 4.8%。在这一背景下，2020 年 12 月日本内阁会议通过了 2021 年度税制改革大纲，主要内容包括：（1）创设数字化转型投资促进税制，对于企业运用数字技术提高业务效率或改善服务而进行的设备和软件投资，允许按照设备和软件取得价款的一定比例抵减法人税税额或适用于特别折旧；（2）对于疫情下销售额减少但研发投入仍在增加的企业，提高其法人税的扣除上限，鼓励企业即使在经济困难的情况下也继续加大研发投入；（3）创设碳中和投资促进税制，企业购置用于生产过程脱碳化或用于生产促进碳中和产品的设备时，可以按照设备取得价款的一定比例抵减法人税额或适用于特别折旧；（4）创设中小企业经营资源集约化税制，设置新的并购损失准备金项目，以减轻企业并购风险。显而易见，日本此次改革改变了过去几年主要在货劳税领域进行的消费税增税行动，转向疫情背景下以实现国民经济恢复为目标的以所得税为主导的减税改革。其将数字经济和绿色社会作为疫情下经济恢复和增长的突破口，鼓励企业继续加大研发投入，扶持中小企业发展，不仅有利于帮助日本企业走出发展困境，而且有利于日本经济数字化转型和绿色目标的实现。

二、日本税制改革的特征

（一）明确改革目标，保持合理的税制结构

日本每次税制改革的内容都是日本政府基于当时社会经济发展的实际情况做出的合理选择，改革过程中时刻权衡税收公平与效率的关系。20 世纪 50 年代，日本政府在"夏普税制"的思想指导下进行的税制改革形成了

以直接税为主体的税制结构，把公平作为改革的首要目标。而随着经济的增长，直接税与间接税的比例关系从 1955 年的 1.05 上升到 1989 年的 2.88。过高的直接税占比不仅抑制了生产，降低了效率，甚至也损害了公平。因此，日本政府自 20 世纪 80 年代以来的税制改革基本是以间接税为重点，引入消费税并大幅度削减直接税。此后，直接税减税和间接税增税的改革方针一直保持了下来，使得日本税收的直接比例出现了倒 V 型逆转①。在日本税收体制中，各类税收所占比例也基本符合实际情况，易于日本居民接受，避免出现有失公平的情况。例如，日本政府在征收个人所得税的过程中充分考虑了不同家庭和个人的经济收支情况，制定了较为完善的税前扣除机制，并对每一纳税人设立统一账号，保障了个人所得税收入扣缴的来源。又如在财产税方面，日本政府在众多环节都设置了相应的分项财产税，以此来调节房地产市场的供需状况，实现稳定市场、抑制投机的目的。

（二）协调中央与地方关系，实现财权与事权相匹配

日本也存在中央税和地方税之分。为了平衡中央政府和地方政府的税收财源，实现财力匹配，日本政府于 1995 年和 2006 年进行了两次分权改革，主要内容涉及三个方面：一是通过立法形式提升中央政府的税收话语权，扩宽其税收管理权限；二是以增加地方财政收入为目标丰富地方主体税种类型，形成相对合理的中央与地方税种结构；三是完善中央向地方的转移支付制度，通过加强一般性转移支付以保证地方政府的财政需求。2019 年因中央与地方政府在法人税收入上存在的差异②，日本将属于地方性税种的法人事业税中的一部分分离出来，设立特别法人事业税（国税），由中央政府征收，再由中央向地方进行财政分配，一定程度上协调了国家财源，恰当处理

---

① 张冰，刘德强，金戈. 日本税制改革的脉络及其对中国的启示 [J]. 经济社会体制比较，2018（6）：57-66.

② 日本法人税分为国税和地方税，其中，国税税种为法人税，地方性税种主要包括法人事业税和法人住民税。由于企业大多分布在大城市，企业缴纳的地方税收入也相应地向大城市集中，造成大城市和其他地区的财政收入不均衡。

了财权、财力和事权之间的关系，提高地方政府职能，促进大城市与地方经济平衡发展。

（三）针对社会经济发展的实际问题及时调整税收政策

在税制改革中，基于社会经济发展的实际问题调整税收政策内容是日本税制改革的一大特征。例如，为促进节能减排，日本政府于2007年立法开征碳税，构建起以碳税、环保税为主体，其他税种配合实施的新能源发展税收体系，并通过制定碳税、环保税减免制度以及采取财政补贴、税收激励等方式鼓励新能源产业和环保项目的快速发展。为鼓励企业创新，日本政府陆续发布一系列税收激励政策，并尽可能地保证这些政策内容的连贯性和稳定性。为加快企业数字化转型，日本政府将数字经济和云计算等纳入税收优惠支持政策，同时推动税收管理数字化，鼓励部分税款线上支付，取消部分办税手续中的印章规定，实现税企共同发力推进数字化的目标。不可否认，税制改革方案从酝酿到执行需要一个很长的过程，使得税制改革效果往往滞后于社会经济发展情况。为适应社会经济发展的需要，税制改革的领导者根据社会经济的实际情况对既有的税制内容进行微调可能更为合理和高效。

第三节　英国税制改革的内容及特征

英国在世界税制改革的历史进程中处于重要地位，其税收制度存在一个漫长的历史演进过程。在17世纪，英国的税制主要是为战争等非常事项筹集资金而临时建立。18世纪的英国政府开始实行以关税、货币税为主的间接税，税制结构逐渐从单一税制向复合税制演变。19世纪的工业革命对英国社会经济造成深远影响，其正式确立的所得税制标志着英国税制结构基本成型。1914～1945年两次世界大战的发生大大提升了英国税制在经济体制中的地位。20世纪70年代后，英国政府根据社会经济发展的实际情况逐步改革和完善税制。

一、英国税制改革内容

（一）1973～1989 年的税制改革

自 1973 年英国加入欧共体以后，为提升经济的国际竞争力，英国政府以"减税"为主基调，进行了以下税制改革：一是完善所得税制，将基本所得税和附加所得税合并，实行统一所得税，并采用阶梯税率；二是改革关税制度，为促进英国与欧共体成员国之间的贸易往来，将相关关税税率降低20%；三是改革流转税制度，将增值税正式引入英国税制体系，以取代第二次世界大战后实行的职业选择税与消费税，并逐步扩大增值税课征范围，调整征税税率。1980 年后，为鼓励投资、刺激经济增长，英国政府再次对其税收制度进行了以下调整：一是在个人所得税方面，将个人所得税税率由原来最高的 83% 降低为 60%；基本税率由原来的 33% 降为 25%。同时税率档次由原来的十一级降为两级。二是在公司所得税方面，将公司所得税标准税率从 35% 降低至 33%，预缴公司税从 25% 降低至 20%。同时废止对机械设备及生产性建筑物的特别折旧和库存转换制，取消国民保险附加税和投资所得附加税，并将部分实物福利纳入征税范围。三是在增值税方面，将增值税税率由原来的 8% 分期提高至 12.5% 和 15%，并扩大了增值税纳税基数。

（二）1990～2000 年的税制改革

1997 年英国工党上台，主要就个人所得税、公司所得税和国民保险金进行调整。具体内容包括：（1）在个人所得税方面，一方面，实行三级超额累进税率，将第一级超额累进税率由之前的 20% 调整为 10%，应税标准由之前的 1～4 300 英镑缩小为 1～1 500 英镑；保持第二、第三级次超额累进税率保持不变，并将相应的应税收入调整为 1 501～28 000 英镑和 28 001 英镑以上；另一方面，调整个人基本扣除、已婚夫妇扣除、赡养子女扣除、丧偶扣除、老年扣除等个人所得税扣除项目的内容，将个人所得税计征办法从由税务机关计算纳税人应纳税额并通知纳税人缴纳的办法优化为由纳税人全面申报自核自缴的办法，进而节约了税收成本。（2）在公司所得税方面，一方面，将一般企业的所得税税率由之前的33%降低至30%，小企业税率由之前的23%降低至20%；另一方面，为促进企业持续经营，对企业主在退休时转让不用于继续生产的资产所取得的收入不予免征资本利得税，对转让用于继续生产的资产所取得的收入实行20万英镑以内免税，20万~80万英镑减征50%的优惠。此外，为扶持中小企业发展，允许这类企业购入的固定资产第一年以40%进行税前扣除。（3）在国民保险基金方面，将对雇员的国民保险金收入起征点由每周的62英镑提高至66英镑；将对雇主的国民保险金收入免征额设置为每周83英镑，并规定高于83英镑的部分，适用12.2%的比例税率；将对个体工商经营人员的国民保险金收入起征点设置为72英镑，并规定收入在72~144英镑的个体经营人员每周缴纳6.45英镑税收，超过144英镑的统一适用6%的比例税率。

（三）2005~2007年的税制改革

为了维持宏观经济的稳定发展，构建公平社会和保护环境等目标，英国政府于2006年决定对直接税和间接税进行全面改革。就直接税改革而言，内容涉及个人所得税、公司所得税和遗产税。在个人所得税方面，一是在保持三级超额累进税率（10%、22%、40%）的前提下调整个人所得税累进级次，将第一档税率的级次上限由2 090英镑提高至2 150英镑，将第二档税率的级次上限由32 400英镑提高至33 300英镑。二是提高对老年人的纳税款免限额，其中，65~75岁老年人的宽免额由7 090英镑提高至7 280英镑，75岁以上老年人的宽免额由7 220英镑提高至7 420英镑。三是提高工资薪金所得的税前扣除标准，将其基本扣除额由之前的1 620英镑提高至1 665英镑，其中，已婚者或单身户主的税前扣除额由之前的1 595英镑提高至1 640英镑。在公司所得税方面，主要将所得税税率级次由之前的5档调整为3档，对年利润在0~300 000英镑的公司适用19%的税率，300 000~1 500 000英镑的公司适用19%~30%不等的税率，1 500 000英镑以上的公司适用30%的税率；取消原先适用于小规模纳税人的两级优惠税率（0%，19%），并规定年利润额在0~300 000英镑的中小企业统一适用19%的低税率。在遗产税方面，将遗产税起征点由原先的 275 000 英镑提高至 285 000 英镑，并规定 2007～2009 年的遗产税起征点分别为 300 000 英镑、312 000 英镑、325 000 英镑。就间接税而言，改革措施主要集中在增值税、汽车排放税、垃圾掩埋税和气候变动税方面。一是为了减轻纳税人的负担，规定自 2006 年 4 月起，将增值税起征点由之前的 60 000 英镑提高至 61 000 英镑；二是为抑制污染物排放，提高对二氧化碳（CO_2）排放量高于 225g/km 的汽车排放税税率，提高碳水化合成油税的定额税率；三是为保护环境，将垃圾掩埋税定额税率由 18 英镑/吨提高到 21 英镑/吨，并小幅提高电力、天然气、液化气、煤炭的气候变动税定额税率。[①]

（四）2015 年的税制改革动向

2015 年 5 月 7 日的大选中，英国保守党获得胜利。此次选举前，英国各党派就推出税收领域的具体政策承诺谋求选民支持。其中，英国保守党给出的承诺是 5 年内不会增加个人所得税、增值税或者国民保险税；将个人所得税免征额提高至 1.25 万英镑；将税率为 40% 的高收入者免征额提高至 5 万英镑；营业房产税维持在二十国集团最低水平；继续开征银行税，等等。2015 年 5 月 27 日，英国女王伊丽莎白二世在英国议会上发表讲话并公布了新一届政府的立法计划。其中，在税收方面，英国政府计划通过法律形式禁止未来 5 年内增加个人所得税、增值税和国民保险税负担，并对个人所得税、增值税的税率以及个人、雇员、雇主缴纳的国民保险税设定上限。同时确保国民保险税的高收入上限不高于 140% 的个人所得税的最低额。但是此次演讲没有包括保守党要把个人所得税税率为 40% 的收入者免征额提高至 5 万英镑的承诺计划。[②]

（五）2022 年的税制改革

2022 年为应对通货膨胀的压力，促进经济恢复和发展，英国政府针对

---

① 崔景华．欧洲主要发达国家近期税制改革及其对中国的启示 [J]．经济与管理，2007（10）：58 - 62．

② 陈晓光，张文春．英国税制沿革变化及其对我国的借鉴意义 [J]．国际税收，2015，27（9）：62 - 66．

企业和个人推出了历史上规模最大的减税政策。就企业税而言，一是取消了之前关于 2023 年将公司税从 19% 增至 25% 的提案；二是对银行业盈利征收的税率维持于 8%；三是尽快在英格兰范围内建立一个低税收和低管制的投资区，在区域内的公司可享受 10 年的税收减免，符合条件的工厂和机器设备甚至可享受 100% 的税收减免。就个人税而言，一是规定自 11 月 16 日起，取消上届政府实施的国民保险税增长 1.25% 的计划；二是从 2023 年 4 月起将个人所得税税率降至 19%，并且取消所得税 45% 的最高税率；三是从 2023 年 4 月起取消股票分红税提高 1.25% 的计划；四是提高房产印花税的支付门槛，从 12.5 万英镑倍增至 25 万英镑；五是对首次置业人士可获豁免印花税优惠；六是规定海外游客于特定地点购物时，毋须支付消费税。

二、英国税制改革的特征

（一）税收征管的高效化

英国税收征管的高效化主要是依赖于清晰的税制结构、健全的社会信用制度和高效的税制修改程序。一是清晰化的税制结构。英国的税制力求简单，在税种的设置上，仅仅设置个人所得税、公司所得税等来体现经济调节功能，其他税种更多体现的是财政职能，对于税种的功能定位确定主体税种和非主体税种。值得一提的是，房产税是地方政府唯一的税收收入，对于房产的价值每十年核定一次，根据每年的财政收支缺口来确定征收的税率，税务人员只需按核定税额进行征收，具有计算简单、征收效率高和征收成本低等特点。二是健全的社会信用制度。健全的社会信用体系是税务机关最重要的社会监督手段。英国在公民诚信意识较强的基础上，通过信息共享对欺诈、瞒骗、偷税、漏税等行为进行严厉打击，依托信息通报机制和普遍规范的中介机构形成社会监督，建立了严格的信用约束机制，使得纳税人能够诚信申报纳税，降低了税务机关的征纳成本，保持较高的税收征收率。三是高效的税制修改程序。英国审计署每年以独立的身份对本年度的税制和税收征收情况进行评估并形成评估报告，指出需要改进的地方；财政部长对本年度的税制和征收情况进行书面总结并提出修订案；议会则对该年度的评估报告和修订案进行检查和研究，对税收法规进行修改，以适应经济社会发展的需要。

（二）税权高度集中于中央

众所周知，单一制国家的中央集权程度高，地方政府权力有限，对中央政府的依赖程度很大。英国是典型的单一制国家，实行典型的集中型财政体制，税制管理只分中央和地方两级，税收分为国税和地方税两种。国税是中央财政的主要来源，由中央政府直接掌握，主要涉及公司所得税、个人所得税、增值税、消费税、印花税和遗产税等，占全国税收总收入的90%以上。地方税是地方财政的来源之一，由地方政府负责，主要包括营业房产税和市政税两种，除此之外没有其他的税收收入。其中，1990年，在英格兰和威尔士引入营业房产税，此项征收税款必须全额上缴中央政府，中央再根据各地人口等情况按一定标准返还给地方，税率由中央政府统一制定；市政税由地方政府对居民住宅按照房产价值课征，只有市政税可全部由地方支配，地方财政主要来源于中央政府对地方的财政补助。由此可见，地方对中央的依赖程度可见一斑。总而言之，英国高度集中的税收管理体制是由高度集权的政体所决定的，中央有权制定规章、制度来规范地方税收，税收立法权由中央层面进行掌握。同时，在分税制背景下，针对地方财政无法满足的事权缺口则由中央进行补助，从而进一步加强了中央对地方的控制力。

（三）尽可能地实现税收横向公平

在英国税制改革中，为推动税收横向公平的实现做出了许多有益的探索，集中体现在对个人所得税的综合征收过程中针对纳税人的不同情况而设置的税收宽免项目，以及对税收宽免项目、税率的年度性调整。在征收模式上，英国的个人所得税实行的是综合征收制。一是实行三级超额累进税率，即低税率、基本税率和高税率。1990年，低税率从20%下调至10%；1997年，基本税率从24%下调至23%；高税率则一直稳定在40%的水平。二是规定了税收宽免项目，个人所得税中的税收宽免项目主要是指生计扣除，目的在于缩小个人所得税的应税所得的范围，允许从总所得中扣除纳税人用于家庭生计或者个人生计方面的收入，诸如个人宽免、盲人宽免、额外人口宽免等。同时考虑纳税人的年龄、婚姻、生育、健康状况等因素，征税机关对纳税人的纳税能力进行合理评估，从而减少征税中横向不公平因素。三是因势利导制定费用扣除标准。在充分考虑本年度物价指数、人均收入等指标后，在每年的三月公布下一年个人所得税的费用扣除标准，换言之，个人所得税的费用扣除标准是每年进行调整，而不是固定不变的。此外，为照顾低收入的家庭，允许个人所得税的费用扣除标准可以在夫妻之间进行转移，即在所适用的税率均为个人所得税最低税率的前提下，夫妻双方如有一方的年收入低于费用扣除标准，则可以将自己费用扣除标准的 10% 转移给对方，用于抵扣。

第四节　俄罗斯税制改革的内容及特征

自 1991 年 12 月苏联解体，俄罗斯宣布独立起，税制改革的帷幕也随之拉开，到 2008 年，俄罗斯税收体制已经具备现代西方国家税制的基本特征，同时，更多地受到外部政治与经济因素的影响，税收政策服从于宏观经济的整体发展需求，显现出了一些不同以往的特点。中国与俄罗斯同为经济转型国家，本节将俄罗斯在税制改革中的做法进行介绍，以期为同样身处转型的中国税制提供经验和启示①。

一、俄罗斯税制改革内容

20 世纪 90 年代至今，俄罗斯税制改革先后经历了两个阶段，第一阶段是 1991~1998 年的税制改革，这一阶段由于全面照搬西方的税收理论和税收制度，没有考虑到本国的实际情况，改革归于失败。第二阶段是 1999 年

---

① 车贤一. 俄罗斯税制改革研究 [D]. 哈尔滨：黑龙江大学，2013.

至今，这一阶段俄罗斯的税收体制发生了实质性的变化，《俄罗斯联邦税法典》的第一部分和第二部分通过并得以实施，新的税制已基本与世界接轨并取得了良好的经济效益和政治影响。

（一）1991～1998 年的税制改革

1991 年 12 月俄罗斯宣告独立后，颁布了一系列税收制度的法律法规，包括《俄罗斯联邦增值税法》《俄罗斯联邦个人所得税法》《俄罗斯联邦税收体制的基本原则法》《俄罗斯联邦关税法典》等，构成了当时俄罗斯税制改革的基本框架。具体而言，这一阶段俄罗斯税制改革的主要内容包括以下几个方面：一是将苏联时期实行的居民所得税改成个人所得税。1992 年，俄罗斯规定公民年收入超过 42 万卢布，则需按照 12%～16% 的税率征税，但是，由于俄罗斯出现恶性通货膨胀，货币严重贬值，导致公民年收入名义上大大提高，所以，自然人所得税的课税起征额度也逐渐提高至 20 万卢布，到 1993 年下半年已调至 100 万卢布。[①] 同时，针对用于义务缴纳养老金和住房建设上的个人所得税提供相应的税收优惠，即可以对这部分的所得不征收所得税。在 1996 年，个人所得税作为联邦与地区的共享税，最高累进税的税率被调为 35%。二是把周转税改成消费税与增值税。消费税是苏联时期曾经使用的一个种税，后来并入周转税。1992 年开始，俄罗斯重新征收消费税，纳税对象主要是饮料、酒类、真皮服饰、水晶玻璃制品、鱼子酱、巧克力、小汽车及其轮胎、高级瓷器等在内的高级消费品，税率按照商品批发价的 10%～90% 的税率进行征收；增值税是对商品生产、流通、劳务服务中多个环节的新增价值或商品的附加值征收的一种流转税。从 1992 年开始，俄罗斯对最高调节价格的奶、奶酪、通心粉制品、植物油等产品、实行调节零售价格的消费品、实行自由批发价格的消费品、劳务、生产技术类产品征收增值税，税率分别为 15%、21.88% 和 28%。三是实行企业利润税。企业利润税的纳税对象是企业从提供劳务和出售的商品收入中减去增值税、消费税和生产费用后的利润、企业拥有的银行利息、股票信息、财产租赁

---

① 冯绍雷，相蓝欣. 俄罗斯经济转型 [M]. 上海：上海人民出版社，2005：208.

等收入。俄罗斯从 1993 年 1 月 1 日起企业利润税的税率从 32% 下降至
30%。四是调节关税。在俄罗斯成立之初，为了缓解国内商品缺乏的困
境，俄罗斯实行免征进口税，但是随之而来的是大批量的劣质商品涌入俄
罗斯，使得财政收入大幅度减少，为此，1992 年 6 月，俄罗斯重新实行
进口税制，部分商品的税率从 5% ~25% 调成 15% ~50%；1993 年 8 月
俄罗斯出台《海关税法》，规定对进口商品采用国际上通用的从量税、从
价税和综合税来课征。[①] 五是细分折旧率。1996 年 5 月叶利钦颁布了《俄
罗斯联邦税制改革的基本方针及加强税收和纳税纪律的措施》的第 685 号
总统令，将折旧率分为四类，每一类折旧率分两档，它们是一般折旧率和
适用于小企业的较高折旧率。这两种折旧率对建筑物分别为 5% 和 6%[②]；
对技术、能源、其他设备与有形资产、运输分别为 15% 和 18%；对办公
设备、家具、轿车分别为 25% 和 30%；对无形资产，根据使用寿命期限
按比例折旧。六是设立一些新的税种。为了更有效地开展税收工作，俄罗
斯开征不动产税、财产税、物价调节税、社会税等新税种，相对应的税率
分别为 3%、0.1%、25%、10.5%。七是减少税收优惠。在俄罗斯，税
收优惠并不能刺激经济发展，增加俄罗斯的税收收入反而起阻碍作用。为
此，俄罗斯当局取消企业用于住宅生产再投资的优惠，减小对小规模企业
的税后优惠力度。

（二）1999 ~2001 年的税制改革

俄罗斯在 1999 ~2001 年进行的大范围和实质性的税制改革实践主要是
指 1999 年 1 月 1 日起生效的《俄罗斯联邦税法典》第一部分和 2001 年 1 月
1 日起生效的《俄罗斯联邦税法典》第二部分所规定的新的税制改革措施。
以税法典为指导进行的大规模税制改革内容包括以下几个方面：一是实行分
税制。《俄罗斯联邦税法典》（以下简称"税法典"）第一部分规定了联邦
税、联邦主体税（地区税）和地方税，这三种税收覆盖了俄罗斯全部税收
的类型。其中，联邦税是俄罗斯全境必须课征的税种，一共有 16 种，且必

---

①② 郭连成. 俄罗斯税制改革：现状与发展趋势［J］. 国外社会科学. 2010（2）.

须由联邦税法典做出规定，也只能由联邦税法典提出修改或者取消；联邦主体税（地区税）是俄罗斯联邦主体辖区课征的税种，一共有 7 种，受联邦主体法律支配，由联邦主体法颁布实施，但是又不能脱离联邦税法典的相关规定；地方税是在俄罗斯有关市政辖区内课征的税种，一共有 5 种，由地方自治机构根据税法典的规定颁布实施。二是把消费税、增值税、所得税作为主体税。征收消费税的目的主要是调节国内的生产和消费，纳税对象主要是酒水和香烟类产品、巧克力商品、小汽车及其轮胎、高级瓷器、皮毛类制品、鱼子酱、真皮服饰、水晶玻璃制品等。对增值税实行价外税，《俄罗斯税法纲要》中明确规定了增值税受联邦政府的支配，中央和地方协商分享。1992 年 7 月，俄罗斯修改了《增值税法》，将增值税的税率降为 20%。更加重视所得税，苏联时期所得税一般指的是居民收入和合作制企业缴纳所得税，苏联解体后所得税包括法人所得税和自然所得税两个部分，随着《俄罗斯联邦税法典》第二部分的出台，自然人所得税实行 13% 的统一税率。三是新增统一社会税。俄罗斯从 2001 年起开征统一社会税，是一种"国家预算外基金付费"的延续。税法典（第二部分）对统一社会税进行了专门的设立与规定，并对该税的纳税人、课税对象、税基、税期、税率、计税和支付税款方式、税收优惠等做了详细规定。社会税税率规定为 10.5%，其中，联邦社会保险基金税率为 5.4%；就业基金税率为 1.5%；联邦和地区义务医疗保险基金税率为 3.6%。对社会税实行统一的上缴额度、统一的核算与监督形式和统一的惩罚措施。[①] 通过实行统一社会税，既起到了减少税负的作用，也对企业简化了课税的手续并起到监督作用。四是减少税收优惠。税收优惠就是一国政府利用税收制度，采取一些激励措施，并对从事某些活动的企业或个人给予补贴。税收优惠本来是鼓励企业发展的，但是运用不当就会适得其反，有可能让俄罗斯陷入预算危机。所以，俄罗斯逐渐取消部分企业所得税和增值税的税收优惠，减少对自然人所得税的社会性优惠。五是降低税负。为了降低税负，一是取消大部分流转税，包括取消公路使用税、住宅公用事业与社会领域设施维护税、燃油销售税、汽车运输工具购置

① 郭连成. 俄罗斯税制改革评析［J］. 世界经济. 2001（9）.

税。二是把对劳动报酬基金的课税从 38.5% 降低至 35.6%。[①]

(三) 2002~2007 年的税制改革

经过 1999~2001 年大规模的税制改革后，从 2002 年起，俄罗斯进入了税制改革的进一步深化阶段。这期间，俄罗斯以促进经济发展和社会稳定为目的，进行了一系列税制改革。一是继续简化并完善税制，减少税种。2002年后，特别是在 2004 年，《俄罗斯联邦税法典》里的很多税种都得到了修改。到了 2004 年年底，最新修订的《俄罗斯联邦税法典》中，俄罗斯税种由 1998 年的 28 种减少为 15 种。[②] 其中，联邦税为 10 种，联邦主体税为 3种，地方税为 2 种。从 2002 年 1 月 1 日起开始征收矿产资源开采税，取消了矿物原料基地再生产提成制度。2001 年 8 月 8 日，俄罗斯政府颁布了《关于修改和补充俄罗斯联邦税法第二部分和俄罗斯联邦其他若干法令，以及撤销俄罗斯联邦一些法令》的 No. 126 - F3 号联邦法律。正是在这个法律中，确定了从 2002 年 1 月 1 日起撤销矿物原料基地再生产提成并引入了矿藏开采税。矿藏开采税替代了矿产资源开采使用费、矿物原料基地再生产提成和石油、凝析气消费税三种税。2004 年 1 月 1 日起取消了销售税、教育机构事业税、疗养税、居民点清扫税等个别税种；进一步对财产税、自然人所得税和增值税的征收方法进行了改进，并完善了对自然资源税的课税体系。二是继续依据降低税负原则调整税率。降低税负是实现经济增长的必要途径之一。当时俄罗斯的税负水平占国内生产总值的比值超过了 50%。面对这样高税负的情况，俄罗斯采取了下调增值税和利润税税率的措施。2005年 1 月 1 日起生效的 95 号联邦法进一步降低了税率。其中，企业利润税税率为 24%；矿产开采税的税率是根据 23 种矿产分别加以规定，从 3.8% 至16.5% 不等；个人所得税税率为 13%；统一社会税税率从原来的 35.6% 降至 26%；企业财产税的税率不高于 2%；销售税税率最高不超过 5%。[③] 增

---

① 郭连成，唐朱昌. 俄罗斯经济转轨路径与效应 [M]. 大连：东北财经大学出版社，2009：150.

② 刘微. 转型时期的俄罗斯财政 [M]. 北京：中国财经经济出版社，2005：145.

③ 郑羽，蒋明君. 普京八年：俄罗斯复兴之路（2000~2008）经济卷 [M]. 北京：经济管理出版社，2008：131.

值税的税率从 20% 下降至 18%，这样可降低大约 1 600 亿卢布的税负。这个做法符合俄罗斯当时的经济现状，不仅降低了名义税负，而且有利于提高实际纳税额。2007 年起，俄罗斯先是将资源税按照石油开采条件设置了区别税率，然后又对东西伯利亚和大陆架地带高开采比率的矿产地实施低税率政策。石油的矿产税起征点从每桶 9 美元上调至 15 美元（即 15 美元以下不征收矿产税），对一些重要石油产区的开发实行税收减免。三是继续坚持减少或摒弃无效率的税收优惠，为了让小规模企业享受更加简化的税收优惠，针对特定情况，保留或重新制定税收优惠措施。如对在经济特区从事相关经济活动的企业提供税收减免优惠。在工业生产型特区内注册的企业可在 10 年内免缴土地税和财产税，还可以享受自由关税区制度；在技术推广型特区内的企业可在 5 年内缴纳土地税和财产税；其他两种类型的经济特区可享受特定的税收优惠。从 2006 年 1 月 1 日起，超过 4 000 卢布的赠与收入不再享受免税优惠。从 2007 年起，取消对有价证券和期货交易所得的免税优惠，有价证券和期货交易所得应按 13% 的税率纳税。四是改善税收管理，加强监管。"税收征缴率"是考察俄罗斯税收中一个重要的参考指标。通过提高"税收征缴率"来预防偷税漏税，解决足额纳税问题。只有解决好这个问题，降低税负和税率的措施才能对俄罗斯的税制改革起正效应。因此，俄罗斯决定逐步将税制改革的重点放在兼顾税收改造与税收管理的工作中。通过修改税法典相关章节，对偷税、漏税的行为加大了处罚力度，针对增值税、消费税等税种，如果出现偷税、漏税问题，对其追究刑事责任，并增加没收其财产的处罚措施。俄罗斯国家杜马于 2003 年 11 月宣布取消一项有关赦免逃税者的法令。根据新规定，3 年内逃税 7.5 万美元以上除要补缴税款和罚金外，还要被追究刑事责任。从 2004 年 1 月 1 日起对个体经营者和法人公司重新进行登记，并将利用网络系统等手段对其申请资格进行严格的审查和事后监督。五是简化纳税流程。2002 年进一步针对小规模企业实行更加简化的课税体制。这种小规模企业是指年营业额不超过 1 500 万卢布、人数不超过 60 人的企业。根据《俄罗斯联邦税法典》的规定，实行简化课税体制的小规模企业要缴纳统一税。统一税是对增值税、财产税、利润税、统一社会税进行四税合一，该措施可以有效鼓励小规模企业的发展。2004 年起，为了促进小规模企业投资顺利进行，俄罗斯政府对不适用于小规模企业的公用事业税进行了简化。即对拥有 20 人以下，年销售额低于 1 000 万卢布的企业，免收增值税、销售税、企业所得税和资产税。小规模企业可根据自身实际情况选择从销售额中扣除必要的经费和设备投资额后的金额缴纳 20% 的税款，或者根据企业销售额的 8% 来缴纳公用事业税。六是加大对油气行业的征税力度。由于国际石油价格出现持续增长势头，从 2002 年 1 月 1 日起，俄罗斯政府对石油工业开征自然资源开采税来取代之前的燃油税和石油消费税，并出台针对石油出口实行浮动关税制度。2004 年 4 月俄罗斯国家杜马批准了关于提高自然资源开采税的俄罗斯税法典的修正案。2006 年 12 月，针对石油的自然资源开采税从之前的从量税改为从价税，税率同样根据国际市场油价调整。

（四）2008～2014 年的税制改革

2008 年国际金融危机破坏了俄罗斯经济增长的基础，油价大幅下跌，财政收入严重不足；卢布大幅贬值，资本外逃，银行资产大幅缩水，流动性不足，贸易顺差大幅下降。2008 年俄罗斯国内生产总值（GDP）增速为 5.2%，是 2003 年以来的最低值，2009 年 GDP 增长率为 -7.8%。[①] 在这种背景下，俄罗斯政府选择了支持企业，实行以减税为主的财税政策，这种政策一直延续到 2014 年前后。主要的改革思路分为三个方向：一是降低企业税负，改善企业经营状况。首先，从 2009 年起俄罗斯政府将组织利润税率从 24% 降至 20%，并豁免科教卫生企业向联邦一级缴纳的组织利润税份额（联邦中央所获份额为企业利润额的 2.5%）。允许各联邦主体政府下调本地区企业的组织利润税，可下调部分为归各联邦主体政府享有的部分，即应纳税所得额的 17.5%，最低可降至 7.5%。其次，年营业额不超限的超小型企业和小型企业可选择简税制，也就是将企业的增值税和利润税合并缴纳，微型企业税率为企业营业额的 6%，小型企业为 8%，适用这一税制的纳税企业营业额上限也从 2 000 万卢布提高至 6 000 万卢布。如果这些企业不愿按

---

① 张誉馨. 俄罗斯税制改革：现状与前景 [J]. 俄罗斯学刊, 2021, 11 (6)：73 - 95.

照简税制缴税，也可以按照普通中小企业利润额 15% 的税率进行缴税。此外，如果各联邦主体愿意为小企业进一步减税，还可以继续降低税率，最低可降至 5%。另外，允许企业延期、分批缴纳增值税，按企业实际收益缴纳利润税（不再按预估收益征收），且推迟了增值税的缴纳时间，由申报期后 20 天内一次缴清改为申报期后 3 个月分期缴清。允许债务超过 1 000 亿卢布的企业延期缴税，最长可延期 5 年。购买本国无法生产的进口产品可免缴增值税，购买符合条件的固定资产允许加速折旧的比例从 10% 提高到 30%。[①]减税幅度比较大，2008 年减税额度约占当年 GDP 的 0.5%，2009 年则达到当年 GDP 的 1%。[②] 二是继续完善税制。从 2008 年起，俄罗斯开始对煤炭、泥炭、盐、矿泉水等采取特别税率，自 2011 年起进一步提高一些矿产资源的开采税率；从 2010 年起提高汽油、柴油、机油和香烟等消费税税率，同时降低石油及其制品的出口关税。在改善个税方面，提高个人所得税的社会支出扣除标准与财产扣除标准。2008 年 1 月 1 日以后购买住房的，在不超过 200 万卢布的限额内，个人所得税住房扣除标准提高到原来的两倍；自愿缴纳保险的，允许在个人所得税前扣除的保险费限额比例从所得的 3% 提高至 6%。2012 年加入 WTO 后，俄罗斯取消了酒精制品、粮食制成品、农业机械等产品的进口许可证。此外，2010 年起，俄罗斯政府开始着手激励企业创新，启动经济结构转型。对于开展创新活动的纳税人，可在 2015 年前享受保险缴费总税率降至 14% 的税收优惠，缩短了技术创新企业固定资产折旧期限，使用节能设备的企业自设备投入使用之日起，免征 3 年财产税。三是提高税收管理效率，进行税务管理数字化建设，积极开展多边税收合作。2010 年俄罗斯首次提出税务信息化概念，具体工作从 2011 年开始积极推进，2012 年开始研发在线缴税系统，2013 年首次建成"税 - 3"自动化信息处理系统，并制定了适用于该系统的立法标准。2014 年，"税 - 3"系统第一部分正式投入使用。俄罗斯还积极参与国际税收中的情报交换工作，

① 龚辉文."后金融危机时代"各国税收政策变化评述：俄罗斯篇［J］. 涉外税务，2011 （9）：67 - 70.

② 张誉馨. 俄罗斯税制改革：现状与前景［J］. 俄罗斯学刊，2021，11（6）：73 - 95.

其间，俄罗斯签订的所有双边税收协定都包含有关情报交换与反避税的条款。2011 年 11 月 3 日，俄罗斯签署了《多边税收征管互助公约》。[①] 从 2012 年起，俄罗斯开始按照经济合作与发展组织（OECD）税收协定标准方法处理转让定价事宜。2013 年加入税基侵蚀和利润转移行动计划，参与跨国公司避税问题治理。

（五）2014～2018 年的税制改革

2014 年乌克兰危机后，俄罗斯经济面临能源价格下跌带来的税收骤减和西方制裁的双重压力，2014 年俄罗斯 GDP 增速为 0.7%，2015 年下降 2%。其间，俄罗斯税收政策的主要目的是将危机造成的损失降至最小。2014 年前税收改革的主基调是减税，而继续减税的空间已经十分有限，如何在刺激经济的同时保障财政收入成为俄罗斯政府面临的主要问题。因此，自 2014 年开始，俄罗斯税制调整的总方向从减税过渡到有加有减，总体税负保持不变。该阶段税收政策调整的主要方向包括三个方面：一是对冲危机影响，调整税收结构，在保障预算的同时推进经济结构转型。主要包括允许各联邦主体降低中小企业税率；允许部分企业延缴税负；调整能源类税种结构，以推进石油加工现代化。2015 年，俄罗斯联邦中央允许各联邦主体自行下调适用于简税制的中小企业的税率，最高可从 6% 下调至 1%；2017～2018 年统一企业其他非税费用的缴纳标准，进一步推进纳税公平；自 2017 年起为国家战略型企业清单中的负债企业提供延迟缴税优惠，防止破产。自 2015 年起俄罗斯采取了下调石油出口税、上调石油开采税的措施，使税收负担从石油产业链的下游向上游转移。俄罗斯通过上调石油开采税基础税率、在计税公式中新增开采税调整指数，大幅提高开采税。以 2016 年石油开采税为基准，2017 年每吨开采税增加 306 卢布，2018 年增加 357 卢布，2019 年增加 428 卢布。[②] 二是推出一系列税收优惠，拉动投资，刺激经济发

---

① 丹尼尔·V. 温尼斯基，张文珍. 俄罗斯联邦税制改革最新趋势 [J]. 国际税收，2015 (1)：14 - 19.

② 崔志员. 俄罗斯石油行业税收政策特点及展望 [J]. 国际石油经济，2018，26（2）：49 - 56.

展。俄罗斯主要针对经济特区、自由贸易港和超前发展区企业推出一系列投资与经营税收优惠。《2014～2020年税收支出与非税收支出》对所有税收优惠项目进行了明确规定：企业可以通过与地方主体政府签订投资协议的方式获得优惠税收条件，这些投资项目包括区域投资项目、超前发展区投资项目、特别投资合同和生产性资本投资项目。地处超前发展区和自由贸易港的企业，5年内免除向俄联邦中央缴纳组织利润税份额（免缴额为应纳税所得额的2%，远东联邦区企业享受该优惠期限为10年）；企业成立后1～5年内向俄联邦地方主体政府缴纳的组织利润税份额不超过应纳税所得额的5%，6～10年内不超过应纳税所得额的10%（普通企业为应纳税所得额的18%），企业成立后10年内员工社会保险税率降至7.6%，同时，豁免企业财产税和土地税。在俄工业园区或经济特区的企业，享受保税区待遇，同时免除交通运输税，并享受优惠社会保险税率。三是在税收管理中进一步深化信息技术的应用。2016年，俄罗斯国家统一货物生产与流转监控系统建成，进一步保障国家能够追踪商品从通关到消费的所有环节。2017年俄罗斯还采取了一系列优化税收管理、减少税收行政事务开支的措施，其中包括完善税款缴纳通报系统、拓展缴税方式；向纳税人告知纳税是否成功，在国家与市政服务多功能中心增设缴税窗口；推行交通运输税、土地税、自然人财产税自愿预缴机制等。四是加强对避税行为的治理。进一步完善《俄罗斯联邦税法典》，加强对企业的法律审查，积极加强与他国税务机关的财政信息与报表交换，防止外国公司以不正当形式获得税收优惠。

（六）2018以来的税制改革

2018年开始的税制改革服务于普京在2018年"五月命令"中的国家目标，但税制改革的步伐受到2020年新冠疫情暴发的影响而发生改变。突如其来的疫情导致布伦特原油价格一度跌至26美元/桶以下，卢布汇率跌至5年来最低点。在资源类税收方面，首先，继续降低石油出口税。2018年7月，俄国家杜马颁布法案，在未来6年中逐步将石油出口税税率从30%降至0，并继续提高开采税，税源从出口端逐渐转移到开采端。其次，在新开采地推行碳氢化合物原料收入附加税，并对石油加工企业返还消费税，如果出口石油的平均价格和国内市场价格间存在差异，则对石油加工制造者进行消费税返还。除了石油税收，还对一些涉及资源税收的法条进行了修改，例如，为加强生态保护，对自然资源使用法支付条款进行了修改，2019 年废物处置税同比增长 21.2%。其他税种方面，从 2018 年起，俄罗斯针对个体经营者和自由职业者开始推行"职业收入税"，年收入低于 240 万卢布的缴纳个人所得税的自然人与某些经营活动的个体企业主，可以选择过渡到这一税制。2019 年，俄罗斯政府将增值税税率由 18% 提至 20%，但一些体现社会政策的商品与服务仍保持 18% 的税率，同时一些缴纳统一农业税的农业生产者所享受的增值税优惠被取消。特别需要注意的是，为对冲新冠疫情的影响，自 2020 年初俄罗斯采取了一系列减税、缓缴等措施。其中包括延长企业免税期，向统一注册清单中的中小企业提供社会保险费优惠，每个员工工资超过低保线部分应缴的保险款项由 30% 下调至 15%。统一注册清单中受新冠疫情影响最严重的中小企业、社会非营利组织清单中的所有组织、宗教组织，受新冠疫情影响最严重的个体经营者免缴 2020 年第二季度的所有税费。2020 年全年，个体经营者强制退休保险缴纳额由原来的 32 448 卢布降至 20 318 卢布。依照"职业收入税"制度缴税的个体经营者也获得了俄罗斯政府的直接补贴。此外，医务工作者可免缴个人所得税。受新冠疫情影响严重的行业企业可延缓或分期缴纳除增值税、矿产资源开采税、消费税和碳氢化合物原料收入附加税以外的其他税种税款。其他企业和个人除正常缴纳增值税外，可延缓 3~9 个月缴纳个人所得税、保险费、交通运输税、财产税、土地税、组织利润税等税种。在税收政策的基础上，俄罗斯将依照"无息薪酬贷款"政策、信贷延期政策，放宽流动性要求、扩大信贷机构范围、暂停破产清算等货币与财政政策，给予企业支持。

二、俄罗斯税制改革的特征

（一）注重税收法治建设，建立与世界接轨的税收体系

俄罗斯通过颁布《俄罗斯联邦宪法》《俄罗斯联邦税法典》《俄罗斯联

邦预算法典》建立了较为完善的财政分权法律制度。这些法律法规构成了俄罗斯税制改革的主要依据和税收体制的基本框架，并逐步得到了完善。俄罗斯法律体系为俄罗斯经济发展提供良好的环境，使俄罗斯成为了世界上税负最低国家中的一员，在欧洲被认为是税负最低的国家。尤其是税制改革中俄罗斯颁布了两部《俄罗斯联邦税法典》，用法律形式确定了税收体系的结构。《俄罗斯联邦税法典》第一部分和第二部分的颁布与实施，不仅成为俄罗斯税制改革的法律保障，而且也给俄罗斯税制改革能进入实质性阶段指明了方向，那就是在不断完善税收法典改革过程中，俄罗斯努力建立与世界接轨的新的税收制度。同时，俄罗斯通过以简化税制、减少税种、降低税率和税负、取消多种税收优惠为主要内容的税制改革，实现了国家财政收入稳定增长，改善了本国的税收环境，有效降低了纳税人过重的税收压力和负担，从而建立了一个符合市场要求和顺应世界秩序的税收体系。

（二）采取多种改革措施，降低纳税人税收负担

俄罗斯通过税制改革简化了税种，取消了一些没必要的税收优惠，为企业降低了税负。其中，最主要的是简化税制与减轻纳税人的税负水平。为简化税制，俄罗斯在 2004 年取消了销售税和其他几个小税种。2010 年的时候又进一步取消了统一社会税。为适应俄罗斯经济形势发展的需要，今后还应对各个税种进行整合。此外，还对企业进行税收优惠，鼓励企业创新发展。其中，针对小规模企业制定了"小规模企业统一税"。该税是由小规模企业的财产税、利润税、增值税和统一社会税整合起来的。这不仅大大简化了小规模企业征税税种，而且减轻了纳税人的税收负担。同时，俄罗斯先后降低了增值税、企业利润税等主要税种的税率，又持续降低了纳税人的名义税负。

（三）深化税收管理信息化建设，提高税收管理效率

俄罗斯联邦税务局设置的第二套、第三套增值税监督与返还系统即"税－2""税－3"系统能够自动清算税款，实现纳税监督以及从预算资金中自动向纳税人退税等功能，同时，俄罗斯统一货物生产与流转监控系统共拥有三个分支系统涉及俄罗斯的关键贸易领域，大大减少了部分地区市场的

影子经济现象，尤其是大规模地减少了非法售卖酒精制品的现象，酒类商品消费税收入大幅增加。此外，俄罗斯联邦税务局制定了一系列清楚易懂而且可以实施的标准，以指导税务机关对纳税人进行税务检查，并告知企业，便于企业领导自查，对自身的风险进行评估。俄罗斯通过深化税收管理信息化与数字化水平，使得税收管理信息化与数字化建设取得了重大成就，降低了俄罗斯国家行政与企业税务成本，提高了税收征缴率、管理效率与税收收入。

第五节　美日英俄税制改革对中国的启示

通过对美国、日本、英国和俄罗斯国家税制改革历程的研究不难发现，虽然这四个国家基于自身国情进行税制改革的内容有所不同，但也存在相似之处。例如逐步降低企业及个人所得税税率、将层级繁多的累进税制改变为单一的比例税制、减少税收优惠政策及简化税收结构、加强监管等。美国、日本、英国、俄罗斯的税制改革给我国带来了诸多启示，具体包括以下几个方面。

一、改革的基本主线是"减税"

在20世纪80年代以来的税制改革中，各国基本都采取了降低间接税税率、拓宽直接税税基的做法。2008年的金融危机和主权债务危机之后，各国又面临着增税弥补赤字或减税刺激经济的两难抉择。随着世界各国经济全球化的发展，各国经济逐渐交融联为一体，逐渐实行普遍统一的市场规则。在这样的背景下，各国的税收制度也发生着深远的变革，并呈现出趋同的趋势。增税有助于弥补财政赤字，但是又会使更多资源集中在政府手中而非急需输血的私人部门手中，打击仍处于恢复期的国民经济。选择通过减税刺激经济则有利于经济复苏，有利于经济持续发展重回正轨，长期来看可以促进税收增长，但在短期内会影响税收收入。在对两者的选择上，有的国家选择了咬紧牙关，继续减税。个别国家甚至大幅度减税，以期通过加大对企业，特别是中小企业的支持力度，提高就业水平。

二、目标是形成以"直接税"为主体的税制结构

在经济全球化影响下的税制优化改革，使各个发展阶段的国家呈现出税收体系趋同的趋势。具体表现为税收构成大同小异、税收功能作用趋同、税收比重逐步接近。税收的来源主要有消费、所得或财产三类，依次分别表现为商品流转和服务提供过程中的征税，对公司、法人组织和个人收入的征税，对财产所有者的征税。发达国家一直主张征收直接税，因而所得税成为其支柱税种。但在应对金融危机的影响、刺激供给和需求、提升国际税收竞争力和增加财政收入的国内政治压力等因素的影响下，发达国家所得税在税收收入中的比重有所下降，商品服务流转税收的比重相对有所上升。同时，发展中国家随着经济的发展，纷纷将财产税和所得税改革提上日程，降低对流转税的依赖，从双主体税制结构开始向广覆盖、多主体、轻税负的直接税制结构转变。由上文可知，西方发达国家的主体税制结构经历了由直接税向间接税再到直接税的转变，而最初阶段的主体税种以人头税、土地税等税种为主，当前的主体税种则以所得税和社保税为主。而在发展中国家，税种结构主要经历了由间接税占比重较大到直接税占比重较大的过程，而很多发展中国家则体现出直接税与间接税"势均力敌"的双主体税制结构。此外，从国际税制演变来看，无论是发达国家还是发展中国家，其税制结构变动都发生在税制改革时期。所得税在开征初期，由于其直接税的性质会明显提高纳税人的"税痛感"，且由于客观经济条件的限制，使得社会无法提供充足的税源，因此更多国家选择窄税基、高税率的课税模式，因而所得税收入不高。随着经济的发展，国民收入水平提高，税源逐渐充足，各国开始扩大税基、降低税率，所得税收入开始提高，社保税收入的提高亦是如此。

三、应当统筹考虑税收公平与效率基本原则

在落实税收法定、规范税收立法、明晰政府间税权分配关系的基础上，税制改革要注重税制体系中税种间的平衡，统筹考虑税制的效率和公平。我

国短期内以结构性减税、"促发展、稳增长"为税制改革总体目标，在稳步推进"营改增"、资源税费改革等税制改革任务，积极落实支持小微企业、高新技术企业发展税收政策的基础上，应加大个人所得税的改革力度，加快房地产税立法，适时引入环境税，进一步提高所得税和财产行为税在整个税制结构中的比重，从而充分发挥税收对社会公平应有的促进作用；长期内可以考虑借鉴英国经验，将整个税制纳入国家福利系统统筹进行制度设计或政策安排，以有效发挥税收制度、国家福利政策等促进社会公平的整体作用。

四、强调税权合理配置，调动中央与地方积极性

合理划分税权有利于建立和完善地方税收体系。美国、日本、英国、俄罗斯在税权划分方面进行的比较完备的制度设计值得中国借鉴。我国通过1994年分税制改革进行了分级分税，但只是在中央与地方之间就税收收入的归属进行分割。2002年又进行了所得税收入分享制度改革，但这并未触动只分税、不分权的税收管理体制。国务院也数次发文强调税收立法权要集中在中央。目前，地方政府只享有形式上征收征管的权利税，这样就一定程度上打击了地方政府发展本地经济的积极性。因此，我国应该通过制定规范税权的基本法律来协调好中央政府与地方政府税权关系，并进一步建立合理的税权分配机制。因为只有通过法律协调才能较好地解决中央与地方之间的利益冲突，高效合理地解决中央与地方政府之间的税权划分问题，尽可能地调动地方政府参与税制改革的积极性。相信美日英俄税权划分的经验教训能对我国的分税制改革有所助益。虽然，中美日英俄五国的国情、生产力发展水平、人文地理环境、社会文化背景等方面存在不同，但是可以根据公共产品理论及财政职能划分理论来确定中央和地方政府间的税权关系，并以宪法和法律的形式来加以确定并监督。因此，我国在建立税权分配模式时，应确保中央对税收集权的同时，给予地方政府适当的权利。

五、注重完善税收征管机制，提高税收征管效率

从税收的发展历史看，税制结构总是服从于税收征管水平，税收征管能

力在一定程度上制约着税制结构优化的进程。有效的税收征管能力是税制结构变迁的基础支持。在未来的税制改革中，应着重构建完整、统一的税法体系，加快制定税收基本法，把税收的职能与作用、纳税人的权利和义务、税种设置的原则、税务机关的法律地位和行政执法规定、税收管理体制、中央与地方税收管理权限的划分、税务司法保障等内容用法律的形式加以保护。应转变稽查机构设置模式，强化稽查管理，提高稽查人员素质，充分发挥稽查作用，严惩违法者。要逐步完善各类规章制度，实行规范化管理，改革税收计划管理与考核办法，加强税收预测科学性，引入税收监控概念，积极实行包括计算机化管理在内的专业管理办法，加强税收宣传，提供优质服务。同时，建立健全的税收法律体系，强化税收征管法规。完善税收基本法，维护税收法律的权威性和严肃性；完善税收征管程序法；理顺税收管理体制。应进一步划分并明确国家与地方的管理权限，从而保障征税效率，减少征管成本。采用多种征管手段，加大征管力度，加快信息化建设，加快网络化进程，优化统一税务系统软件；建立有效的征管责任制，营造良好的税收执法环境。对涉嫌税收违法的行为，进行严格的查处，实行专业化管理，增强依法治税的权威性。

第十一章

国家治理目标导向下税收制度
深化改革的政策建议

根据前文对我国 70 多年税收制度改革的历史梳理和现状分析，本章主要从总体思路、基本要求、具体措施和配套机制四个方面给出深化税收制度改革的政策建议。

第一节 深化税收制度改革的总体思路

第八章的研究告诉我们，在国家治理目标导向下，现代税制的建设应当形成以直接税为主体的税制结构。而第七章的研究则指出我国当前间接税尤其是货劳税收入在税收总收入中仍占较大比重。如此，税收制度深化改革的方向已经十分明晰，即提高直接税比重，降低间接税比重。但为了更好地服务国家治理目标，二者之间的比例关系并不能通过简单的"此消彼长"方式去实现，而应当站在发挥税收整体性功能的高度，以问题为导向，合理增减税种或者调整税收制度要素。

一、直接税制结构的优化

直接税包括所得税和财产税。就所得税而言，我国企业所得税在所得类中占绝对主体地位，其过重的税收负担既不利于企业的发展，也拖累了经济的增长。对此，尽管近些年以减轻企业税负为目标的企业所得税优惠政策内容不断丰富，但其优惠力度还有待提高。显而易见，今后企业所得税的改革重点是进一步加大税收优惠力度，减轻企业税收负担。个人所得税在2019年已经全面实行综合与分类相结合的计征模式，但实践中的收入分配调节效果并不突出。接下来这一税种的改革重点应当在优化纳税人、税率、专项附加扣除等税制要素设置上，努力将其培育成为所得税类中的主体税种。此外，借鉴国际经验，适时开征社会保障税也可成为提高直接税比重的重要举措。就财产税而言，作为我国税制建设中非常重要的一类辅助性税种，其制度建设应当以增加地方政府财政收入、调节社会收入分配为目标，努力提高该类税收收入在税收总收入中的比重。因此，针对当前这一税类存在的重复征税和税种缺位问题，改革的内容至少包括两个方面：一是以取消城镇土地使用税、土地增值税等重复性税种为前提，积极推进房地产税立法建设；二是在完善财产登记制度，提高纳税遵从的基础上适时开征遗产税。

二、间接税制结构的优化

不可否认，自2014年以来，诸如全面推进"营改增"、资源税扩围、消费税调整、环境保护税开征等税制改革方案的落实已经初步构建了较为合理的间接税制度框架。因此，如若要降低间接税比重，接下来的间接税制建设应当将重点放在各税种制度要素的调整上。具体地，就增值税而言，"营改增"之后的增值税虽下调了税率、扩大了留抵退税范围，但作为间接税的主体税种，其改革仍应当以"减税"思想为主导，如完善增值税抵扣链条、加大增值税优惠力度等。就消费税而言，为充分发挥其正确引导消费、促进资源节约及环境保护的功能，可考虑扩大消费税征税范围、后移消费税征税环节，并将其改成"价外税"。就资源税而言，尽管2016年的资源税改革较好地提升了该税种的公平性和规范性，但为充分发挥其作为矫正税和调节税的双重作用，接下来的改革应当在征税范围和税率上多做文章。如进一步扩大资源税征税范围，税率设置更多地考虑资源稀缺性及其开采的负外部性。就环境保护税而言，为加强其生态调节功能，接下来的税制改革建议进一步扩大环保税征税范围、优化税率结构并完善相关税收优惠政策。

第二节 深化税收制度改革的基本要求

基于对历史经验的总结和现实条件的分析，如若按照上述改革思路推进现代税收制度完善，取得成功的前提是改革至少应满足以下要求。

一、加强党对税收工作的领导

税收制度改革是一项庞大的系统工程，这一工程如果没有一个强有力的领导核心根本不可能顺利完成各项改革任务，实现改革的既定目标。而税收制度改革的历史经验告诉我们，这个领导核心只可能是中国共产党。这是因为新中国成立 70 多年的税收制度改革之所以能够取得巨大成效也就在于改革进程中全面贯彻了党的路线、方针、政策，形成符合当时社会经济发展需要的、有利于经济平稳较快发展及和谐社会建设的税收制度体系。鉴于此，在当前服务国家治理的目标导向下，税收制度改革应当继续发挥党对税收工作的全面领导作用，形成党政领导、税务主责、社会协同、公众参与的税收共治局面。近年来，税务征管机构不断加强落实党建工作，以"纵合横通强党建"为基础推出了系列改革措施，形成一套符合实际税务系统需要的科学管理体系。党的十九届四中全会提出了十三个坚持和完善，其中首个坚持完善就是党的领导制度体系。如此看来，在接下来的税收事业发展过程中，应当继续坚持以"纵合横通强党建"机制体系为抓手，构建"不忘初心、牢记使命"的制度体系和长效机制。如此方能不断加强党对税收工作的集中统一领导，确保党在税务系统的作用更加突出。

二、坚持贯彻依法治税的基本理念

税收是国家通过法律形式参与国民收入分配的一种有效手段，同时也是国家治理能力的体现。在国家治理现代化进程中，要充分发挥税收的职能作用，税制的建立和实行都应当贯彻依法治税的理念，通过法律来规范国家与纳税人之间的权利义务关系。具体而言，在税制改革进程中，一是要落实税收法定原则。这是因为我国当前的税收立法工作虽然取得了较好成绩，截至2020 年 8 月，烟叶税、船舶吨税等 11 个税种内容均已从暂行条例上升至法律高度。但增值税、消费税等对社会经济具有重大影响的主体税种均未完成立法工作，税收法定原则的落实任务依然艰巨。二是要提高税收立法质量。这是因为近年来的税收立法工作基本是以税收条例平移的方式进行，不可避免地导致税法内容难以满足全面深化改革和国家治理现代化建设的需要。因此，税收立法过程中，应结合社会经济发展的实际情况，适时改进税收制度内容。通过专家咨询和公众意见反馈等途径提高税法内容的科学性和民主性。三是要提升税法遵从度。即根据税收法定原则明确税制改革内容后，税法的实施应当以遵从度的提升为目标。一方面，税务部门必须依法征税，尽可能做到应收尽收、但也不能收取"过头税"；另一方面，纳税人必须坚持诚信纳税，依法如实申报纳税。

三、遵循"公平优先，兼顾效率"的基本原则

长期以来，如何处理好公平与效率的关系问题一直是税收制度改革面临的重大课题。笔者认为，在当前国家治理现代化建设的时代背景下，税收制度的深化改革应当遵循"公平优先，兼顾效率"的基本原则。一方面，随着社会经济的发展，我国社会主要矛盾已经转化为人民日益增长的美好生活需要和不平衡不充分的发展之间的矛盾。这不仅意味着我国人民对物质文化生活提出了更高要求，对公平正义、民主法治等内容更加向往；而且指明了当前社会经济发展的不平衡问题，或者更确切地说是制约人民美好生活

需要的公平问题。正因如此，如何促进社会公平成为包括税制建设在内的社会经济发展各项工作的核心和焦点问题。另一方面，在当前全面深化改革时期，市场在资源配置中的"基础性作用"已经转变为"决定性作用"，创造公平的市场竞争环境自然成为国家经济治理的重点。因为只有公平机制才能调动企业参与市场竞争的积极性和主动性；才能让社会主义市场经济充满生机与活力，让市场在资源配置中发挥其应有的决定性作用。由此，税收作为国家宏观调控的重要工具，其制度设计也应当更加注重公平。当然，更加注重公平并不意味着税制改革就要放弃效率。这是因为我国当前社会经济发展不充分的问题依然存在，只有兼顾效率原则才能较好地发挥税收优化资源配置的职能，从而使经济获得更高质量的发展。因此也可以说，在国家治理现代化建设的目标导向下，"效率"与"公平"依然是税收制度改革追求的两大目标，但面对当前社会的主要矛盾和经济发展的现实问题，以"公平优先，兼顾效率"为原则构建的税收制度体系将显得更为合理。

四、发挥中央与地方两个积极性

由于我国存在人口众多、地域辽阔、地区间发展不均衡的特点，能否处理好中央与地方关系直接影响着税收制度的改革效率。而 1994 年的分税制改革已经充分证明，调动二者积极性的关键是形成一种激励相容制度，既能保障中央政府宏观调控内容的实施，加强我国基本公共服务均等化建设，推进区域协调发展；又能及时弥补税制改革所出现的地方财力缺口，提高地方政府税收征管的自主权。在当前"营改增"全面推进阶段，建设地方税体系成为处理好中央与地方政府关系的重心，笔者认为可按照以下思路推进。第一，在中央与地方收入划分上要坚持以形成共享税为主、专项税为辅的体系为目标。当前，增加地方政府财政收入是地方税体系建设的重点，对此可考虑从宽口径的地方税概念入手制定合理的划分细则，确定科学的增值税、企业所得税分成比例和分享方式。第二，在国家治理层面上理顺中央与地方之间的税收分配关系。国家治理过程中，税收收入作为地方政府的重要收入来源，也是地方政府履行地方事务时的重要资金支持。对此，国家应当根据地方政府的支出情况合理划分央地之间的税收收入以实现收支平衡。第三，要提高地方政府税收制定的自主权。根据税种的特点在省级政府的能力范围之内赋予其一定的区域税收权限，比如确定一些辅助税种的税率、设置新税目、灵活使用税收优惠等。如此，地方政府可在了解当地经济实际情况和税收征管现状的基础上合理运用税收来改善地方治理绩效。第四，应建立一套科学合理的财力转移机制来稳定地方政府的财政收入。如进一步健全转移支付制度，对专项性转移支付进行归并清理，重新构建一般性转移支付；又如深入推进"费改税"改革，适时合理地下放部分非税收入管理权限等。

五、逐步建立现代税收征管体系

在深化税收制度改革的进程中，税收征管能力提升是保障改革内容有效落实的又一关键点。考虑到税制改革的基本方向是建设满足国家治理体系和治理能力需要的现代税收制度，税收征管能力提升的重点是建立一套与之相匹配的现代税收征管体系。笔者认为当前正值大数据时代，云计算、区块链、人工智能等信息化技术发展迅速。税收征管能力建设绝不能仅仅通过传统手段或经验完成，而是要借助这些数据平台进行以下内容建设：一是优化征管模式，建立健全同数据管税相适应的税务管理机构并重构税务管理流程，优化各部门的岗位职责，尽可能地推进"管户制"向"管事制"转变、"以票管税"向"数据管税"转变。二是加快征管信息化水平建设，依托大数据平台，从管理机制、标准规范、分析应用、技术支撑等视角加强统筹规划，通过对内理顺职责、对外互联互通等方式打通信息孤岛，盘活数据存量。需要强调的是，结合我国目前征管能力建设的现状，信息化建设的要点可包括加快完善金税三期工程、建设电子税务局，打造全天候、全方位、全覆盖的智慧税务生态系统，提供智能化纳税服务等。

第三节 深化税收制度改革的具体措施

税收制度改革的具体措施应当能够针对性地解决当前税收制度存在的问题，有效促进国家治理现代化建设。因此，根据前文分析给出的目标税制结构及可能存在的税种制度建设问题，笔者从税类结构的视角给出以下具体建议。

一、所得税制度的完善

根据前文给出的企业所得税重在优化税收优惠政策、个人所得税重在优化税收制度要素的思路，本书认为，所得税制完善的具体措施包括以下几个方面。

（一）完善企业所得税制度

针对当前减税背景下企业所得税制存在的问题，提出可行性建议：一是适当下调企业所得税税率。基于社会经济实际情况并借鉴国际经验，建议将企业所得税税率下调至 20%。以 2020 年为例，根据财政部官网公布的数据，2020 年全国税收收入为 15.43 万亿元，其中企业所得税收入为 3.64 万亿元。如果税率变为 20%，企业所得税年减税额约为 0.73 亿元，由此造成的财政收支缺口可通过做大经济发展蛋糕、加强税务征管等方式弥补。二是扩大税收优惠受益面，丰富税收优惠形式。基于当前社会经济发展态势，企业所得税优惠至少应当从促进经济结构调整和企业节能环保两个维度加以充实。一方面，为促进经济结构调整、加快经济发展方式转变，税收政策应当重点突出对科技服务、信息服务、商务服务和金融服务等现代行业领域的鼓励和支持。具体可考虑采取的优惠措施包括：对企业投资于符合国家产业发展需要的技术改造项目支出，允许按照一定比例抵免企业所得税税额；对企业的研发费用支出，可考虑进一步提高其加计扣除比例至 100%；对诸如信息技术、软件开发、工业设计、产品技术研发等技术含量高的现代服务业和农村现代服务业，实行自该企业获得利润的年份起头两年免征企业所得税，后三年利润所得减半征收企业所得税的优惠政策；对中小型企业则可通过延迟纳税期限、加快资产折旧、盈亏相抵的方式间接给予优惠待遇；对从事研发、设计、创意等现代技术服务的企业可给予低税率优惠，等等。另一方面，为鼓励资源节约和环境保护行为，可考虑对企业可再生资源投资额给予所得税抵免优惠；对从事节能环保类产品生产的企业，其利润可按照15%的低税率申报缴纳企业所得税；对企业节能产品生产的机械设备，可按照加速折旧法计提折旧；对专门从事节能产品生产的企业发生的广告费和业务宣传费支出可据实扣除，等等。三是完善企业亏损结转的方式和年限。借鉴国际经验，企业亏损结转制度的完善，一方面，应当适当延长向后结转的年限，将一般企业可享受的向后结转弥补年限延长至10年左右。或者借鉴增值税制度安排，在税务亏损的结转期限上不加以限制①。另一方面，应当增加企业亏损结转的方式，允许企业发生的亏损向前结转1～3年；或者当企业发生亏损时，可采取"退税"的方式退还之前因盈利而纳税的相应部分税款。

（二）完善综合与分类相结合的个人所得税制

虽然2018年的个人所得税改革已迈出综合与分类相结合的第一步，但实践中的收入分配公平效果并不突出。结合前文的分析，为保障个税实践的公平效果，接下来的税制改革应在纳税范围、征税对象、税率、专项附加扣除等方面进行全面优化。具体而言，在纳税范围和征税对象上，为更好地发挥税收收入调节功能，未来个人所得税应当基于借鉴国外先进的个税改革经验，逐步将广大农村地区纳入征税范围，并辅之以"家庭"为基本单位的征税模式。在这一过程中，一方面，要通过联合民政、公安、银行等部门做好家庭信息采集工作；另一方面，可考虑以免税或财政奖励的形式鼓励农村

---

① 企业的增值税期末留抵税额向后结转没有时间上的限制。从2019年4月起，增值税试行期末留抵退税制度。根据《中华人民共和国增值税法（征求意见稿）》，增值税期末留抵退税制度将在法定化后长期实施。

家庭自主申报纳税，待条件成熟后再适时收取一定比例的个人所得税费。在税率设计上，根据拉弗曲线关于过高的边际税率抑制税收收入的说法，笔者认为应在鼓励提高人们生产积极性的前提下，将最高边际税率降低至35%，例如，可实施3%、10%、20%、30%、35%的五级超额累进税率，不仅能够较好地提高纳税人的税收遵从度，还有利于提升税收征管效率。在专项附加扣除问题上，应当结合各地区纳税人的收入状况尽可能细化专项扣除内容，有增有减地调整税收扣除项目，以期保障个人所得税公平目标的实现。例如，就教育费扣除项目而言，可考虑根据个人所得税税率表的收入区间划分标准，对月工资不超过12 000元的纳税人予以每月1 500元的子女教育费扣除优惠，并且按照每月300元的差距逐级减少费用抵免力度。就住房贷款利息扣除项目而言，可考虑分东部地区、中部地区和西部地区对首套住房贷款利息分别实行每月800元、1 000元和1 200元的费用扣除优惠。

（三）开征社会保障税

当前国际上主要存在三种社会保障税征税模式。第一种是以美国为代表的按承保项目和应税对象相结合的混合型模式，即根据承保内容和应税对象设置不同的项目和税率，其优点是清晰合理，易于征收，缺点是税制内容设计过于复杂；第二种是以瑞典、德国、法国为代表的根据承保项目设置不同的税率，这一模式具有很强的灵活性，专款专用性质明显；第三种是以英国为代表的对象型模式，即根据参保对象的不同征收不同的社会保障税，其优点是可以根据不同对象灵活设置社会保障税制内容。由于我国1951年以来征收的社会保险费一直是按照不同险种项目设置不同的收费率，为了更好地实现社会保障税制落实，笔者建议沿用社会保障费的收缴思路，采用项目型模式设置社会保障税。结合我国社会经济实际情况并借鉴国际经验，笔者给出几个社会保障税制建设的基本方案：一是就纳税人而言，根据国外通行做法，我国境内各类企事业单位、干部职工、外资企业的中方人员、自由职业者（包括个体工商户）均为社会保障税的纳税义务人。考虑到我国现阶段农村经济发展水平低且不平衡，农民负担能力有限，近期内暂不将农民列入纳税行列，待条件成熟时或许可以打破城乡、行业之间的差别，建立覆盖全民的社会保障税。二是就征税对象而言，基于国际惯例并结合我国现行社会保险缴费政策，社会保障税的征税对象主要是企事业单位支付的工资薪金额、职工取得的工薪收入额及自营业主的事业纯收益额。当然，为了保障低收入者的基本生活，社会保障税可以适当设置起征点，规定起征点以下的工薪收入者、自营人员可以免征该类税种；为了避免高收入者税负过重，可以设置合理的"最高应税额"以维持他们的纳税积极性。当然，起征点和最高应税额应当随着纳税当期的经济情况进行周期性调整。关于税目的选择是整个社会保障税的税制框架设计的核心部分。虽然发达国家的社会保险项目包括养老、失业、医疗、意外、老年残疾、死亡、家属及儿童养育等，但是考虑到我国还是一个发展中国家以及我国的具体国情，还是建议社会保障税收项目与过去的社会保险项目保持一致，即开征养老保险税、医疗保险税和失业保险税3个税目，待我国的经济发展达到一个更高的层次，再逐步将税目扩大到生育、工伤、教育等方面。三是就税率而言，社会保障税税率的设定要紧密结合我国的实际情况，税率过高会增加在职人员和企业的负担，降低制度的激励性，也会影响社会经济活力。目前我国养老保险和医疗保险均是根据社会统筹和个人账户相结合的原则，将个人缴费部分计入个人账户，将单位缴费部分计入统筹账户。社会保障税制建成后，所征税款应全部上缴财政统一预算，建议取消个人账户制。为更好地衔接我国当前社会保险缴费模式，便于计算纳税人应纳税额，建议采用比例税率为主，定额税率为辅的社会保障税率形式，具体税率水平的确定直接沿用当前社会保险的缴费率，待条件更成熟时再进行调整（具体税率水平见表11-1）。

表11-1　　　　　　　社会保障税的税目和税率的设计

税目	企业（工资薪金%）	个人（工资薪金%）	综合（工资薪金%）
养老保险	20	8	28
医疗保险	6	2	8
失业保险	2	1	3
综合	28	11	39

二、财产税制度的充实

根据前文提供的财产税制建设思路，本书给出的房地产税改革建议和遗产税制度设计内容如下。

（一）房地产税的改革建议

近年来，我国政府积极推进房地产税改革，但实际收效甚微，继上海、重庆试点之后更是缺少实质性突破。笔者认为，房地产税改革和立法过程中，核心内容是房地产税制方案的设计，包括纳税人、征税对象、征税范围、税率、征管办法等房地产税基本要素的设定。基于优化地方税制体系、稳定财政收入的目标，本书从简税制、宽税基、低税率、严征管四个维度给出相关税改建议。

1. 简税制

现行与房地产相关的税种包括房产税、城镇土地使用税、契税、土地增值税等，总体税负水平相对较高。在当前大规模减税降费背景下，要顺利推出房地产税，必须对现有房地产相关税制进行整合，降低或取消房地产建设与交易环节相关税费，主要包括两个方面内容：一方面，应当加快整合相关性高的税种，例如，房地产税和城镇土地使用税同为保有环节纳税，在征收房地产税前可考虑取消城镇土地使用税，同时取消契税和土地增值税这两个同属房地产交易环节的税收。另一方面，应当清理或废止房地产交易环节中存在的各类不合理的收费项目，如在房地产税开征的同时相应降低土地出让金比重，逐步由房地产税替代部分土地出让收益。

2. 宽税基

基于纳税人受益原则和增加地方政府财政收入的需要，我国房地产税应当采用"宽税基"模式，即将所有类型的房地产均纳入征收范围。但由于我国城乡差异、贫富分化等特殊问题，房地产税的征收范围不可能短时间内全覆盖，应当随着改革的深化从城镇房地产扩围至农村房地产、从增量房扩围到存量房、从高档住房扩围至普通住房等。改革初期，可以参考沪渝两地试点模式，征收范围由别墅等高端住宅、城市住宅和新增住宅开始，之后随着改革深入可扩围至一般住宅、存量住宅和农村住宅，逐渐发展成普遍征收。当然，为了房地产税长期发展的需要，在当前立法工作中，可设定基本全覆盖的征税范围，并对农村房地产予以一定的免征政策。

3. 低税率

为了减轻房地产税改革给广大民众带来的税负压力，在改革初期可适当选择较低税率，这是基于国内试点和国外实践经验的总结。例如，上海市设置0.6%和0.4%两档税率；重庆市实行0.5%、1%、1.2%三档两类累进税率；美国各个地区税率有所不同，平均税率水平在0.2%～2.5%。鉴于此，笔者认为，改革初期的房地产税率可设置在0.2%～1%，同时授权地方在这一范围内视具体情况制定相应税率。为缓解社会收入分配不公的矛盾，建议对不同功能用途的房地产实行不同税率。例如，对商业用房地产实行0.8%～1%的税率；对控制房地产实行0.5%～0.8%的税率；对居住用房地产实行0.2%～0.5%的税率。进一步还可将居住用房地产分为普通住房、公寓、别墅等多个档次并对其实行超额累进税率，以期优化收入分配。

4. 严征管

从沪渝两地的试点情况来看，征管工作将是实行房地产税的一大难题。尽管目前沪渝地区对于房地产税征管采用交易限制、媒体发布、银行扣款等诸多手段，但实际效果并不理想，重庆市在征收存量高端住宅房产税时更是矛盾重重。笔者认为，要实现房地产税的严格征管，应当考虑采用多种形式的税收征管方式。例如，实行季度预缴、年终清缴的征管办法，多退少补；也可考虑与市政部门合作探索居民住宅房地产税委托代征办法等。同时应当对税收征管过程中的违法行为予以严重处罚，对于逾期纳税者，除了加罚滞纳金，还应将其逾期纳税行为记录档案。对于经催报催缴仍拒不缴纳房地产税的欠税人，可依据行为严重程度对欠税人房地产权证予以限制、冻结甚至取消等。

（二）遗产税的制度设计

当前国际上的遗产税征收模式主要分为三种。第一种是以美国为代表的总遗产税制，即先对归属于死者自身的全部财产课税，后将税后遗产分配给各继承人；第二种是以日本为典型的分遗产税制，即先将死者遗产按既定顺序分配给每一继承人，而后对这些继承人分得的遗产分别课税；第三种是以伊朗为代表的混合遗产税制，采用"先税后分再税"的方式，即先按照一定比率税率对归属于死者自身的合法财产征税，进而将税后遗产按程序分配给各继承人，最后对每一继承人分到的遗产再行课税。考虑到我国的基本国情和税收征管的简便性，笔者基于总遗产税制模式的视角进行各项税制的要素设计。具体而言：

一是在纳税人的确定上，根据《中华人民共和国继承法》的规定，可以选择死者指定的遗嘱执行人或遗产管理者为纳税义务人；如若没有指定，则遗产继承人或赠与人为主要纳税义务人。此外，如果遗产税的纳税义务人为无行为能力人或者限制行为能力人时，其纳税义务由其监护人履行。二是在征税对象的确定上，许多国家都是将死者遗留的归属其自身的合法财产作为遗产税的课税对象，主要包括银行存款、有价证券、金银首饰等动产和房屋及其附属物。其价值一般采用市场价值法、账面价值法和收益现值法确定。借鉴国际上这一做法，笔者建议将死者全部货币资金、非货币实物资产、无形资产、利息股息红利所得以及保险赔偿等列为征税对象。其中，对于非货币性的资产的价值多少应由国家认可的专业评估机构进行评估，再依据评估价格按照相关规定缴纳遗产税。三是在税率设计上，借鉴世界上开征遗产税的国家经验，可选择采用 10%～50% 的五级超额累进税率，如对不超过 50 万元应税款，实行 10% 的税率；超过 50 万～200 万元部分，实行 20% 的税率；超过 200 万～500 万元部分，实行 30% 的税率；超过 500 万～1 000 万元的部分，实行 40% 的税率；超过 1 000 万元的部分，实行 50% 的税率，这样不仅能够较好地贯彻负税能力公平原则，而且也便于征管。四是在免征额的确定上，借鉴国际上其他国家确定的免征额水平并充分考虑我国人均 GDP、遗产税调节收入分配功能以及公民对遗产税的认可度等因素，笔者认为将免征额确定为 100 万元较为适宜。五是在扣税项目上，基于公平与效率原则及对社会传统文化的考虑，可扣除的项目至少包括：遗产所有者去世所必需的丧葬费用、遗嘱管理执行费用、遗产所有者生前的债务、赠与或捐赠的财产，等等。

三、货劳税制度的完善

根据前文剖析的增值税和消费税制度建设存在的问题及可能的优化思路，本书给出以下完善货劳税制的建议。

（一）完善增值税制度的建议

前已述及，目前我国增值税存在部分抵扣链条缺失、征抵不一致、税收优惠形式复杂等问题。对此，一是尽量贯彻税收"征抵一致"的原则，保证增值税发票抵扣链条的完整。以前文提及的金融行业企业抵扣链条不完整问题为例，应当允许该类企业开具贷款利息增值税专用发票，下游企业可凭借其因支付贷款利息获得的专用发票抵扣增值税应税收入产生的销项税额。这项改革如果得到落实，不仅有利于提高增值税发票链条的完整性，而且能够在一定程度上减轻企业税收负担，助力减税降费的政策目标。二是充分发挥增值税的税收中性优势。针对前文述及的中间环节免税优惠并没有实际上减轻企业税收负担的问题，建议重新梳理我国现阶段的增值税税收优惠政策，可以保留最终环节的税收优惠，取消中间环节的税收优惠。与此同时，对亟须发展与支持的行业或业务，可以降低其增值税税率或实行零税率。如我国增值税暂行条例规定，企业为出口货物提供的出口货物保险和出口信用保险服务可免征增值税，这表面上是给予了我国保险企业增值税优惠，实际上降低了该类企业在国际市场上的竞争力，建议采用零税率的方式来代替免税优惠。此外，我国"营改增"的任务已基本完成，在接下来的增值税立法工作中，应当按照提高立法质量的要求，逐步清理规范之前遗留的营业税税收优惠内容，尽可能实现增值税税收中性目标。三是继续坚持增值税的价外税特征。在增值税立法上，应明确规定增值税是价外税，所有定价都应是不含税价格。在增值税的宣传方面，应做好增值税价外税特点的宣传工作，引导民众不仅仅在使用增值税专用发票时将增值税看作价外税，更重要的是在定价、谈判以及合同签订方面也将增值税看作一种价外税。尤其是在增值税改革过程中，应减少政府对物价的干预，让市场发挥价格的决定作用，真正体现增值税的价外税特点。这不仅有利于减少增值税对经济主体行为的影响，而且也能加快增值税对经济主体影响的传导机制，更好地发挥出增值税减税的效果。

（二）改进消费税制度的建议

基于我国现行消费税存在的征税范围偏窄、税基侵蚀严重和税收感知度弱等问题，本书给出以下政策建议：一是动态调整消费税征收范围。例如，为充分发挥消费税对高档消费市场的调节功能，可考虑将消费税征收范围扩大至皮草、高档家具、私人飞机等新兴的高档消费品，或类似商务舱、五星级酒店等高档服务消费。又如为促进资源节约和环境保护，可参照《环境保护综合名录》的分类办法，将水泥、塑料制品、有害农药等高耗能高污染商品纳入征税范围。此外，随着人民生活条件的改善和消费水平的提高，现行《中华人民共和国消费税暂行条例》中的部分高档应税商品似乎已成为生活必需品。以高档化妆品为例，现行消费税税目将高档化妆品界定为"生产（进口）环节销售（完税）价格（不含增值税）在10元/毫升（克）或15元/片（张）及以上的美容、修饰类化妆品和护肤类化妆品"①，而随着物价水平的提高，普通化妆品可能因生产成本价格提升而导致价格上涨，进而被纳入高档消费品征税范畴，故应根据当前的社会消费水平调整高档商品的认定或起征标准，将高档化妆品的认定标准提高至15元/毫升（克）或18元/片（张）等。二是为避免税基侵蚀，建议在控制征管成本情况下，将消费税征税环节从生产后移至批发或零售环节。例如，对高档手表、贵重首饰及珠宝玉石等高档消费品统一在零售环节课税；对鞭炮焰火、木制一次

①　财政部　国家税务总局关于调整化妆品消费税政策的通知 ［EB/OL］. www. chinatax. gov. cn/n810341/n810755/c2279432/content. html，2016 – 09 – 30.

性筷子、电池、涂料等不符合环境保护导向的商品统一在批发环节课税；对烟、酒等影响消费者健康的商品，基于提高商品消费成本、抑制过度消费的目的，可考虑在批发和零售环节课税。此外，针对成品油商品，由于需对税控系统更新及实施特别税收监管制度，可暂不调整征收环节，待条件成熟后再将征收环节后移至零售环节，以杜绝虚开、换票和倒票等偷逃税问题。三是建议将消费税从价内税改为价外税。即在商品售价中分别体现不含税价格和消费税税额，以此增加消费者的纳税感知度。如在当前减税降费的背景下，将消费税改为价外税，那么，若对消费税下调则有助于增强消费者减税获得感；若消费税上调，则有助于消费者理解政策调控的导向，发挥税收优化资源配置的作用。

四、其他辅助税制的健全和完善

根据前文关于其他辅助税种制度的问题分析，这里仍以资源税和环境保护税为典型，给出以下相关制度要素的改革建议。

（一）资源税制度的改进建议

接下来的资源税制改革重点包括以下三个方面：一是要全面实行资源有偿制度。考虑到我国当前实施的资源有偿使用制度对资源开采企业约束力较弱，阻碍资源税发挥资源节约和合理补偿功能的问题①，笔者认为可通过两条路径优化我国资源开采和使用权的市场化配置方式。（1）是建立严格的招投标程序，将资源开采和使用的权利通过招投标方式分配，并且将资源储存量和价值量等客观因素引入招投标评选标准中；（2）是建立规范的资源开采权和使用权市场，与之相配套的科学的资源评估和定价机制也要随之完善。这不仅能够实现国家资源所有权的经济效益最大化，而且可以较好地督促那些资源性企业在成本压力和利益驱动下尽可能地优化资源开采办法，提高资源使用效率。二是要逐步扩大资源税征收范围。在当前社会经济发展背景下，

---

① 李冬梅，马静．我国资源税改革的经济效应分析［J］．东南学术，2014（2）：99-104．

资源税扩围改革应当在充分考虑各类资源存量、资源开发利用率、税收征管手段完备性等条件的基础上进行。例如，首先，将矿产资源类目下的共伴生矿及一些未列明的非金属矿原矿纳入征税范围；其次，基于河北省水资源试点经验，在全国范围内对取用地表水或者地下水的单位和个人征收水资源税；最后，开展森林、草原、滩涂等可再生资源试点工作，待条件成熟后将其列为矿产资源外的新一级税目。三是要完善资源税的税率结构。根据应税资源品质、地理位置、开采条件及其可再生性、稀缺性和环境危害程度等因素设定不同税率。例如，对品质好、稀缺程度高、环境破坏严重的不可再生资源实行高税率，对资源品质相对较差、稀缺程度低、环境破坏力小的资源品采用低税率。[①] 同时，为体现资源之间的稀缺性差异，以及同一品种不同品位或级别资源的市场价值差异，应扩大不同类别乃至相同类别资源的税率差距。

（二）环境保护税制度的完善办法

根据前文对环境保护税制度问题剖析的结果可知，要强化环境保护税的生态调节功能，还应当从征税范围、计税依据和税率等方面完善相关制度内容。具体而言，一是逐步扩大征税范围。（1）为贯彻落实党中央提出的节能减排任务，将企业生产经营活动过程中因消耗化石燃料排放的二氧化碳列为应税污染物；（2）基于 2015 年对挥发性有机物排污收费的试点经验，可选择将非甲烷总烃、卤代烃、含氮化合物等挥发性有机物纳入征税范围；（3）参照工业噪声的征税标准，可选择将建筑施工行业噪声、飞机噪声等影响居民正常生活的噪声污染物列入当前环境保护税的噪声税目；（4）待条件成熟时，也可考虑逐步将光污染物列入环境保护税的征税范围[②]。二是优化税率结构。如根据环境负外部性与税负水平相配比的原则，对一般污染物适当提高其标准税率，对环境破坏力强的污染物实行超额累进税率，同时基于对经济发展水平、污染严重程度的地域性差异考量，可考虑设置差异化

---

① 张德勇. 关于进一步推进水资源税改革的思考［J］. 税务研究，2019（7）：28–32.
② 梁文永，徐加伟. 光污染纳入环境保护税课税范围研究［J］. 中国市场，2020（16）：139–140，143.

税率。三是完善税收优惠政策内容。例如，针对前文分析的环境保护税优惠政策存在的不足，可考虑在综合测算大气或污染物当量、固体废弃物排放量、噪声污染超标分贝数的基础上设置合理的税收起征点；对声源超标少于30天的企业，根据其未超标的天数酌情减征环境保护税[①]；对从事牛、猪、鸡、鸭等农业养殖的企业，根据污染物排放量酌情减征未成年禽畜的环境保护税。此外，为保障计税依据测算结果的合理性，可考虑结合其他税收优惠政策，鼓励那些缺乏监测设备条件的企业购置国家统一标准的污染物自动监测设备，以便于精准确定污染物当量。

第四节　深化税收制度改革的配套机制

税收制度的深化改革不仅需要对各具体税种制度要素进行有针对性的调整，还需要相应的配套措施保障政策的有效落实。因此，基于前文对税收制度深化改革约束条件的分析，本书主要从推进税收征管现代化、构建和谐的中央与地方税收关系以及加强税收宣传等方面给出税收制度深化改革的配套机制完善建议。

一、推进税收征管能力现代化建设

针对前文分析的税收征管能力建设可能存在的约束，本书主要从改革现行税收征管机制和加强税收信息化建设两个方面给出税收征管能力现代化建设的建议。

（一）完善现行税收征管机制

国税地税征管系统合并以后，国家征管系统内部机制的完善可从以下两

---

① 例如，某企业2021年9月有15天超标，那么未超标天数的比例是50%，即（30 - 15）/30 × 100% = 50%，那么该企业2021年9月噪声税目的环境保护税就应减征50%。

个方面着手：一是创新纳税服务机制。可考虑按照服务型税务机构建设标准，以尽可能便利纳税人为目标优化纳税服务水平，具体如规范纳税服务流程、提供办税辅导、健全减信纳税机制、丰富纳税服务投诉渠道等。二是转变征收管理方式。具体内容包括：（1）切实加强税收征缴项目的事中事后管理，将税收管理方式由之前以事前审批为主转向以事中事后的检查监督为主。（2）实行纳税人分级分类管理，最为简单的办法是根据规模和行业对企业纳税人进行分类管理，根据收入和资产对自然人实行分级管理。（3）增加大型企业的税收管理层级，例如，对跨区域、跨国界的大企业涉税基础事项实行属地管理，并将其税收风险的分析事项集中至税务总局、省级税务局。（4）加强自然人税收管理体系建设，以高收入者为重点，从法律框架、征管流程、制度内容等方面完善自然人税收管理体系。深化税务稽查改革，建立健全随机抽查制度和案源管理制度。此外，还应当充分发挥税收大数据服务国家治理的作用，以"金税三期"或"金税四期"系统为依托，通过"互联网＋政策"的落实和税收数据生态圈的构造，为国家治理现代化建设提供更完整、更准确的数据基础。

（二）加强税收征管信息化水平建设

在当前大数据应用不断延伸的背景下，加强税收征管信息化水平建设的内容至少应当包括以下几点：一是增强数据采集与应用能力。数据采集与应用是大数据时代税收征管能力提升的前提，应当重点推进和强化这一方面的工作。具体地，就前者而言，既可考虑在税务总局官方网站、微博或者公众号上以问卷调查、在线问答等形式收集相关涉税信息，也可考虑从第三方处获取信息，如借助银行征信提供的纳税人征信情况来监控其纳税行为；借助房管部门提供的纳税人房产信息对其财产类税收加强征管等。就后者而言，重点在于建立一个完善的数据处理系统并尽可能地提升税务人员数据处理水平。如此才能对收集的信息进行充分加工，通过计算税收征收率、征管成本率等指标评估税收征管取得的成效与存在的不足，有针对性地改革和完善税收征管机制。二是建立信息共享平台。信息不对称一直是阻碍直接税征管效率提升的重要问题，对此，应当打破目前税务、海关、工商等部门存在的信息孤岛现象，建设一个涉税数据全覆盖的信息共享平台。这就需要整合各地区税务机关的征管工作，消除地区间的税收信息壁垒，完善涉税数据的共享内容建设等。三是完善信息智能化服务。例如，根据不同行业企业的需求，个性化提供政策法规、办事指南、纳税提醒等有效服务；又如扩大 12366 平台的税务咨询范围，提高涉税咨询服务的准确性和权威性，等等。

二、构建和谐的中央与地方税收关系

如前所述，中央与地方关系目前面临的核心问题是财权配置问题，因而构建和谐央地关系的有效路径就可简单概括为两个方面，即税收分成比例的调整以及中央与地方主体税种的确定。

（一）调整中央和地方共享税种的税收分成比例

目前，增值税及企业所得税是我国税收的主要来源，而地方政府对这两个税种的分成比例相对较低，由此也导致了较低的地方政府财政收入，不利于地方政府事权的履行。对此，很有必要通过重构中央与地方的分成比例来协调二者之间的关系。具体地，就增值税而言，伴随着营业税改征增值税的完成，原本作为地方主要税源的营业税被纳入了增值税范畴。从短期来看，为保障地方政府"营改增"后的税收收入基本稳定，对改革完成后的增值税收入实行 50%：50% 的分成比例这一做法十分合理。但从长期来看，随着税制结构调整中增值税比重的下降以及其他共享税或中央税的调整，这一分成比例未必能够保障足额稳定的地方税收收入。因此，笔者建议进一步提高地方政府的增值税收入分成比例至 55%。就所得税而言，随着综合与分类相结合的个人所得税制的全面推进，个人所得税收入尤其是经济发达省份的个人所得税收入必然不断增加。此时，考虑到各地区收入水平的差异，如若中央与地方仍按 60%：40% 的比例共享个税收入，只会加剧区域之间发展不平衡的问题。理智的做法是逐步调整个税的共享比例，使其最终成为中央主体税种。企业所得税可保持现有的分成比例，但至少应做以下调整：一是扩大企业所得税共享面，将原归属于中央固定收入的中央企业所得税、地方银行和外资银行及非银行金融企业所得税收入纳入双方的共享范畴。二是为配合共享面的调整，企业纳税地点及计税方法均需做出改进，例如，各分支机构先按照属地原则纳税，待总机构汇算清缴时，可采用税款抵扣的形式实现分支机构之间的盈亏关系平衡以及地方政府与企业之间的利益平衡。

（二）调整中央和地方的固定税种

前已述及，我国现代税制建设应当形成以直接税为主体的税制结构，这一税制结构模式对中央与地方主体税种设置的要求可从两个方面探讨：一方面，根据财政分权理论，属于中央固定收入的税种应当具备税源广且分布不均衡的特征。而如果税制改革能够形成以直接税为主体的税制结构，改革完成后应当将个人所得税和社会保险税设置为中央汲取财政收入的固定税种。理由阐释如下：（1）个人所得税和社会保险税在国际上一般都属于中央固定收入的税种；（2）这两个税种均具有较强的收入分配调节功能，能够为中央政府提供足额稳定的税收收入；（3）按照如前所述的税制要素安排，这两个税种能够推动我国税制结构转型，同时，由于个人所得税和社会保险税具有较强的透明性，也将会增加财政透明度，进而推动财政民主化进程。另一方面，属于地方固定收入的税种应当能够较好地调动地方政府发展经济以及建设公共福利项目的积极性。由此，地方固定税种应当以消费税和房地产税为主。理由阐释如下：（1）从国际惯例的角度来看，房地产税收入一直在地方政府税收收入中占主体地位，且该税种具有连接地方政府税收收入和地方公共服务的功能，能够保障地方财政民主化；（2）从世界税制结构的演变趋势来看，如果仅以房地产税为地方主体税种的话，地方财政支出规模将直接决定房地产税的税收负担。当房地产税基不变而税率又受到社会压力限制的时候，地方政府将不可避免地面临财政困难。此时，增配消费税不仅有助于缓解这一问题，而且又可调动地方政府发展经济的积极性。当然，应当明确地方政府取得的消费税收入只能用于节能减排、环境保护等专门项目，以此降低地方政府盲目招商建厂甚至通过鼓励盲目消费等方式达到提高消费税收入的风险。

三、加强税收意识形态建设

针对当前税收意识形态建设中公民纳税意识薄弱的问题，笔者认为改革的重点是加强税收宣传尤其是对直接税改革内容的宣传。这是因为正确的宣传与引导能够使公众从心理上提高对税收的认可度，为营造良好的税收氛围奠定基础。具体而言，做好税收宣传工作至少应当从以下几个方面抓起。

一是针对不同税收主体制定不同的宣传目标。（1）要让公众意识到，税收最终会用于提供公共物品和服务，而纳税人会成为税收最终的受益人。个人享受了公共产品带来的好处，就应当为此付出相应的"代价"。这个"代价"就是将个人收入的一部分用来纳税。（2）向公众宣传税收主体的权利与义务，激励纳税人主动参与税收相关活动，要让公众了解到，其作为纳税人还享有广泛的知情权、参与权与监督权，在自身合法权益受到损害时有权申请诉讼赔偿和减免退税。（3）通过部门内部的宣传与培训工作，使税务机关树立依法征税、公正执法的理念，公平对待不同的纳税群体，以自身的诚信征税行为带动纳税人诚信纳税；同时，根据纳税人的不同层次有针对性地对其进行税收知识与税收文明宣传，让诚信纳税理念深入人心。（4）作为用税主体的政府部门要保证税款的使用效率，将税款用在最需要的公共物品和服务支出上，让纳税人真正享受到缴纳税款带来的收益，并自觉接受社会的监督。

二是在奖惩机制的内容宣传上，要以《纳税信用等级评定管理试行办法》（以下简称《试行办法》）为依据，对不同等级的纳税主体设计不同的宣传方案，例如，对信用等级较高的纳税主体主要宣传奖励机制，主动告知其享受的税收优惠、"免检"政策以及公开表彰通知，进一步鼓励这部分群体自觉诚信纳税；对于信用等级较低的纳税主体，主要向其宣传偷逃税款的惩罚措施，包括具体的稽查与处罚措施、向社会实名通报批评等，同时加大对其的监督力度与处罚力度，让其感受到偷逃税款所面临的高额机会成本，从而减少甚至打消偷逃税款的念头。如此，通过宣传具体的有针对性的奖惩措施，让涉税主体在充分了解《试行办法》的前提下自觉规范自身纳税行为，不仅有利于税收效率的提升，还有利于良好税收文明的实现。

三是就宣传方式而言，税收宣传的广度和深度是重点。在宣传广度上，重视对现有纳税主体与潜在纳税主体的宣传，将宣传范围扩展至中小学，通过开设税收选修课程，或在相关课本中加入税收财政等知识，让依法纳税、诚信纳税的意识在学生群体中从小生成，在高校中定期组织税法宣传活动，让更多的大学生参与到活动中，通过模拟纳税、税收知识竞赛等形式提高其对税收的认知，引导其今后诚信纳税。在宣传深度上，通过高校统一开设税收公开课，让学生深入了解现行税收体系，包括税种设置、税制要素的安排，以及税收征纳的基本程序等；统一组织应届毕业生进行纳税知识的学习，使其在依法诚信纳税的同时，具备依法维护自身税收权益的素质与能力。对于已成为纳税人的个人和企业，税收宣传也要注意扩展宣传范围。在既有宣传形式的基础上，以涉税主体更愿意接受的、更加新颖的方式进行宣传教育，及时更新这些纳税主体的税收知识，降低其理解成本等。

第十二章

研 究 结 论

税兴则国兴、国兴则民兴、民兴则万事兴。我国 70 多年的税制改革走出了一条符合时代特征的具有中国特色的税收之路。本书在总结和归纳新中国成立 70 多年税收制度改革历史特征和基本经验的基础上，从税制结构视角分析了当前税收制度改革的基本现状，指出国家治理目标导向下的现代税收制度应当在保障国家财政收入的基础上充分发挥税收优化资源配置、调节收入分配和稳定经济发展的功能，形成以直接税为主体的税制结构。进而实证检验了 2013 年以来税收制度改革的国家治理效应，在借鉴国际经验的基础上从总体思路、基本要求、具体措施和配套机制四个维度给出深化税收制度改革的政策建议。通过详细的分析论证，本书主要得出以下结论。

（1）新中国成立 70 多年的税收制度改革始终服务于政府工作目标，并受到财政汲取能力、税收征管水平、中央与地方关系以及税收意识形态等现实条件的约束，进而形成符合时代特征的税制结构。以 2013 年党的十八届三中全会为界，过去 60 多年的政府工作主要围绕建设和发展社会主义市场经济这一目标展开，当下或未来很长一段时间，政府工作应当围绕推进国家治理体系和治理能力现代化这个目标进行。

（2）经过 70 多年的税制改革，我国税收制度从计划经济时期作为财政收入方式之一的不完全的单一税制发展演变为当前作为财政收入主体形式的基本适应社会主义市场经济发展需要的复合税制。改革取得的积极成效可归纳为以下四个方面：一是税收收入实现持续增长，税收财政功能应显尽显；

二是税制结构不断优化，税收宏观调控能力显著提高；三是税收制度内容更为科学，税收法治化进程逐步加快；四是减税降费力度持续加大，税收红利惠及经济和民生。

（3）我国目前形成了以间接税为主体的税制结构。这一税制结构虽然能够较好地保障国家财政收入，但不利于稳定经济发展和调节社会收入分配职能的发挥，资源优化配置的效果也不显著。进一步地，通过剖析现行税制发现：在货劳税制中，"营改增"后的增值税存在部分抵扣链条缺失、征抵不一致、税收优惠烦冗复杂等问题，带来一定的市场要素价格扭曲。消费税存在征税范围狭窄、税基侵蚀严重等问题，影响其市场调节功能的发挥。在所得税制中，企业所得税存在税率相对偏高、税收优惠受益面较窄、亏损结转弥补制度不完善等问题，导致企业税收负担偏重，企业转型升级的激励作用有限。个人所得税虽改用综合与分类相结合的计征模式，但在征税对象、税率、专项附加扣除等税制要素上仍存在不足，实践中稳定经济发展和调节收入分配的效果并不突出。在其他辅助税制中，财产税存在重复征税和税种缺位等问题，抑制其增加地方政府财政收入、调节社会收入分配功能的发挥。资源税和环境保护税也并未充分发挥其应有的优化资源配置职能。

（4）国家治理目标导向下的现代税收制度应当在保障国家财政收入的基础上充分发挥税收优化资源配置、调节收入分配和稳定经济发展的功能，形成以直接税为主体的税制结构。如此，对照上一条研究结论，改革的方向是完善现代税收制度，逐步提高直接税比重，但是改革不可避免地受到税收征管水平不高、中央与地方税收关系紧张、纳税人税收遵从意识不强等客观条件的约束。

（5）基于税制结构的视角，税收制度改革的国家治理效应实证分析结果表明，在税系结构层面，直接税对国家治理绩效具有正向促进作用。在税类结构层面，货劳税比重提高对国家治理绩效具有显著抑制效应，而所得税比重提高能够在一定程度上提升国家治理水平。在税种结构层面，增值税比重的提高不利于国家治理，个人所得税和城镇土地使用税比重的提高会带来一定的国家治理效用，而消费税、企业所得税、房产税、土地增值税和资源税对国家治理效用的影响并不显著。

（6）国际经验表明，西方国家税制改革的目标基本是形成以"直接税"为主体的税制结构，改革的基本主线是降低间接税税率、拓宽直接税税基。改革内容统筹考虑了税收公平与效率原则。改革过程中强调税权合理配置，充分调动中央与地方积极性，同时注重完善税收征管机制，提高税收征管效率。

（7）为推进国家治理体系和治理能力现代化，基于理论和实证分析结果，税收制度的深化改革应当以逐步提高直接税比重、降低间接税比重为方向，不断完善货劳税、所得税、财产税等其他辅助税类中各税种制度要素设置存在的不足。具体地，就货劳税而言，增值税应当尽量贯彻"征抵一致"的原则，充分发挥税收中性优势；消费税应当动态调整征税范围，后移纳税环节，并将其改成"价外税"。就所得税而言，企业所得税应将改革重点放在税收优惠上，进一步减轻企业税收负担；个人所得税应当以家庭为计征单位、缩减税率级次并细化专项附加扣除内容，努力将其培育成为所得税类中的主体税种；除此之外，还应适时开征社会保障税。就财产税而言，一是要以取消城镇土地使用税、土地增值税等重复性税种为前提，积极推进房地产税改革立法；二是要在完善财产登记制度、提高纳税遵从意识的基础上适时开征遗产税。就资源税、环境保护税等其他辅助税种而言，资源税应进一步扩大征税范围，在考虑资源稀缺性及开采的负外部性基础上合理设置税率。环境保护税应进一步扩大征税范围、优化计税方法并完善相关税收优惠政策。

附录一　我国各税种的历史沿革

一、增值税的历史沿革

1979 年，我国开展增值税开征的可行性调研。

1980 年，选择在柳州、长沙、襄樊和上海等城市，对重复征税矛盾较为突出的机器机械和农业机具两个行业进行增值税试点。

1981 年，增值税试点范围延伸至自行车、电风扇和缝纫机三种产品，但这些都仅是在产品税基础上的改良，试点范围有限。

1983 年，增值税试点范围扩大至全国。

1984 年，在总结试点城市经验的基础上，国务院发布了《中华人民共和国增值税条例（草案）》，规定在中华人民共和国境内从事生产和进口本条例规定应税产品的单位和个人，为增值税的纳税义务人。同时，将增值税税目分为甲乙两大类产品，其中，甲类产品按照"扣额法"计算应纳税额；乙类产品按照"扣税法"计算应纳税额。进口的应税产品，不论是甲类或乙类产品，均按组成计税价格，依率直接计算应纳税额，不扣除任何项目的金额或已纳税额。这一阶段的增值税税率档次过多，征税范围并不包括全部产品和所有环节，只是引进了增值税计税方法，并非真正意义上的增值税。

1993 年底，我国正式出台《中华人民共和国增值税暂行条例》，规定在中华人民共和国境内销售货物或者提供加工、修理修配劳务以及进口货物的单位和个人，为增值税的纳税义务人，自 1994 年 1 月 1 日起施行。同时废止《中华人民共和国增值税条例（草案）》《中华人民共和国产品税条例（草案）》，形成增值税与营业税共存的格局。值得一提的是，这一阶段的增值税征收范围扩大到工业、商业和进口环节产品，以及加工、修理修配劳务，并将价内税改为价外税，采取了对企业购进固定资产所纳税款不予抵扣的生产型增值税办法。

2004 年，为支持东北地区老工业基地的发展，出台了《财政部 国家税务总局关于印发〈东北地区扩大增值税抵扣范围若干问题的规定〉的通知》，对东北地区实行固定资产进项税额一次性全部予以扣除，意味着增值税由生产型向消费型的转型试点开始。

2007 年，国家出台《财政部 国家税务总局关于印发〈中部地区扩大增值税抵扣范围暂行办法〉的通知》，对中部地区实行固定资产进项税额一次性全部予以扣除，意味着增值税转型试点范围进一步扩大。

2008 年，国家出台《财政部 国家税务总局关于印发〈汶川地震受灾严重地区扩大增值税抵扣范围暂行办法〉的通知》，对汶川地震受灾严重地区实行固定资产进项税额一次性全部予以扣除。2008 年 11 月 5 日，国务院修订并重新公布了《中华人民共和国增值税暂行条例》。2008 年 12 月 18 日，财政部和国家税务总局也相应印发修订后的《中华人民共和国增值税暂行条例实施细则》，自 2009 年 1 月 1 日起施行。

2009 年，在全国范围内实施增值税由生产型向消费型的转型改革，从政府层面确立了消费型增值税。

2011 年，财政部和国家税务总局修订并重新公布了《中华人民共和国增值税暂行条例实施细则》，自 2011 年 11 月 1 日起提高增值税起征点。

2012 年，为了进一步完善增值税制，消除重复征税，促进经济结构优化，经国务院常务会议决定，在上海市交通运输业和研发等部分现代服务业开展营业税改征增值税试点。至该年底，试点范围由上海市分批扩大至北京、天津、江苏、浙江、安徽、福建、湖北、广东、宁波、厦门和深圳 11 个省（直辖市、计划单列市）。

2013 年，交通运输业和现代服务业营业税改征增值税试点范围扩大至全国。

2014 年，铁路运输、邮政业和电信业纳入试点范围。

2016 年，国家发布《财政部、国家税务总局关于全面推开营业税改征增值税试点的通知》，决定自当年 5 月 1 日起对全部营业税企业改征增值税。

自此在中国实行了60多年的营业税退出历史舞台，增值税完成对国民经济三次产业的全面覆盖。

2017年，国务院常务会议提出减税措施，将增值税税率由原有的四档调整至6%、11%、17%三档，取消其中13%的税率；把农产品、天然气等行业的税率由13%降至11%。

2018年，深化增值税改革三项措施实施。一是将制造业等行业增值税税率从17%降至16%，将交通运输、建筑、基础电信服务等行业及农产品等货物的增值税税率从11%降至10%；二是将工业企业和商业企业小规模纳税人的年销售额标准由50万元和80万元上调至500万元，并在一定期限内允许已登记为一般纳税人的企业转登记为小规模纳税人；三是试行留抵退税，对装备制造等先进制造业、研发等现代服务业符合条件的企业和电网企业在一定时期内未抵扣完的进项税额予以一次性退还。

2019年，财政部、税务总局、海关总署联合发布《关于深化增值税改革有关政策的公告》，进一步降低增值税税率。一是增值税一般纳税人（以下简称"纳税人"）发生增值税应税销售行为或者进口货物，原适用16%税率的，税率调整为13%；原适用10%税率的，税率调整为9%。二是纳税人购进农产品，原适用10%扣除率的，扣除率调整为9%。纳税人购进用于生产或者委托加工13%税率货物的农产品，按照10%的扣除率计算进项税额。三是原适用16%税率且出口退税率为16%的出口货物劳务，出口退税率调整为13%；原适用10%税率且出口退税率为10%的出口货物、跨境应税行为，出口退税率调整为9%。四是适用13%税率的境外旅客购物离境退税物品，退税率为11%；适用9%税率的境外旅客购物离境退税物品，退税率为8%。

2020年，在继续巩固和拓展增值税改革成效的基础上，为防控新冠疫情，进一步出台了支持保供重点物资的企业、帮扶受疫情影响大的行业、支持小微企业复工复产、鼓励社会捐赠、稳定外贸出口等十余项增值税优惠政策。

二、消费税的历史沿革

1950年，我国曾在全国范围内统一征收特种消费税，当时的征收范围只限于电影戏剧及娱乐、舞厅、筵席、冷食、旅馆等消费行为，并且在1953年修订税制时取消。

1989年，针对当时流通领域出现的彩色电视机、小轿车等商品供不应求的矛盾，政府在全国范围内对彩色电视机和小轿车开征了特别消费税，后来由于彩电市场供求状况有了改善，1992年取消了对彩电征收的特别消费税。

1994年，我国正式施行《中华人民共和国消费税暂行条例》，对烟、酒及酒精、化妆品、护肤护发品、贵重首饰及珠宝玉石、鞭炮焰火、摩托车、汽车轮胎、汽油、柴油、小汽车共11类消费品征收消费税。

1995年，根据《财政部　国家税务总局关于调整金银首饰消费税纳税环节有关问题的通知》和《关于金银首饰消费税减按5%征收的通知》将金银首饰的征收环节由生产环节改为零售环节，税率由10%调整为5%。

2000年，根据《财政部　国家税务总局关于香皂和汽车轮胎消费税政策的通知》，对"护肤护发品"税目中的香皂停止征收消费税。对"汽车轮胎"税目中的子午线轮胎（指在轮胎结构中，胎体帘线按子午线方向排列，并有钢丝帘线排列几乎接近圆周方向的带束层束紧胎体的轮胎）免征消费税，对翻新轮胎停止征收消费税。根据《财政部　国家税务总局关于对低污染排放小汽车减征消费税的通知》规定，对生产销售达到低污染排放限值的小轿车、越野车和小客车减征30%的消费税。

2001年，《财政部　国家税务总局关于调整烟类产品消费税政策的通知》规定对烟酒消费税的计税方式进行调整，将白酒类和卷烟类消费品单一比例税率调整为定额税率和比例税率，采用复合计税方法。

2006年，为了进一步完善消费税制，《财政部　国家税务总局关于调整和完善消费税政策的通知》对消费税的征收范围进行调整，将石脑油、润滑油、溶剂油、航空煤油、燃料油、高尔夫球及球具、木制一次性筷子、实木地板、游艇、高档手表纳入消费税征收范围，取消了护肤护发品税目，并调整了白酒、小汽车、摩托车、汽车轮胎的税率。

2009年，根据《财政部　国家税务总局关于提高成品油消费税税率的通知》，将汽油、石脑油、溶剂油、润滑油的消费税单位税额由每升0.2元提高至每升 1.0 元；将柴油、航空煤油和燃料油的消费税单位税额由每升 0.1 元提高到每升 0.8 元。同年 5 月，《财政部　国家税务总局关于调整烟产品消费税政策的通知》将甲类卷烟生产环节税率调整为 56%，乙类卷烟生产环节税率提升为 36%，并且在卷烟批发环节加征一类 5% 的消费税。

2014 年，《财政部　国家税务总局关于调整消费税政策的通知》规定自 2014 年 12 月 1 日起，取消气缸容量小于 250 毫升（不含）的小排量摩托车消费税；停止对汽车轮胎、含铅汽油、酒精征收消费税。同年年底，《财政部　国家税务总局关于进一步提高成品油消费税的通知》将汽油、石脑油、溶剂油和润滑油的消费税单位税额由 1.12 元/升提高至 1.4 元/升；将柴油、航空煤油和燃料油的消费税单位税额由 0.94 元/升提高至 1.1 元/升。

2015 年，《财政部　国家税务总局关于继续提高成品油消费税的通知》规定将汽油、石脑油、溶剂油和润滑油的消费税单位税额由 1.4 元/升提高至 1.52 元/升；将柴油、航空煤油和燃料油的消费税单位税额由 1.1 元/升提高至 1.2 元/升。《财政部　国家税务总局关于对电池　涂料征收消费税的通知》将电池、涂料税目纳入征税范围。《财政部　国家税务总局关于调整卷烟消费税的通知》将卷烟批发环节从价税税率由 5% 提高至 11%，并按 0.005 元/支加征从量税。

2016 年，《财政部　国家税务总局关于调整化妆品消费税政策的通知》取消了对普通美容、修饰类化妆品征收消费税，将"化妆品"税目名称更名为"高档化妆品"，税率调整为 15%；《财政部　国家税务总局关于对超豪华小汽车加征消费税有关事项的通知》规定在"小汽车"税目下增设"超豪华小汽车"子税目，在零售环节加征消费税，采用双环节征税模式，税率为 10%。

三、企业所得税的历史沿革

1950 年，中央人民政府政务院公布的《工商业税暂行条例》中规定，凡在我国境内从事以盈利为目的的工商事业，应分别按营业额和所得额计缴工商业税。这是我国企业所得税制的基本雏形。

　　1958 年和 1973 年我国进行了两次重大的税制改革，其核心是简化税制，其中的工商业税（所得税部分）主要还是对集体企业征收，国营企业只征一道工商税，不征所得税。在这个阶段，工商企业上缴的企业所得税占税收总额的比重仍较小。

　　1980 年，为适应引进国外资金、技术和人才，开展对外经济技术合作的需要，第五届全国人民代表大会第三次会议通过了《中华人民共和国中外合资经营企业所得税法》，将合营企业所得税税率确定为 30%，另按应纳所得税额附征 10% 的地方所得税。

　　1981 年，第五届全国人民代表大会第四次会议通过了《中华人民共和国外国企业所得税法》，实行 20% ~40% 的五级超额累进税率，另按应纳税所得额附征 10% 的地方所得税。

　　1984 年，国务院发布《中华人民共和国国营企业所得税条例（草案）》，规定国营企业所得税的纳税人为实行独立经济核算的国营企业，对大中型企业实行 55% 的比例税率，对小型企业适用 10% ~55% 的八级超额累进税率。

　　1985 年，国务院发布《中华人民共和国集体企业所得税暂行条例》，实行 10% ~55% 的八级超额累进税率，停止执行原来对集体企业征收的工商税（所得税部分）。

　　1988 年，国务院发布《中华人民共和国私营企业所得税暂行条例》，规定私营企业适用 35% 的所得税税率。自此，国营企业、集体企业、私营企业所得税制度的出台，使我国的企业所得税制建设进入健康发展的新阶段。

　　1991 年，为适应中国特色社会主义市场经济体制的新形势，按照统一税法、简化税制、公平税负、促进竞争的原则，将《中华人民共和国中外合资经营企业所得税法》与《中华人民共和国外国企业所得税法》合并，制定了《中华人民共和国外商投资企业和外国企业所得税法》，并于同年 7 月 1 日起施行。

　　1993 年，国务院整合了《中华人民共和国国营企业所得税条例（草案）》《国营企业调节税征收办法》《中华人民共和国集体企业所得税暂行条例》和《中华人民共和国私营企业所得税暂行条例》内容，出台《中华人民共和国企业所得税暂行条例》，规定对内资企业实行 33% 的比例税率。

2007 年，第十届全国人大第五次会议审议通过并于 2008 年 1 月 1 日起施行的《中华人民共和国企业所得税法》，统一了内外资企业所得税制度，规定企业所得税一般税率为 25%。

2008 年，财政部、国家税务总局等部门下发了《财政部　海关总署　国家税务总局关于支持汶川地震灾后恢复重建有关税收政策问题的通知》等文件，规定在 2008 年 12 月 31 日前受灾地区企业和个人可享受多条企业所得税税收优惠。

2009～2017 年，基于经济形势的发展，国家陆续颁布了系列新的企业所得税优惠政策文件。如《财政部　国家税务总局关于企业手续费及佣金支出税前扣除政策的通知》《财政部　国家税务总局关于继续实施小型微利企业所得税优惠政策的通知》《财政部　国家税务总局　民政部关于调整完善扶持自主就业退役士兵创业就业有关税收政策的通知》《国家税务总局关于进一步做好小微企业税收优惠政策贯彻落实工作的通知》《财政部　国家税务总局关于国家大学科技园税收政策的通知》《国家税务总局关于实施高新技术企业所得税优惠政策有关问题的公告》等。

2018 年，第十三届全国人民代表大会常务委员会第七次会议决定修改企业所得税法，将 2008 年起施行的《中华人民共和国企业所得税法》第五十一条第一款中的"非居民企业在中国境内设立两个或者两个以上机构、场所的，经税务机关审核批准"修改为"非居民企业在中国境内设立两个或者两个以上机构、场所，符合国务院税务主管部门规定条件的"。

2019 年，根据 2018 年 12 月 29 日第十三届全国人民代表大会常务委员会第七次会议《关于修改〈中华人民共和国电力法〉等四部法律的决定》第三次修正的内容，颁布《中华人民共和国企业所得税法实施条例》。

2020 年，为促进集成电路产业和软件产业高质量发展，财政部、税务总局、发展改革委、工业和信息化部联合发布《关于促进集成电路产业和软件产业高质量发展企业所得税政策的公告》，通过降低税率、延长亏损抵补年限等措施加大对重点集成电路设计企业和软件企业的税收优惠力度。

四、个人所得税的历史沿革

1950 年，政务院发布了新中国税制建设的纲领性文件《全国税政实施要则》，其中，涉及对个人所得征税的主要是薪给报酬所得税和存款利息所得税。但由于我国生产力和人均收入水平低，虽然设立了税种，却因低工资一直没有开征。

1980 年，第五届全国人民代表大会第三次会议通过并公布了《中华人民共和国个人所得税法》，规定对在华外籍工作人员征收个人所得税，费用扣除标准为每月 800 元。

1986 年，国务院发布了《中华人民共和国个人收入调节税暂行条例》，规定对国内公民开征个人收入调节税；同年发布了《中华人民共和国城乡个体工商户所得税暂行条例》，规定对个体工商户征收个人所得税。至此，形成了对中国公民的个人所得按收入调节税征收，对个体工商户按个体工商所得税征收，对外国来华人员按个人所得税征收的局面。

1993 年，第八届全国人民代表大会常务委员会第四次会议通过了《全国人民代表大会常务委员会关于修改〈中华人民共和国个人所得税法〉的决定》第一次修正的修正案，规定不分内、外，所有中国居民和有来源于中国所得的非居民，均应依法缴纳个人所得税。同日发布了新修改的《中华人民共和国个人所得税法》，自 1994 年 1 月 1 日起实施。

1999 年，第九届全国人大常委会第十一次会议通过了《全国人民代表大会常务委员会关于修改〈中华人民共和国个人所得税法〉的决定》第二次修正，决定对储蓄存款利息所得征收个人所得税。

2005 年，第十届全国人大常委会第十八次会议再次审议《个人所得税法修正案（草案）》，会议表决通过全国人大常委会关于修改个人所得税法的决定，免征额由 800 元调整为 1 600 元，2006 年 1 月 1 日起施行。

2007 年，第十届全国人大常委会第三十一次会议表决通过了《全国人民代表大会常务委员会关于修改〈中华人民共和国个人所得税法〉的决定》第五次修正。将个人所得税免征额自 2008 年 3 月 1 日起由 1 600 元提高至

2 000 元。

2011 年，第十一届全国人大常委会第二十一次会议表决通过了全国人大常委会关于修改个人所得税法的决定。将个人所得税免征额从现行的 2 000 元提高至 3 500 元，同时，将个人所得税第一级税率由 5% 修改为 3%，九级超额累进税率修改为七级，取消 15% 和 40% 两档税率，扩大 3% 和 10% 两个低档税率的适用范围。

2018 年，第十三届全国人大常委会第五次会议表决通过《全国人民代表大会常务委员会关于修改〈中华人民共和国个人所得税法〉的决定》。将个税起征点从原来的每月 3 500 元提高至每月 5 000 元。同时规定居民个人的综合所得，以每一纳税年度的收入额减除费用 6 万元以及专项扣除、专项附加扣除和依法确定的其他扣除后的余额，为应纳税所得额，适用 3% 至 45% 的超额累进税率。

五、资源税的历史沿革

1950 年，政务院颁布了《全国税政实施要则》，明确规定对盐的生产、运销征收盐税，但未将矿产资源纳入征税范围。

1984 年，国务院发布《中华人民共和国盐税条例（草案）》《中华人民共和国资源税条例（草案）》，对盐业资源和矿产资源分开征税。不过，当时矿产资源征税范围仅限于原油、天然气、煤炭、铁矿石，采用超率累进税率对销售利润率超过 12% 的部分征税，其他矿产品暂缓征收资源税。

1986 年，财政部发布《财政部关于对煤炭实行从量定额征收资源税的通知》，对煤炭资源税改用从量定额征收。

1993 年，国务院发布《中华人民共和国资源税暂行条例》，该条例在合并征收盐税的同时，将征税范围扩大至盐、黑色金属矿原矿、有色金属矿原矿和其他非金属矿原矿，对所有资源税目实行从量定额计征，并将除海洋石油资源税外的其他资源税收入划归地方收入，自 1994 年 1 月 1 日起执行。

2003 年，《财政部 国家税务总局关于调整石灰石、大理石和花岗石资源税适用税额的通知》将石灰石资源税适用税额由 2 元/吨调整为 0.5～3 元/吨；将大理石和花岗石资源税适用税额由 3 元/立方米调整为 3～10 元/立方米。

2004 年，《财政部　国家税务总局关于调整山西等省煤炭资源税税额的通知》将山西省境内煤炭资源税税额提高至 3.2 元/吨，青海省、内蒙古自治区境内煤炭资源税税额提高至 2.3 元/吨。

2005 年，通过系列通知的形式提高安徽、宁夏、重庆、贵州、福建、山东、云南、河南等省份的煤炭资源税税额；将石油资源税税率调高为 14～30 元/吨；将天然气资源税税率调高为 7～15 元/千立方米。

2006 年，通过系列通知的形式调整江苏、湖南、四川、江西、吉林、辽宁、甘肃、湖北、河北、广西、陕西、内蒙古、广东等省份的煤炭资源税税额；取消有色金属矿原矿减征 30% 的优惠政策，对冶金矿山铁矿石减征 40% 税额，同时调高锰、钒矿石单位税额；开征石油特别收益金。

2007 年，为支持盐业的发展，《财政部　国家税务总局关于调整盐资源税适用税额标准的通知》规定北方海盐资源税暂减按每吨 15 元征收，南方海盐、湖盐、井矿盐资源税暂减按每吨 10 元征收，液体盐资源税暂减按每吨 2 元征收。《财政部　国家税务总局关于调整焦煤资源税适用税额标准的通知》，将焦煤的资源税适用税额标准确定为每吨 8 元。《财政部　国家税务总局关于调整铅锌矿石等税目资源税适用税额标准的通知》，提高了铅锌矿、铜矿和钨矿的资源税单位税额。

2008 年，《财政部　国家税务总局关于调整硅藻土、珍珠岩、磷矿石和玉石等资源税税额标准的通知》调整硅藻土、玉石等部分矿产品的资源税税额标准分别为：硅藻土、玉石每吨 20 元，磷矿石每吨 15 元，膨润土、沸石、珍珠岩每吨 10 元。

2010 年，《财政部　国家税务总局关于印发〈新疆原油天然气资源税改革若干问题的规定〉的通知》率先开始将新疆地区作为原油、天然气资源税从价计征改革试点。同年，改革试点范围扩大至西部内蒙古、甘肃等 12 个省区。

2011 年，国务院正式发布《国务院关于修改〈中华人民共和国资源税暂行条例〉的决定》，要求从 11 月 1 日起将原油、天然气从价计征改革推向全国，税率为销售额的 5% ~ 10% ；提高了部分煤炭产品的资源税率。

2015 年，《财政部　国家税务总局关于实施稀土、钨、钼资源税从价计征改革的通知》规定自 2015 年 5 月 1 日起，对稀土、钨、钼资源税由从量定额计征改为从价定率计征。国家税务总局关于发布《煤炭资源税征收管理办法（试行）》的公告，规定自 2015 年 8 月 1 日起，煤炭资源税由从量定额计征改为从价定率计征。同时清理了涉及煤炭、原油、天然气、稀土、钨、钼的相关收费基金。

2016 年，财政部、国家税务总局、水利部关于印发《水资源税改革试点暂行办法》的通知，规定自 2016 年 7 月 1 日起，先在河北省开展水资源税试点。《财政部　国家税务总局关于全面推进资源税改革的通知》决定实行资源税从价计征改革，即对《资源税税目税率幅度表》中列举名称的 21 种资源品目〔铁矿、金矿、铜矿、铝土矿、铅锌矿、镍矿、锡矿、石墨、硅藻土、高岭土、萤石、石灰石、硫铁矿、磷矿、氯化钾、硫酸钾、井矿盐、湖盐、提取地下卤水晒制的盐、煤层（成）气、海盐〕和未列举名称的其他金属矿实行从价计征，计税依据由原矿销售量调整为原矿、精矿（或原矿加工品）、氯化钠初级产品或金锭的销售额。规定在实施资源税从价计征改革的同时，将全部资源品目矿产资源补偿费费率降为零，停止征收价格调节基金，取缔地方针对矿产资源违规设立的各种收费基金项目。

2017 年，《财政部　税务总局　水利部关于印发〈扩大水资源税改革试点实施办法〉的通知》规定在北京、天津、山西、内蒙古、山东、河南、四川、陕西、宁夏 9 个省份扩大水资源税改革试点。

2019 年，第十三届全国人民代表大会常务委员会第十二次会议通过《中华人民共和国资源税法》。

六、土地增值税的历史沿革

1993 年，国务院颁布《中华人民共和国土地增值税暂行条例》，规定转让国有土地使用权、地上的建筑物及其附着物并取得收入的单位和个人，为土地增值税的纳税义务人，实行 30% ~ 60% 的四级超率累进税率，自 1994 年 1 月 1 日起执行。

1995 年，财政部印发《中华人民共和国土地增值税暂行条例实施细则》，对 1993 年的增值税暂行条例执行过程中的细节进行了详细规定。

2006 年，《财政部　国家税务总局关于土地增值税若干问题的通知》就关于纳税人建造普通标准住宅出售和居民个人转让普通住宅的征免税问题、关于转让旧房准予扣除项目的计算问题、关于土地增值税的预征和清算问题、关于因城市实施规划、国家建设需要而搬迁，纳税人自行转让房地产的征免税问题等内容进行了明确。

2011 年，中华人民共和国国务院令第 588 号修改《中华人民共和国土地增值税暂行条例》，对 1994 年版的土地增值额扣除项目、免征项目等内容进行了优化调整。

2012 ~ 2018 年，财政部、国家税务总局又陆续以"通知"的形式发布了一些有关土地增值税的规定办法，优化了土地增值税制度内容。

2019 年，为贯彻落实税收法定原则，财政部会同国家税务总局起草了《中华人民共和国土地增值税法（征求意见稿）》。

七、城镇土地使用税的历史沿革

1988 年，国务院颁布《中华人民共和国城镇土地使用税暂行条例》，规定在城市、县城、建制镇、工矿区范围内使用土地的单位和个人，为城镇土地使用税的纳税义务人；实行 0.2 ~ 10 元的定额税率。其中大城市每平方米年税额为 0.5 ~ 10 元，中等城市为 0.4 ~ 8 元，小城市为 0.3 ~ 6 元，县城、建制镇、工矿区为 0.2 ~ 4 元。

2006 年，国务院颁布《国务院关于修改〈中华人民共和国城镇土地使用税暂行条例〉的规定》，将城镇土地使用税纳税义务人界定为国有企业、集体企业、私营企业、股份制企业、外商投资企业、外国企业以及其他企业和事业单位、社会团体、国家机关、军队及其他单位和个体工商户及其他个人。将定额税率区间调整为 0.6~30 元，其中大城市每平方米年税额为 1.5~30 元，中等城市 1.2~24 元，小城市 0.9~18 元，县城、建制镇、工矿区 0.6~12 元。

2011 年，国务院发布《中华人民共和国城镇土地使用税暂行条例（2011 年修订）》，将《中华人民共和国城镇土地使用税暂行条例》第九条中"新征用的土地"改为"新征收的土地"。

2013 年，国务院发布《中华人民共和国城镇土地使用税暂行条例（2013 年修订）》，将《中华人民共和国城镇土地使用税暂行条例》第七条中的"由省、自治区、直辖市税务机关审核后，报国家税务总局批准"修改为"由县以上地方税务机关批准"。

2019 年，国务院发布《中华人民共和国城镇土地使用税暂行条例（2019 年修订）》，将《中华人民共和国城镇土地使用税暂行条例》第七条中的"由县以上地方税务机关批准"修改为"由县以上税务机关批准"。财政部、国家税务总局以"通知"的形式明确了部分行业企业城镇土地使用税优惠政策等内容。

八、房产税的历史沿革

1951 年，政务院颁布《城市房地产税暂行条例》，规定房地产税以标准房价为计税依据，采用 1% 的税率按年计征；凡开征房地产税的城市，标准房价均须组织房地产评价委员会每年进行一次评估，即房产税税基是当年评估的房产市值。

1972 年，国务院将国营、集体企业征收的城市房地产税并入工商税，之后城市房地产税就只对房产管理部门和个人的房屋以及中外合资、合作企业和外资企业的房屋征收。

1984 年，工商税制改革时将城市房地产税分为房产税和城镇土地使用税两个税种。

1986 年，国务院颁布《中华人民共和国房产税暂行条例》，规定房产税的征税对象为位于城市、县城、建制镇和工矿区的房产，纳税人为房屋的产权所有人或者承典人、代管人、使用人，计税依据分为房产原值一次减除10%～30%以后的余值和房产租金收入两种，税率也相应分为1.2%和12%两种。但是，当时仍对在中国有房产的外商投资企业、外国企业和外籍人员征收城市房地产税。

2008年，国务院决定从2009年1月1日起废止《城市房地产税暂行条例》，按照《中华人民共和国房产税暂行条例》对外商投资企业、外国企业和外国人员征收房产税。

2011年，根据《国务院关于废止和修改部分行政法规的决定》修订了《中华人民共和国房产税暂行条例》，将《中华人民共和国房产税暂行条例》第八条中的"《中华人民共和国税收征收管理暂行条例》"修改为"《中华人民共和国税收征收管理法》"。

九、车船税的历史沿革

1951年，政务院颁布《车船使用牌照税暂行条例》，规定凡在开征车船使用牌照税的地区行驶车船者，均应向税务机关缴纳车船使用牌照税。

1973年，为满足简化税制的需要，将对国营企业和集体企业征收的车船使用牌照税并入工商税。

1986年，国务院颁布施行《中华人民共和国车船使用税暂行条例》，规定对内外资企业和个人统一征收车船使用税，但对外商投资企业、外国企业及外籍个人仍征收车船使用牌照税。

2006年，国务院颁布《中华人民共和国车船税暂行条例》，规定对包括外资企业和外籍个人在内的各类纳税人统一征收车船税。

2011年，第十一届全国人民代表大会常务委员会第十九次会议通过了《中华人民共和国车船税法》，同年，国务院颁布了《中华人民共和国车船税法实施条例》。

2019年，根据第十三届全国人民代表大会常务委员会第十次会议《关于修改〈中华人民共和国建筑法〉等八部法律的决定》修正了《中华人民共和国车船税法》。

十、契税的历史沿革

1950 年，政务院发布《契税暂行条例》，规定对土地、房屋的买卖、典当、赠与和交换行为征收契税。其中，买契税按照买价款 6% 的税率征收，典契税按典价 3% 的税率征收，赠与契税按现值价格 6% 的税率征收。

1954 年，经政务院批准，财政部对《契税暂行条例》的个别条款进行了修改，规定对公有制单位承受土地、房屋权属转移免征契税。此后到"文化大革命"后期，全国契税征收工作基本处于停顿状态。

1990 年，全国契税征管工作全面恢复，国务院也着手开始了《契税暂行条例》的修订工作。

1997 年，国务院颁布了《中华人民共和国契税暂行条例》，规定在中华人民共和国境内转移土地、房屋权属的单位和个人为契税纳税人，对其国有土地使用权出让、土地使用权转让、房屋买卖、赠与和交换行为适用 3% ~ 5% 的契税税率。同年，财政部印发《中华人民共和国契税暂行条例实施细则》。

2020 年，第十三届全国人民代表大会常务委员会第二十一次会议通过《中华人民共和国契税法》。

十一、城市维护建设税的历史沿革

1985 年，国务院发布《中华人民共和国城市维护建设税暂行条例》，规定城市维护建设税的纳税义务人为缴纳产品税、增值税、营业税的单位和个人，以纳税人实际缴纳的产品税、增值税、营业税税额为计税依据，对其所在地在市区的适用 7% 的税率，所在地在县城、镇的适用 5% 的税率，所在地不在市区、县城或镇的适用 1% 的税率。对外商投资企业、外国企业和外籍个人暂不征收城市维护建设税。

2010 年，国务院发布了《国务院关于统一内外资企业和个人城市维护建设税和教育费附加制度的通知》，决定自该年 12 月 1 日起对外商投资企业、外国企业和外籍个人征收城市维护建设税和教育费附加。

2011 年，根据《国务院关于废止和修改部分行政法规的决定》修改了 1985 年版的《中华人民共和国城市维护建设税暂行条例》，将条文中的"产品税"修改为"消费税"。

2019 年，国务院常务会议通过《中华人民共和国城市维护建设税法（草案）》，规定在中华人民共和国境内缴纳增值税、消费税的单位和个人为城市维护建设税的纳税义务人。

2020 年，第十三届全国人民代表大会常务委员会第二十一次会议通过《中华人民共和国城市维护建设税法》。

十二、印花税的历史沿革

1950 年，政务院发布《印花税暂行条例》，规定印花税的纳税人为应税凭证的书立人、领受人和使用人；征税对象包括发货票、记载资本之账簿、债券、借贷抵押契据、保险契据、股票及投资契约等 25 个税目；计税依据为应纳税凭证所载金额和应纳税凭证件数，分别采用 0.1‰～3‰的比率税率和 200～5 000 元的定额税率。

1958 年，为了简化税制，将印花税并入工商统一税，不再单独征收。

1988 年，国务院发布《中华人民共和国印花税暂行条例》，恢复征收印花税。规定印花税的纳税人为在中国境内书立、领受应纳税凭证的单位和个人；征税对象包括购销合同、加工承揽合同、建设工程勘察设计合同、建筑安装工程承包合同、财产租赁合同、货物运输合同、仓储保管合同、借款合同、财产保险合同、技术合同和具有合同性质的凭证，产权转移书据，营业账簿，权利、许可证照等；计税依据为应纳税凭证所载金额和应纳税凭证件数，分别适用 0.05‰、0.3‰、0.5‰、1‰四档比例税率和 5 元的按件贴花定额税率。

2018 年，财政部国家税务总局公布《中华人民共和国印花税法（征求意见稿）》，征求社会各界人士的意见。

2019 年，《中华人民共和国印花税法（草案）》送审稿上报国务院，该草案将加工承揽合同、建设工程勘察设计合同、货物运输合同的税率由 0.5‰降为 0.3‰；将营业账簿的税率由 0.5‰降为 0.25‰；取消对权利、许可证照每件征收 5 元印花税的规定。

2021 年，十三届全国人大常委会第二十九次会议审议并通过了《中华人民共和国印花税法》，规定印花税纳税人为在中国境内书立应税凭证、从事证券交易的单位和个人，在中国境外书立在中国境内使用的应税凭证的单位和个人；征税对象包括合同、产权转移书据、营业账簿、证券交易 4 个税目和借款合同、买卖合同、股权转让书据等 15 个子目；计税依据为应纳税凭证所列、记载的金额和证券交易成交金额；税率分为 0.05‰、0.25‰、0.3‰、0.5‰和 1‰五档；税款分别采用粘贴印花税票和税务机关开具完税凭证的方式缴纳。

十三、烟叶税的历史沿革

1950 年，政务院颁布《货物税暂行条例》，对土烟叶和薰烟叶分别按 20%和 30%的税率征收货物税。

1958 年，国务院颁布《中华人民共和国工商统一税条例（草案）》后，对土烟叶和薰烟叶分别按 40%和 50%的税率征收工商统一税。

1972 年，财政部发布《中华人民共和国工商税条例（草案）》，将土烟叶和薰烟叶的税率统一调整为 40%。

1984 年，第二步"利改税"后，财政部颁布《中华人民共和国产品税条例（草案）》，将烟叶作为产品税税目，按 38%的税率征收产品税。

1994 年，国务院发布《国务院关于对农业特产征收农业税的规定》，烟叶作为重要农产品之一列在农业特产税中征收，烟叶产品中的晾晒烟叶和烤烟叶税率均为 31%。

1998 年，《国务院关于调整烟叶和卷烟价格及税收政策的紧急通知》决定将烟叶农业特产税税率由 31%降至 20%。

2006 年，全国人大常委会废止了《国务院关于对农业特产征收农业税的规定》，但为保持政策的连续性，国务院于 2006 年 4 月 28 日颁布《中华人民共和国烟叶税暂行条例》，规定烟叶税的纳税人为中国境内收购烟叶的单位，计税依据为收购烟叶的收购金额，税率保持20%不变。

2017年，第十二届全国人民代表大会常务委员会第三十一次会议通过《中华人民共和国烟叶税法》，规定烟叶税的计税依据为纳税人收购烟叶实际支付的价款总额，其他内容基本保持不变。

十四、车辆购置税的历史沿革

1985年，国务院发布关于《车辆购置附加费征收办法》的通知，正式开始征收车辆购置附加费，国产车的费率为10%，进口车的费率为15%。

2000年，国务院颁布《中华人民共和国车辆购置税暂行条例》，规定从2001年1月1日起开征车辆购置税。该税种是在原交通部门收取车辆购置附加费的基础上，通过"费改税"方式平移而来，征收环节为使用环节（最终消费环节），税率仍为10%。

2001年起，财政部、国家税务总局以"通知"的形式对新能源汽车、部分专用车及保供车辆实行车辆购置税减征政策，未发生重大的变化改革。

2018年，第十三届全国人民代表大会常务委员会第七次会议通过《中华人民共和国车辆购置税法》。

十五、船舶吨税的历史沿革

1951年，财政部、海关总署联合发布《海关代征吨税办法》，将船舶吨税划入财政部税务总局主管的车船使用牌照税范围。规定中国籍船舶由地方税务局征收使用牌照税，外籍船舶及外商租用的中国籍船舶吨税由海关代征。

1952年，经政务院财政经济委员会批准，海关总署发布《中华人民共和国海关船舶吨税暂行办法》，规定在中国港口行驶的外国籍船舶和外商租用的中国籍船舶，以及中外合营企业使用的中外国籍船舶均应向海关缴纳船舶吨税。

1991 年，《交通部、海关总署、财政部、国家物价局关于调整船舶吨税税率的通知》将船舶吨税税率平均提高 10% 左右。

1994 年，《交通部、国家计委、财政部、海关总署关于调整船舶吨税税率的通知》将船舶吨税税率提高 50%。

2011 年，国务院第 182 次常务会议通过《中华人民共和国船舶吨税暂行条例》，规定船舶吨税的纳税人是拥有或租有进出中国港口的国际航行船舶的单位和个人，征税对象是行驶于中国港口的中外船舶，税额按照船舶净吨位乘以适用税率计算。

2016 年，财政部发布《中华人民共和国船舶吨税法（征求意见稿）》，明确吨税的征税对象是自我国境外港口进入境内港口的船舶，沿用了暂行条例所附《吨税税目税率表》，但增加了免征船舶吨税的情形、修改了税收利息相关规定、细化了对游艇征税的规定。

2018 年，第十三届全国人民代表大会常务委员会第六次会议修改，中华人民共和国主席令第十六号公布《中华人民共和国船舶吨税法》。

十六、耕地占用税的历史沿革

1987 年，国务院发布《中华人民共和国耕地占用税暂行条例》，对占用耕地建房或者从事非农业建设的单位和个人征收耕地占用税，设立目的在于促进合理利用土地资源，加强土地管理，保护耕地。

2007 年，国务院公布了修订后的《中华人民共和国耕地占用税暂行条例》，调整了税额标准，统一了内外资企业税收负担，规范了征收管理。

2018 年，第十三届全国人民代表大会常务委员会第七次会议通过《中华人民共和国耕地占用税法》，耕地占用税由条例上升到法律高度，对保护耕地、推进生态文明建设具有重要意义。

十七、环保税的历史沿革

2015 年，中国国务院法制办公布《中华人民共和国环境保护税法（征求意见稿)》。

2018 年,《中华人民共和国环境保护税法》正式施行,在全国范围对大气污染物、水污染物、固体废物和噪声等 4 大类污染物,共计 117 种主要污染因子进行征税。

附录二　1950～1992 年工商税收分税种收入情况

表 A2-1

1950～1979 年工商税收分税种收入情况

单位：千元

年度	合计	货物税	工商营业税	商品流通税	工商统一税	印花税	工商税	盐税	工商所得税	车船使用牌照税	城市房地产税	屠宰税	存款利息所得税	特种消费行为税	文化娱乐税	交易税	牲畜交易税	集市交易税	滞纳金补税罚款收入
1950	26.32	8.63	7.73			1.01		2.69	1.17	0.17	0.95	1.06	0.05	0.21		0.61			2.04
1951	50.84	17.54	13.91			2.15		3.39	4.98	0.21	1.17	1.65	0.10	0.27		1.69			3.78
1952	65.53	21.89	16.60			3.29		4.05	10.44	0.21	1.23	2.06	0.10	0.22		1.84			3.60
1953	87.11	13.23	24.81	27.04		1.30		4.61	9.29	0.25	1.56	3.42	0.09		0.25		1.26		
1954	94.93	14.38	24.78	29.35		1.35		5.21	12.67	0.28	1.56	4.12	0.11		0.26		0.86		
1955	92.07	17.23	22.96	29.68		1.53		4.81	9.10	0.31	1.68	3.78	0.12		0.25		0.62		
1956	105.81	20.36	26.10	35.12		1.62		4.83	11.27	0.34	1.62	3.95	0.11		0.21		0.28		
1957	119.43	22.62	28.51	37.72		1.55		6.31	16.24	0.39	2.06	3.36	0.10		0.21		0.36		
1958	148.37				120.09			6.60	14.83	0.48	2.49	3.16	0.12		0.19		0.41		
1959	164.67				145.76			7.68	4.50	0.65	2.83	2.54			0.27		0.44		
1960	169.61				148.58			9.00	6.03	0.19	3.17	1.21			0.35		0.48		

续表

年度	合计	货物税	工商营业税	商品流通税	工商统一税	印花税	工商税	盐税	工商所得税	车船使用牌照税	城市房地产税	屠宰税	存款利息所得税	特种消费行为税	文化娱乐税	交易税	牲畜交易税	集市交易税	滞纳金补税罚款收入
1961	130.87				107.20			10.40	6.73	0.77	3.53	1.09			0.44		0.71		
1962	134.42				105.42			9.58	10.05	0.81	3.70	2.39			0.50		0.88	1.09	
1963	136.16				108.59			5.20	11.47	0.86	3.83	3.97			0.43		0.53	0.72	0.56
1964	151.73				122.46			6.45	11.00	0.92	3.97	5.45			0.36		0.51	0.39	0.22
1965	172.82				139.17			7.33	14.25	0.99	4.28	5.79			0.29		0.48	0.24	
1966	185.91				156.57			6.53	13.83	0.90	3.92	3.64			0.19		0.22	0.06	
1967	163.76				136.40			6.37	12.63	0.74	3.81	3.71					0.09	0.01	
1968	155.21				128.72			7.83	10.09	0.73	3.96	3.78					0.09	0.01	
1969	199.52				167.29			8.20	15.48	0.77	4.16	3.56					0.05	0.01	
1970	242.22				206.28			10.15	18.61	0.76	3.17	2.94					0.06	0.02	0.23
1971	276.70				240.51			8.49	21.96	0.66	2.26	2.62					0.05	0.02	0.13
1972	283.65				243.92			8.51	25.41	0.65	1.98	3.06					0.04	0.01	0.07
1973	309.43						268.64	8.05	29.41	0.50	1.47	1.27					0.04	0.01	0.04
1974	316.34						273.40	9.37	31.10	0.44	0.89	1.05					0.04	0.01	0.04
1975	358.32						307.44	10.34	38.01	0.48	0.86	1.08					0.04	0.01	0.06
1976	363.82						310.31	10.12	41.14	0.41	0.82	0.92					0.03	0.01	0.06
1977	412.71						352.73	11.81	45.79	0.41	0.87	0.99					0.03	0.01	0.07
1978	462.13						394.74	10.84	53.98	0.38	0.82	1.24					0.03	0.01	0.09
1979	482.30						425.38	9.62	45.00	0.01	0.66	1.39					0.03	0.02	0.19

资料来源：1993 年中国税务年鉴。

表 A2－2　1980～1992 年工商税收分税种收入情况

单位：千元

年度	合计	其中:海关代征	产品税	增值税	营业税	工商统一税	专项调节税	工商税	工商所得税	集体企业所得税	个体工商户所得税	个人所得税	个人收入调节税	私营企业所得税	中外合资经营企业所得税	外国企业所得税	涉外企业所得税	城市维护建设税
1980	510.43	1.1						453.98	44.95						0.01			
1981	547.48	5.6		0.16				491.30	43.80			0.05			0.03			
1982	623.17	6.0		1.67				551.10	48.42			0.10			0.07	0.03		
1983	688.75	7.8		20.35		0.25		572.65	59.94			0.17			0.14	0.16		
1984	809.44	17.0	108.64	42.64	32.83	3.51		501.40	72.18			0.34			0.12	0.47		
1985	1 197.70	141.8	581.85	159.28	212.78	13.32			99.62			1.32			0.21	1.26		46.86
1986	1 277.72	102.3	536.89	232.35	249.26	11.06				96.95	2.59	2.66			0.50	2.27		56.70
1987	1 376.76	99.6	533.27	252.95	296.46	11.32				101.42	3.56	3.31	0.30		0.81	2.39		62.93
1988	1 579.60	107.4	477.48	384.77	390.27	20.01				105.18	5.17	2.36	1.15	0.01	1.44	2.76		75.47
1989	1 881.56	152.9	529.43	429.44	487.30	27.43				116.91	9.03	2.11	5.98	0.26	2.49	3.22		86.42
1990	1 967.00	122.3	579.70	398.31	515.49	38.08				111.79	10.66	4.03	6.44	0.53	3.06	3.98		92.40
1991	2 118.90	148.98	633.93	436.59	563.93	52.37	1.62			103.49	13.00	5.27	6.84	0.72	4.73	4.10	2.21	100.27
1992	2 328.32	166.97	648.77	472.60	658.61	83.37	0.29			96.07	15.76	6.30	9.37	0.89	0.18	4.37	12.28	114.00

资料来源：1993 年中国税务年鉴。

表 A2－3

1980～1992年工商税收分税种收入情况

单位：千元

年度	车船使用牌照税	城市房地产税	城镇土地使用税	屠宰税	牲畜交易税	集市交易税	资源税	奖金税	工资调节税	印花税	筵席税	特别消费税	固定资产投资方向调节税	建筑税	烧油特别税	盐税	税款纳金、补税罚款收入
1980	0.01	0.69		1.43	0.06	0.01										9.15	0.14
1981	0.01	0.71		1.62	0.26	0.04										9.10	0.31
1982	0.03	0.74		1.58	0.43	0.12									9.07	9.52	0.29
1983	0.07	0.72		1.68	0.94	0.29								1.92	19.29	9.73	0.45
1984	0.15	0.92		1.78	0.76	0.25	4.13							10.39	18.23	10.31	0.39
1985	0.23	0.92		2.00	0.49	0.25	16.64	9.86	0.02					22.85	17.00	10.01	1.08
1986	0.52	2.46		2.06	0.35	0.48	18.62	9.33	0.52					23.60	16.22	10.85	1.48
1987	5.02	18.58		2.08	0.36	0.81	20.96	4.59	0.41					29.93	15.12	8.57	1.61
1988	5.99	21.76	0.51	1.92	0.39	1.31	20.79	5.13	0.49	3.57	0.01			26.46	14.02	8.67	2.51
1989	6.60	25.79	25.64	2.25	0.36	1.85	20.51	7.42	2.08	12.56	0.08	18.36		28.98	11.82	9.61	6.87
1990	7.01	31.71	31.37	2.71	0.36	2.04	22.10	9.95	3.42	9.88	0.04	17.85		37.63	11.42	8.34	6.70
1991	7.74	37.22	31.68	2.41	0.43	2.64	21.41	6.94	2.99	10.21	0.04	10.81	11.47	19.29	9.95	8.37	6.22
1992	8.41	41.78	30.52	2.83	0.35	3.52	23.73	5.95	3.20	14.10	0.03	15.32	29.80	2.53	7.17	8.12	8.10

资料来源：1993年中国税务年鉴。

附录三 2013~2020 年各省份税收
结构及实证指标数据

表 A3-1　　2013~2020 年各省份直接税收入占税收总收入的比重　　单位：%

省份	2013 年	2014 年	2015 年	2016 年	2017 年	2018 年	2019 年	2020 年
北京	64.21	66.30	65.94	66.08	64.40	63.28	63.93	66.67
天津	28.95	31.16	33.05	34.92	35.49	34.88	34.28	35.44
河北	30.08	32.68	33.60	34.67	37.18	37.88	36.95	36.57
山西	33.41	33.43	31.28	28.46	28.75	30.20	31.25	30.63
内蒙古	35.72	38.75	40.31	41.20	31.77	37.66	29.65	32.64
辽宁	35.87	35.67	28.75	29.98	31.19	27.65	31.93	34.53
吉林	34.36	37.38	36.28	35.98	35.81	37.07	34.15	35.90
黑龙江	37.17	36.29	37.73	34.12	35.08	34.71	33.75	34.82
上海	33.52	34.18	34.24	39.93	38.75	39.50	37.25	40.03
江苏	34.01	33.86	34.04	35.15	37.81	41.00	38.44	41.28
浙江	32.35	34.16	35.17	37.08	38.26	35.49	44.86	48.59
安徽	36.21	37.12	36.78	36.98	38.60	40.92	36.42	36.98
福建	37.96	38.57	38.93	41.32	43.70	39.40	39.23	40.84
江西	37.06	37.91	37.62	37.50	38.10	46.52	34.59	34.42
山东	29.74	31.38	33.79	34.64	35.52	27.83	32.74	35.82
河南	36.79	36.76	37.45	39.68	39.60	38.12	36.45	37.17
湖北	35.38	37.22	37.01	37.81	40.31	39.83	38.00	38.43
湖南	30.23	31.17	32.29	33.12	34.52	44.69	35.27	38.11
广东	32.68	33.90	34.03	36.76	38.59	36.17	38.40	40.22
广西	31.46	32.89	33.41	34.36	33.79	32.06	30.12	32.53

续表

省份	2013 年	2014 年	2015 年	2016 年	2017 年	2018 年	2019 年	2020 年
海南	39.15	42.95	41.29	40.61	43.08	48.09	47.63	46.41
重庆	38.29	39.44	42.14	42.92	44.27	40.17	42.42	43.49
四川	37.15	38.71	39.88	39.01	40.32	39.89	39.33	41.53
贵州	35.06	38.21	39.93	40.61	41.34	38.36	36.37	35.75
云南	26.52	26.37	26.25	27.57	28.67	27.93	25.79	28.47
西藏	44.64	43.96	42.18	42.98	43.47	39.84	39.28	43.56
陕西	30.65	30.86	29.08	28.45	29.74	31.98	31.03	33.04
甘肃	20.65	22.00	23.82	24.62	27.20	27.59	25.72	26.42
青海	26.12	27.13	28.22	26.97	29.77	31.51	28.86	32.04
宁夏	27.91	29.31	28.59	27.98	29.78	29.65	29.30	30.82
新疆	29.11	29.39	31.59	33.58	32.28	33.61	30.44	30.92

资料来源：根据 2014~2021 年中国税务年鉴的数据整理所得。

表 A3 - 2　2013~2020 年各省份间接税收入占税收总收入的比重　单位：%

省份	2013 年	2014 年	2015 年	2016 年	2017 年	2018 年	2019 年	2020 年
北京	35.79	33.70	34.06	33.92	35.60	36.72	36.07	33.33
天津	71.05	68.84	66.95	65.08	64.51	65.12	65.72	64.56
河北	69.92	67.32	66.40	65.33	62.82	62.12	63.05	63.43
山西	66.59	66.57	68.72	71.54	71.25	69.80	68.75	69.37
内蒙古	64.28	61.25	59.69	58.80	68.23	62.34	70.35	67.36
辽宁	64.13	64.33	71.25	70.02	68.81	72.35	68.07	65.47
吉林	65.64	62.62	63.72	64.02	64.19	62.93	65.85	64.10
黑龙江	62.83	63.71	62.27	65.88	64.92	65.29	66.25	65.18
上海	66.48	65.82	65.76	60.07	61.25	60.50	62.75	59.97
江苏	65.99	66.14	65.96	64.85	62.19	59.00	61.56	58.72
浙江	67.65	65.84	64.83	62.92	61.74	64.51	55.14	51.41
安徽	63.79	62.88	63.22	63.02	61.40	59.08	63.58	63.02

续表

省份	2013 年	2014 年	2015 年	2016 年	2017 年	2018 年	2019 年	2020 年
福建	62.04	61.43	61.07	58.68	56.30	60.60	60.77	59.16
江西	62.94	62.09	62.38	62.50	61.90	53.48	65.41	65.58
山东	70.26	68.62	66.21	65.36	64.48	72.17	67.26	64.18
河南	63.21	63.24	62.55	60.32	60.40	61.88	63.55	62.83
湖北	64.62	62.78	62.99	62.19	59.69	60.17	62.00	61.57
湖南	69.77	68.83	67.71	66.88	65.48	55.31	64.73	61.89
广东	67.32	66.10	65.97	63.24	61.41	63.83	61.60	59.78
广西	68.54	67.11	66.59	65.64	66.21	67.94	69.88	67.47
海南	60.85	57.05	58.71	59.39	56.92	51.91	52.37	53.59
重庆	61.71	60.56	57.86	57.08	55.73	59.83	57.58	56.51
四川	62.85	61.29	60.12	60.99	59.68	60.11	60.67	58.47
贵州	64.94	61.79	60.07	59.39	58.66	61.64	63.63	64.25
云南	73.48	73.63	73.75	72.43	71.33	72.07	74.21	71.53
西藏	55.36	56.04	57.82	57.02	56.53	60.16	60.72	56.44
陕西	69.35	69.14	70.92	71.55	70.26	68.02	68.97	66.96
甘肃	79.35	78.00	76.18	75.38	72.80	72.41	74.28	73.58
青海	73.88	72.87	71.78	73.03	70.23	68.49	71.14	67.96
宁夏	72.09	70.69	71.41	72.02	70.22	70.35	70.70	69.18
新疆	70.89	70.61	68.41	66.42	67.72	66.39	69.56	69.08

资料来源：根据 2014~2021 年中国税务年鉴的数据整理所得。

表 A3-3   2013~2020 年各省份货劳税收入占税收总收入的比重   单位：%

省份	2013 年	2014 年	2015 年	2016 年	2017 年	2018 年	2019 年	2020 年
北京	33.45	31.37	31.64	31.48	33.02	33.85	33.19	30.61
天津	67.33	65.27	62.98	61.20	60.86	60.14	61.41	60.28
河北	64.56	62.10	61.72	60.67	57.99	53.48	56.03	55.63
山西	60.35	59.53	57.03	59.65	56.51	52.18	52.20	51.98

续表

省份	2013 年	2014 年	2015 年	2016 年	2017 年	2018 年	2019 年	2020 年
内蒙古	57.35	53.94	51.37	50.02	56.03	43.62	52.67	48.21
辽宁	57.79	58.57	66.16	65.05	63.82	69.63	62.04	59.30
吉林	60.42	58.05	59.02	59.34	59.46	55.70	59.87	57.79
黑龙江	55.76	55.02	55.39	59.16	58.00	55.86	57.55	56.83
上海	62.28	61.12	54.07	54.69	56.01	55.26	56.88	53.34
江苏	61.92	62.05	61.79	60.71	58.27	50.76	57.00	54.32
浙江	63.90	62.04	60.73	58.82	57.72	62.89	50.12	46.60
安徽	59.10	58.18	58.59	58.47	56.93	48.57	57.78	57.53
福建	58.22	57.51	57.09	54.71	52.52	58.70	56.30	54.66
江西	57.49	56.28	56.78	56.42	55.77	38.23	59.35	59.71
山东	65.41	63.48	61.12	60.35	59.78	69.54	60.76	57.56
河南	57.82	58.17	57.76	55.67	55.76	52.89	54.99	53.99
湖北	59.63	57.92	58.22	57.52	55.06	53.01	55.25	55.89
湖南	64.60	63.64	62.60	61.94	60.70	38.71	58.28	55.47
广东	61.92	60.33	55.84	55.69	55.28	59.68	57.41	55.55
广西	64.14	62.47	61.73	61.00	61.46	60.16	63.55	60.85
海南	57.06	53.32	54.80	55.29	52.83	46.79	47.73	49.36
重庆	56.78	55.73	53.23	52.46	50.97	52.06	51.76	50.10
四川	57.90	56.38	55.37	56.16	54.95	52.04	53.60	51.29
贵州	58.70	55.90	53.83	53.37	52.92	52.57	55.70	56.75
云南	66.03	66.08	66.26	65.08	64.01	62.22	66.21	63.36
西藏	50.67	51.32	52.83	52.15	51.58	52.62	55.56	51.08
陕西	61.94	61.58	63.12	63.50	61.10	56.08	57.23	54.54
甘肃	72.25	70.77	69.65	69.27	66.64	63.63	66.86	66.29
青海	64.27	61.84	60.81	63.28	60.46	55.67	60.19	55.80
宁夏	66.32	64.98	63.99	65.11	62.33	58.72	61.21	58.96
新疆	62.82	62.45	60.55	59.53	60.36	56.16	58.15	57.66

资料来源：根据 2014～2021 年中国税务年鉴的数据整理所得。

表 A3 - 4　　　　2013 ~ 2020 年各省份所得税收入占税收总收入的比重　　　单位: %

省份	2013 年	2014 年	2015 年	2016 年	2017 年	2018 年	2019 年	2020 年
北京	59. 01	61. 12	61. 14	60. 82	58. 13	57. 17	57. 64	60. 27
天津	22. 01	23. 57	24. 19	24. 89	26. 66	27. 81	27. 26	28. 62
河北	19. 51	20. 45	21. 17	21. 13	23. 62	23. 42	22. 29	20. 49
山西	26. 78	24. 55	22. 80	19. 61	21. 30	22. 80	23. 66	22. 52
内蒙古	21. 73	17. 69	16. 74	16. 82	19. 33	17. 21	20. 16	21. 15
辽宁	15. 61	16. 77	18. 67	19. 57	20. 86	24. 82	19. 92	21. 23
吉林	21. 23	24. 59	23. 65	24. 02	25. 57	25. 43	22. 62	23. 42
黑龙江	28. 02	25. 67	25. 24	20. 39	20. 55	20. 85	19. 30	19. 11
上海	28. 34	28. 81	29. 14	33. 67	32. 93	33. 74	31. 35	33. 04
江苏	22. 91	22. 90	24. 00	25. 12	26. 80	25. 04	26. 53	27. 93
浙江	22. 84	24. 21	25. 37	26. 57	27. 97	33. 39	32. 12	33. 20
安徽	20. 67	21. 59	21. 55	20. 64	22. 28	20. 11	23. 81	24. 24
福建	25. 56	26. 36	27. 46	29. 39	30. 17	35. 17	27. 23	28. 34
江西	20. 23	20. 41	19. 85	20. 57	21. 65	14. 34	21. 76	21. 47
山东	17. 38	17. 79	18. 72	18. 51	20. 31	24. 43	18. 93	20. 55
河南	20. 83	21. 21	20. 97	22. 07	21. 97	21. 31	20. 65	20. 47
湖北	21. 98	22. 59	22. 65	23. 63	25. 45	25. 55	24. 59	26. 67
湖南	17. 38	17. 98	18. 30	18. 92	19. 48	11. 94	19. 03	20. 44
广东	23. 80	24. 72	25. 50	27. 89	29. 53	33. 36	25. 78	27. 60
广西	16. 34	17. 47	17. 54	18. 24	18. 94	19. 77	19. 41	21. 61
海南	22. 08	23. 79	22. 34	22. 67	25. 75	29. 49	25. 74	26. 60
重庆	22. 19	22. 61	23. 55	24. 21	25. 23	28. 11	25. 08	26. 60
四川	23. 37	23. 44	24. 22	24. 59	26. 23	25. 69	25. 95	28. 06
贵州	21. 68	21. 33	20. 50	20. 10	21. 55	24. 01	25. 26	25. 64
云南	17. 01	18. 06	16. 89	18. 36	19. 39	18. 97	16. 90	18. 62
西藏	43. 37	42. 60	40. 39	41. 20	42. 31	38. 27	37. 73	41. 42
陕西	21. 56	20. 63	19. 31	19. 38	20. 93	22. 84	22. 53	23. 71

续表

省份	2013 年	2014 年	2015 年	2016 年	2017 年	2018 年	2019 年	2020 年
甘肃	14.08	14.69	16.45	15.93	18.48	18.59	16.06	16.08
青海	20.95	19.73	19.22	18.51	22.01	22.09	20.23	23.05
宁夏	18.47	19.43	17.73	18.05	19.01	19.23	19.07	19.20
新疆	21.27	20.63	21.76	21.77	22.18	22.71	20.90	20.24

资料来源：根据 2014~2021 年中国税务年鉴的数据整理所得。

表 A3-5　　2013~2020 年各省份财产税收入占税收总收入的比重　　单位：%

省份	2013 年	2014 年	2015 年	2016 年	2017 年	2018 年	2019 年	2020 年
北京	5.19	5.18	4.80	5.27	6.27	6.11	6.29	6.40
天津	6.95	7.59	8.86	10.03	8.83	7.07	7.02	6.82
河北	10.57	12.24	12.43	13.54	13.56	14.46	14.65	16.07
山西	6.64	8.88	8.48	8.85	7.45	7.40	7.58	8.12
内蒙古	13.99	21.06	23.58	24.39	12.44	20.45	9.49	11.49
辽宁	20.26	18.91	10.08	10.41	10.32	2.83	12.02	13.30
吉林	13.13	12.79	12.64	11.96	10.25	11.65	11.53	12.48
黑龙江	9.15	10.62	12.49	13.73	14.54	13.85	14.45	15.70
上海	5.18	5.37	5.10	6.26	5.82	5.76	5.91	6.99
江苏	11.10	10.96	10.04	10.03	11.01	15.96	11.91	13.35
浙江	9.52	9.96	9.80	10.51	10.29	2.10	12.74	15.39
安徽	15.54	15.53	15.24	16.34	16.32	20.81	12.61	12.74
福建	12.40	12.22	11.47	11.93	13.54	4.22	12.00	12.51
江西	16.83	17.49	17.77	16.93	16.45	32.19	12.83	12.95
山东	12.36	13.59	15.07	16.13	15.21	3.40	13.81	15.27
河南	15.96	15.55	16.47	17.61	17.63	16.81	15.80	16.70
湖北	13.40	14.63	14.36	14.18	14.86	14.28	13.41	11.76
湖南	12.85	13.19	13.99	14.20	15.04	32.75	16.24	17.68
广东	8.88	9.18	8.54	8.87	9.05	2.81	12.62	12.62

省份	2013 年	2014 年	2015 年	2016 年	2017 年	2018 年	2019 年	2020 年
广西	15.12	15.42	15.87	16.12	14.85	12.29	10.71	10.92
海南	17.07	19.16	18.95	17.94	17.33	18.60	21.89	19.82
重庆	16.11	16.83	18.60	18.72	19.04	12.06	17.34	16.88
四川	13.78	15.27	15.66	14.42	14.09	14.20	13.38	13.47
贵州	13.38	16.87	19.43	20.51	19.80	14.35	11.11	10.11
云南	9.51	8.31	9.36	9.21	9.28	8.96	8.89	9.85
西藏	1.27	1.36	1.79	1.78	1.16	1.56	1.55	2.14
陕西	9.08	10.23	9.77	9.06	8.81	9.15	8.50	9.33
甘肃	6.57	7.31	7.37	8.69	8.72	9.00	9.66	10.34
青海	5.17	7.40	8.99	8.46	7.76	9.42	8.63	9.00
宁夏	9.44	9.88	10.85	9.93	10.76	10.42	10.23	11.61
新疆	7.84	8.76	9.83	11.81	10.10	10.90	9.54	10.68

资料来源：根据 2014～2021 年中国税务年鉴的数据整理所得。

表 A3 - 6　　　2013～2020 年各省份其他税收入占税收总收入的比重　　　单位：%

省份	2013 年	2014 年	2015 年	2016 年	2017 年	2018 年	2019 年	2020 年
北京	2.35	2.33	2.42	2.44	2.58	2.87	2.88	2.73
天津	3.72	3.57	3.98	3.88	3.65	4.98	4.31	4.27
河北	5.37	5.22	4.68	4.67	4.83	8.64	7.03	7.80
山西	6.24	7.04	11.69	11.90	14.75	17.62	16.56	17.39
内蒙古	6.93	7.31	8.32	8.77	12.20	18.73	17.68	19.15
辽宁	6.34	5.76	5.09	4.97	5.00	2.72	6.03	6.17
吉林	5.22	4.57	4.70	4.68	4.73	7.23	5.98	6.31
黑龙江	7.07	8.69	6.87	6.72	6.92	9.43	8.70	8.36
上海	4.20	4.70	11.69	5.37	5.24	5.24	5.86	6.63
江苏	4.07	4.09	4.17	4.14	3.92	8.25	4.56	4.40
浙江	3.75	3.79	4.10	4.10	4.02	1.62	5.02	4.82

续表

省份	2013 年	2014 年	2015 年	2016 年	2017 年	2018 年	2019 年	2020 年
安徽	4.69	4.69	4.62	4.55	4.47	10.52	5.80	5.50
福建	3.82	3.91	3.99	3.97	3.78	1.90	4.48	4.50
江西	5.45	5.81	5.60	6.07	6.14	15.25	6.06	5.87
山东	4.86	5.14	5.09	5.01	4.70	2.63	6.50	6.62
河南	5.39	5.07	4.79	4.65	4.64	8.99	8.55	8.84
湖北	4.99	4.86	4.77	4.67	4.63	7.16	6.75	5.68
湖南	5.17	5.18	5.11	4.94	4.78	16.60	6.45	6.42
广东	5.41	5.77	10.13	7.55	6.13	4.16	4.18	4.23
广西	4.40	4.65	4.85	4.65	4.75	7.78	6.33	6.61
海南	3.78	3.73	3.91	4.10	4.08	5.12	4.64	4.22
重庆	4.93	4.84	4.63	4.61	4.76	7.77	5.83	6.41
四川	4.95	4.91	4.74	4.83	4.73	8.07	7.07	7.18
贵州	6.24	5.89	6.24	6.02	5.74	9.07	7.92	7.50
云南	7.45	7.55	7.49	7.34	7.33	9.85	8.00	8.17
西藏	4.69	4.72	5.00	4.87	4.95	7.54	5.16	5.36
陕西	7.42	7.57	7.79	8.06	9.16	11.94	11.74	12.42
甘肃	7.10	7.24	6.53	6.11	6.16	8.78	7.42	7.28
青海	9.60	11.04	10.98	9.74	9.77	12.81	10.95	12.16
宁夏	5.77	5.71	7.42	6.91	7.89	11.63	9.49	10.22
新疆	8.07	8.16	7.85	6.89	7.36	10.23	11.41	11.42

资料来源：根据 2014~2021 年中国税务年鉴的数据整理所得。

表 A3 – 7　　　2013~2020 年各省份增值税收入占税收总收入的比重　　单位：%

省份	2013 年	2014 年	2015 年	2016 年	2017 年	2018 年	2019 年	2020 年
北京	18.42	18.56	17.80	23.29	29.99	31.38	30.56	28.16
天津	45.86	43.78	39.94	44.23	50.32	51.15	51.49	50.89
河北	38.25	36.79	32.49	40.04	47.26	43.40	45.16	43.42

续表

省份	2013 年	2014 年	2015 年	2016 年	2017 年	2018 年	2019 年	2020 年
山西	39.04	37.90	34.69	43.38	50.62	47.07	46.85	46.25
内蒙古	35.46	30.81	28.67	33.40	47.25	35.77	44.57	40.27
辽宁	32.19	33.70	35.67	41.78	49.08	56.06	44.44	43.50
吉林	29.62	29.71	29.24	35.82	42.38	40.89	40.92	37.56
黑龙江	33.75	33.04	26.91	34.30	42.16	42.23	42.47	39.71
上海	44.15	43.53	37.17	40.58	49.68	48.64	50.03	46.02
江苏	38.28	37.83	35.79	41.99	50.96	43.82	49.37	47.14
浙江	43.08	41.66	38.38	42.66	50.29	56.59	44.41	40.13
安徽	29.92	28.83	28.47	36.55	44.95	37.73	45.94	45.03
福建	35.52	34.37	31.74	38.20	44.62	52.81	47.46	45.66
江西	27.56	27.62	26.53	33.30	45.11	28.13	49.05	48.93
山东	42.91	41.23	36.35	42.58	50.66	61.47	49.31	48.09
河南	27.69	28.09	28.98	34.76	44.33	41.46	43.76	41.49
湖北	27.38	26.04	24.70	31.65	38.95	38.19	40.04	37.49
湖南	27.14	25.71	23.59	30.77	39.39	23.01	39.56	36.02
广东	43.21	42.35	37.75	43.40	49.09	54.84	48.63	46.93
广西	33.09	31.44	29.69	36.27	45.94	44.78	47.49	45.13
海南	24.72	25.17	22.89	31.23	42.75	37.88	36.55	37.89
重庆	25.48	26.21	25.77	34.86	42.94	44.90	43.33	40.56
四川	25.91	25.83	25.48	34.40	44.17	41.99	42.05	40.05
贵州	24.19	22.08	20.48	28.82	37.79	37.64	38.32	36.33
云南	23.60	23.47	23.68	31.85	38.57	38.51	36.75	35.11
西藏	27.31	28.86	26.92	40.79	47.39	47.27	51.46	47.07
陕西	31.57	32.04	29.67	37.01	46.22	43.34	43.21	39.90
甘肃	30.30	29.74	26.42	33.74	43.16	43.40	43.40	41.71
青海	35.54	31.50	23.27	32.81	49.35	45.28	48.45	45.64
宁夏	28.65	29.09	25.20	37.03	44.98	43.68	39.68	40.00
新疆	33.59	34.97	29.44	36.46	45.50	44.45	42.72	41.57

资料来源：根据 2014～2021 年中国税务年鉴的数据整理所得。

表 A3 - 8　　　2013～2020 年各省份消费税收入占税收总收入的比重　　　单位：%

省份	2013 年	2014 年	2015 年	2016 年	2017 年	2018 年	2019 年	2020 年
北京	1.95	1.82	2.02	1.87	1.85	1.48	1.81	1.71
天津	9.73	9.62	9.56	9.29	9.42	8.12	9.10	8.36
河北	5.70	5.25	7.74	7.18	6.60	6.26	7.27	8.38
山西	1.93	2.08	3.02	3.30	2.58	2.33	2.78	2.71
内蒙古	4.50	4.53	6.01	6.51	5.87	3.83	6.30	6.05
辽宁	10.67	11.10	16.58	14.59	12.35	13.04	15.45	13.05
吉林	15.71	14.36	14.49	14.70	14.01	12.24	16.51	17.53
黑龙江	8.10	8.48	12.27	12.83	12.06	10.80	12.66	14.21
上海	8.68	8.65	7.58	7.15	5.64	6.05	6.30	6.68
江苏	4.71	4.89	5.37	5.53	5.12	4.18	5.74	5.12
浙江	4.99	5.11	6.40	5.93	5.12	5.83	3.24	3.78
安徽	8.40	9.00	9.44	8.84	8.30	6.50	8.79	9.51
福建	5.36	6.32	8.39	6.58	5.65	5.28	6.58	6.88
江西	6.28	6.51	7.66	7.99	7.19	4.45	7.55	8.02
山东	6.59	6.13	7.24	6.94	6.58	7.53	8.82	6.49
河南	8.46	8.42	8.20	7.80	7.26	7.48	7.17	8.80
湖北	13.35	13.09	14.09	13.32	13.25	12.25	12.69	15.58
湖南	18.11	18.89	20.97	19.44	17.68	9.55	15.63	16.42
广东	5.47	5.20	5.23	4.91	4.50	4.47	6.80	6.64
广西	11.72	12.06	13.88	14.10	12.42	11.98	12.86	12.47
海南	9.45	7.95	11.28	11.38	7.69	7.04	9.60	9.54
重庆	6.45	6.29	6.00	6.07	5.19	4.14	5.80	6.81
四川	6.86	6.85	7.38	7.21	7.05	6.83	8.50	8.25
贵州	12.39	11.64	12.28	11.81	11.61	11.64	14.30	17.31
云南	24.12	25.70	26.60	23.15	22.07	20.83	26.96	25.70
西藏	0.97	0.91	1.60	1.74	1.45	1.26	1.45	1.62
陕西	11.27	11.66	15.53	14.10	11.78	10.04	11.39	11.77

省份	2013 年	2014 年	2015 年	2016 年	2017 年	2018 年	2019 年	2020 年
甘肃	20.56	19.13	22.50	22.11	20.54	17.88	20.92	21.63
青海	5.37	4.99	8.15	8.55	7.14	6.86	8.54	6.61
宁夏	11.24	10.42	15.60	14.92	13.71	12.27	18.71	15.38
新疆	9.82	10.38	14.31	13.78	12.15	9.44	13.08	13.56

资料来源：根据 2014 ~ 2021 年中国税务年鉴的数据整理所得。

表 A3 – 9　2013 ~ 2020 年各省份企业所得税收入占税收总收入的比重　单位：%

省份	2013 年	2014 年	2015 年	2016 年	2017 年	2018 年	2019 年	2020 年
北京	50.96	52.81	51.40	49.79	45.72	43.36	47.65	48.60
天津	18.38	19.38	19.03	18.90	20.14	20.63	22.00	22.34
河北	15.73	16.71	16.99	16.60	18.61	18.50	18.97	17.07
山西	21.39	18.94	17.94	14.73	16.48	18.12	20.74	19.14
内蒙古	16.80	12.85	11.59	10.86	13.46	12.41	16.15	15.42
辽宁	12.38	13.08	14.14	14.78	15.71	18.85	16.86	17.91
吉林	17.51	20.15	19.10	18.62	19.69	19.19	17.90	18.62
黑龙江	24.01	21.49	20.52	14.79	15.08	15.40	15.17	14.57
上海	20.21	20.36	20.42	23.56	22.25	22.61	22.34	22.40
江苏	16.89	16.56	17.08	17.92	19.92	18.34	20.87	21.47
浙江	16.84	17.87	17.89	18.12	18.71	22.39	23.28	23.30
安徽	16.76	17.37	17.51	16.38	17.23	15.73	20.23	19.94
福建	20.19	20.92	21.62	21.69	21.80	24.55	21.12	20.34
江西	16.64	16.48	15.58	15.77	15.60	10.22	17.65	16.84
山东	14.05	14.33	14.40	14.27	15.48	18.35	15.60	16.15
河南	17.19	17.23	17.03	17.60	17.28	16.53	17.06	16.52
湖北	17.44	18.14	17.78	18.14	18.99	19.12	19.90	21.23
湖南	12.69	13.20	13.34	13.19	13.48	8.18	14.63	15.18
广东	17.63	18.27	18.49	19.68	20.89	23.09	19.99	20.97

省份	2013 年	2014 年	2015 年	2016 年	2017 年	2018 年	2019 年	2020 年
广西	12.54	13.65	13.34	13.54	13.55	14.06	15.75	16.94
海南	18.22	19.83	17.61	17.02	19.08	23.26	21.16	20.78
重庆	17.34	17.76	18.47	18.60	18.70	20.42	19.68	20.49
四川	17.49	17.45	17.64	17.13	18.33	17.88	20.43	22.17
贵州	16.10	16.80	16.16	15.64	16.08	17.35	21.21	21.16
云南	13.18	13.75	12.85	13.36	13.36	12.57	13.47	15.00
西藏	23.59	28.78	29.36	28.40	28.36	22.85	26.42	29.21
陕西	16.90	16.26	14.23	13.22	14.41	15.82	17.50	17.55
甘肃	10.17	10.91	12.41	11.55	13.09	13.16	12.18	12.10
青海	17.52	15.31	15.06	13.39	15.81	15.29	15.81	18.10
宁夏	14.43	15.52	13.23	13.19	12.42	13.88	14.71	14.16
新疆	15.20	14.28	14.03	13.47	14.42	14.53	15.02	14.39

资料来源：根据 2014～2021 年中国税务年鉴的数据整理所得。

表 A3-10　2013～2020 年各省份个人所得税收入占税收总收入的比重　　单位：%

省份	2013 年	2014 年	2015 年	2016 年	2017 年	2018 年	2019 年	2020 年
北京	8.05	8.31	9.74	11.03	12.42	13.81	9.99	11.67
天津	3.62	4.19	5.17	5.99	6.52	7.18	5.25	6.28
河北	3.78	3.74	4.18	4.52	5.01	4.92	3.32	3.42
山西	5.39	5.61	4.86	4.88	4.82	4.69	2.93	3.37
内蒙古	4.93	4.84	5.15	5.96	5.87	4.80	4.01	5.73
辽宁	3.22	3.68	4.53	4.80	5.15	5.97	3.06	3.32
吉林	3.73	4.44	4.55	5.39	5.88	6.24	4.72	4.80
黑龙江	4.01	4.19	4.72	5.60	5.47	5.46	4.13	4.55
上海	8.13	8.45	8.71	10.11	10.68	11.13	9.00	10.65
江苏	6.02	6.35	6.92	7.20	6.88	6.70	5.66	6.46
浙江	5.99	6.34	7.47	8.44	9.25	11.00	8.84	9.90

续表

省份	2013 年	2014 年	2015 年	2016 年	2017 年	2018 年	2019 年	2020 年
安徽	3.91	4.22	4.03	4.26	5.05	4.38	3.58	4.30
福建	5.37	5.44	5.84	7.70	8.37	10.62	6.11	8.00
江西	3.60	3.94	4.27	4.80	6.04	4.12	4.11	4.63
山东	3.33	3.46	4.32	4.24	4.84	6.08	3.33	4.40
河南	3.63	3.98	3.94	4.46	4.69	4.78	3.59	3.96
湖北	4.54	4.45	4.87	5.49	6.46	6.43	4.69	5.43
湖南	4.69	4.78	4.96	5.73	6.01	3.75	4.40	5.26
广东	6.17	6.45	7.01	8.21	8.64	10.27	5.79	6.63
广西	3.80	3.82	4.20	4.70	5.39	5.71	3.65	4.67
海南	3.87	3.96	4.73	5.65	6.67	6.24	4.58	5.82
重庆	4.84	4.85	5.07	5.61	6.53	7.70	5.41	6.11
四川	5.88	5.99	6.58	7.45	7.90	7.81	5.52	5.89
贵州	5.58	4.53	4.34	4.46	5.47	6.66	4.05	4.48
云南	3.83	4.31	4.04	5.00	6.03	6.40	3.43	3.62
西藏	19.77	13.82	11.03	12.80	13.95	15.42	11.31	12.21
陕西	4.67	4.37	5.08	6.17	6.52	7.01	5.03	6.15
甘肃	3.91	3.78	4.04	4.38	5.39	5.43	3.87	3.98
青海	3.43	4.42	4.16	5.12	6.19	6.81	4.42	4.94
宁夏	4.04	3.91	4.50	4.87	6.59	5.36	4.36	5.05
新疆	6.07	6.34	7.73	8.30	7.76	8.17	5.87	5.84

资料来源：根据 2014~2021 年中国税务年鉴的数据整理所得。

表 A3-11　2013~2020 年各省份房产税收入占税收总收入的比重　　单位：%

省份	2013 年	2014 年	2015 年	2016 年	2017 年	2018 年	2019 年	2020 年
北京	1.18	1.22	1.24	1.53	2.11	2.27	2.60	2.32
天津	1.21	1.53	1.82	1.79	1.71	1.69	1.69	1.74
河北	1.14	1.26	1.37	1.38	1.35	1.33	1.43	1.58

续表

省份	2013 年	2014 年	2015 年	2016 年	2017 年	2018 年	2019 年	2020 年
山西	1.14	1.63	1.89	1.85	1.38	1.38	1.37	1.60
内蒙古	1.40	1.85	1.98	2.23	2.16	3.97	1.85	2.00
辽宁	1.45	1.72	2.06	2.10	2.17	0.72	2.19	2.17
吉林	1.22	1.22	1.47	1.41	1.69	1.76	1.93	1.66
黑龙江	1.08	1.25	1.66	1.92	2.02	1.90	2.13	2.27
上海	0.85	0.83	0.89	1.17	1.26	1.24	1.29	1.24
江苏	1.75	1.90	1.90	1.93	2.07	2.85	2.09	2.09
浙江	1.66	1.85	2.02	1.96	1.83	0.43	1.94	1.92
安徽	1.14	1.25	1.40	1.48	1.51	2.35	1.52	1.61
福建	1.80	1.55	1.56	1.56	1.78	0.68	1.68	1.56
江西	1.07	1.21	1.38	1.33	1.40	3.18	1.20	1.00
山东	1.42	1.47	1.62	1.70	1.63	0.41	1.53	1.70
河南	1.18	1.26	1.33	1.34	1.42	1.33	1.42	1.56
湖北	1.09	1.21	1.32	1.41	1.75	1.69	1.92	1.63
湖南	1.23	1.36	1.39	1.42	1.55	4.84	1.67	1.65
广东	1.41	1.48	1.32	1.26	1.37	0.37	1.89	1.69
广西	1.16	1.19	1.33	1.44	1.40	1.25	1.90	1.42
海南	1.37	1.48	1.77	1.64	1.79	1.81	1.72	1.53
重庆	1.62	1.81	2.11	2.18	2.33	2.33	2.50	2.65
四川	1.41	1.62	1.78	1.85	1.83	1.87	1.96	1.93
贵州	1.10	1.31	1.54	1.55	1.74	1.36	1.48	1.57
云南	1.08	1.24	1.31	1.44	1.46	1.37	1.33	1.45
西藏	0.00	0.00	0.00	0.00	0.00	0.00	0.00	0.00
陕西	1.16	1.40	1.58	1.80	1.47	1.63	1.78	1.88
甘肃	1.38	1.37	1.54	1.67	1.66	1.70	1.81	1.91
青海	1.10	1.51	1.61	1.81	1.80	1.79	1.92	1.97
宁夏	1.45	1.74	1.94	1.98	2.13	2.01	2.35	2.13
新疆	1.16	1.30	1.48	1.74	1.78	1.89	2.11	2.20

资料来源：根据 2014~2021 年中国税务年鉴的数据整理所得。

表 A3 – 12　　　　　2013 ~ 2020 年各省份城镇土地使用税收入

占税收总收入的比重　　　　单位：%

省份	2013 年	2014 年	2015 年	2016 年	2017 年	2018 年	2019 年	2020 年
北京	0.16	0.15	0.15	0.15	0.15	0.15	0.15	0.14
天津	0.57	0.59	0.63	0.58	0.42	0.37	0.35	0.34
河北	1.73	2.77	2.84	2.57	2.43	2.29	2.64	2.91
山西	1.49	1.92	1.93	1.90	1.43	1.33	1.11	1.00
内蒙古	3.75	4.17	4.30	5.52	3.39	6.53	2.75	3.21
辽宁	4.95	5.20	3.14	3.13	3.17	0.41	3.61	3.84
吉林	1.47	1.68	1.63	1.48	1.57	1.51	1.48	1.28
黑龙江	2.15	2.25	3.26	3.48	3.97	3.36	4.09	4.26
上海	0.28	0.29	0.27	0.29	0.29	0.25	0.14	0.11
江苏	1.49	1.46	1.38	1.39	1.44	1.71	1.17	1.12
浙江	1.27	1.41	1.49	1.43	1.09	0.25	0.85	0.89
安徽	2.56	3.25	4.04	4.08	3.66	3.07	2.26	2.27
福建	1.23	0.96	0.93	0.89	1.00	0.12	0.87	0.81
江西	1.60	1.78	1.78	1.78	1.93	7.42	1.47	1.20
山东	2.92	3.18	4.34	4.66	4.12	0.51	3.50	3.44
河南	2.45	2.63	2.61	2.61	2.53	2.36	2.86	2.95
湖北	1.14	1.24	1.25	1.24	1.43	1.20	1.15	0.96
湖南	1.18	1.19	1.69	1.81	1.96	3.06	1.79	1.63
广东	0.92	0.95	0.79	0.69	0.51	0.04	0.73	0.58
广西	0.88	1.18	1.26	1.22	1.34	1.00	0.95	0.76
海南	1.56	2.45	3.47	2.27	2.60	2.24	1.95	1.58
重庆	2.28	2.84	4.89	5.33	5.28	3.81	3.39	3.02
四川	1.44	1.51	1.56	1.51	1.49	1.43	1.38	1.34
贵州	1.04	1.03	1.46	1.53	1.71	1.40	1.28	1.23
云南	0.80	0.86	0.92	1.16	1.29	1.14	1.12	1.23
西藏	0.18	0.10	0.09	0.08	0.06	0.05	0.05	0.05

续表

省份	2013 年	2014 年	2015 年	2016 年	2017 年	2018 年	2019 年	2020 年
陕西	0.86	1.05	1.08	1.16	1.21	1.12	1.22	1.35
甘肃	1.53	1.54	1.63	1.64	1.53	1.58	1.65	1.66
青海	0.84	1.05	1.22	1.82	1.27	1.02	0.93	0.92
宁夏	1.89	2.10	1.81	1.72	2.16	2.00	2.22	2.02
新疆	0.69	0.83	0.83	2.14	2.08	2.14	2.51	2.72

资料来源：根据2014～2021年中国税务年鉴的数据整理所得。

表 A3-13 2013～2020 年各省份土地增值税收入占税收总收入的比重 单位：%

省份	2013 年	2014 年	2015 年	2016 年	2017 年	2018 年	2019 年	2020 年
北京	1.81	1.86	1.42	1.37	2.23	1.58	1.65	1.95
天津	2.03	2.73	3.54	2.98	2.83	2.21	2.24	2.17
河北	2.78	3.10	3.15	3.51	3.66	4.62	5.12	5.39
山西	1.09	1.47	1.59	1.75	1.75	1.93	1.94	1.85
内蒙古	2.15	2.47	1.84	1.81	0.94	2.56	2.23	2.94
辽宁	3.82	3.72	1.15	1.50	1.50	0.56	2.04	2.21
吉林	2.15	2.46	1.93	1.77	1.57	2.15	2.12	2.22
黑龙江	2.22	2.96	3.37	3.20	3.35	3.69	3.38	3.88
上海	1.81	2.20	1.81	2.28	2.39	2.44	2.46	3.12
江苏	3.69	3.69	3.35	3.62	3.27	4.43	3.62	3.79
浙江	2.31	2.40	2.36	2.50	2.71	0.58	4.33	4.53
安徽	3.28	3.13	2.74	3.01	3.08	6.08	3.23	3.28
福建	5.00	5.35	4.84	5.30	6.18	2.20	4.56	4.50
江西	4.01	4.99	5.18	4.58	4.10	7.59	4.03	4.15
山东	2.62	3.09	3.14	3.47	3.80	1.29	3.65	3.96
河南	2.96	3.64	3.54	3.60	4.18	4.41	5.51	5.11
湖北	4.32	4.79	4.65	4.76	4.57	4.49	4.87	3.78
湖南	2.74	2.60	2.66	2.96	3.45	12.49	5.26	6.06

续表

省份	2013 年	2014 年	2015 年	2016 年	2017 年	2018 年	2019 年	2020 年
广东	2.96	3.19	3.17	3.51	3.84	1.55	6.52	6.02
广西	3.57	3.45	2.76	2.93	3.13	3.18	3.60	3.76
海南	7.41	8.89	8.41	9.51	9.09	10.51	13.68	12.15
重庆	4.17	4.31	3.80	3.94	3.01	4.19	4.41	3.86
四川	3.40	3.71	3.60	3.34	3.56	3.77	4.27	4.18
贵州	1.89	3.60	4.52	4.83	4.90	3.78	3.59	2.64
云南	1.73	1.57	2.06	1.62	1.76	2.11	2.44	2.96
西藏	0.44	0.62	0.56	0.64	0.42	0.78	1.08	1.60
陕西	1.76	1.87	1.56	1.46	1.48	2.40	2.18	2.04
甘肃	1.08	1.37	1.49	2.01	2.27	2.47	2.34	2.61
青海	0.50	0.88	1.03	1.04	1.27	2.26	2.11	2.07
宁夏	1.28	1.29	1.33	1.53	1.51	1.52	1.58	2.35
新疆	1.46	1.71	1.76	2.26	1.59	1.49	1.85	1.96

资料来源：根据 2014～2021 年中国税务年鉴的数据整理所得。

表 A3 - 14　　2013～2020 年各省份资源税收入占税收总收入的比重　　单位：%

省份	2013 年	2014 年	2015 年	2016 年	2017 年	2018 年	2019 年	2020 年
北京	0.01	0.01	0.01	0.01	0.01	0.21	0.24	0.22
天津	0.73	0.66	0.55	0.47	0.57	0.78	0.88	0.82
河北	1.58	1.46	0.75	0.76	0.98	0.90	1.06	1.06
山西	2.28	2.80	7.68	7.79	10.97	10.92	12.20	12.54
内蒙古	3.09	3.50	4.86	5.35	8.52	7.24	10.91	11.71
辽宁	2.85	2.14	0.94	0.74	0.96	0.99	1.26	1.29
吉林	0.78	0.68	0.53	0.38	0.43	0.54	0.59	0.50
黑龙江	3.39	4.91	2.85	2.45	2.83	3.07	3.28	2.82
上海	0.00	0.00	0.00	0.00	0.01	0.01	0.01	0.01
江苏	0.21	0.21	0.20	0.13	0.10	0.08	0.05	0.04

续表

省份	2013 年	2014 年	2015 年	2016 年	2017 年	2018 年	2019 年	2020 年
浙江	0.11	0.11	0.13	0.13	0.12	0.12	0.12	0.12
安徽	0.71	0.67	0.63	0.51	0.55	0.43	0.62	0.68
福建	0.25	0.30	0.28	0.23	0.22	0.29	0.25	0.21
江西	1.74	2.05	1.93	2.18	2.07	0.83	0.89	0.80
山东	1.18	1.43	1.25	1.13	1.03	1.35	1.39	1.35
河南	1.14	1.08	0.90	0.70	0.77	1.12	1.28	1.28
湖北	0.51	0.52	0.44	0.37	0.30	0.30	0.38	0.37
湖南	0.36	0.35	0.32	0.27	0.26	0.16	0.25	0.27
广东	0.23	0.21	0.19	0.16	0.15	0.16	0.23	0.24
广西	0.66	0.86	0.87	0.81	0.72	0.63	0.63	0.72
海南	0.35	0.31	0.30	0.33	0.31	0.29	0.30	0.32
重庆	0.43	0.44	0.47	0.43	0.53	0.47	0.49	0.51
四川	0.72	0.72	0.69	0.61	0.63	0.92	1.11	1.26
贵州	0.99	0.95	1.29	1.18	1.39	1.25	1.37	1.24
云南	0.70	0.61	0.67	0.66	0.86	0.86	0.83	0.90
西藏	0.67	0.41	0.50	0.41	0.58	0.65	0.66	0.65
陕西	3.02	3.16	3.46	3.46	4.77	4.96	6.23	6.80
甘肃	2.06	2.20	1.44	1.11	1.32	1.62	1.82	1.66
青海	5.35	6.51	6.40	4.75	5.13	4.95	4.73	6.30
宁夏	1.09	1.14	2.67	2.07	3.25	4.00	3.24	3.77
新疆	4.04	4.12	3.70	2.85	3.31	3.88	4.14	4.25

资料来源：根据 2014～2021 年中国税务年鉴的数据整理所得。

表 A3-15　　　2013～2020 年各省份财政透明度（综合指标）

省份	2013 年	2014 年	2015 年	2016 年	2017 年	2018 年	2019 年	2020 年
北京	73.5553	76.8488	84.7599	88.6456	92.4006	98.4993	102.5181	112.5685
天津	73.8027	78.591	81.8284	87.0858	95.5565	101.4368	104.5983	111.8991
河北	73.8801	76.2298	87.2307	91.8848	97.0319	98.1161	105.332	114.093

续表

省份	2013 年	2014 年	2015 年	2016 年	2017 年	2018 年	2019 年	2020 年
山西	74.7452	76.2325	86.1173	86.5919	92.8368	100.2006	102.5452	113.398
内蒙古	74.5954	80.6537	85.2155	86.3324	91.5498	95.8017	104.7315	112.6644
辽宁	71.8265	79.2471	87.0604	88.8248	94.8406	104.5389	104.3583	112.598
吉林	73.8566	80.3552	86.8507	86.4443	97.7689	97.818	103.6397	114.1564
黑龙江	72.5967	80.6295	81.9452	90.0962	92.8103	98.4206	100.2548	112.1423
上海	70.552	76.5044	84.5876	91.5136	90.5743	104.2252	104.4037	113.9691
江苏	73.9955	80.1673	80.7176	90.0617	90.696	101.3806	102.0598	107.382
浙江	74.7629	80.7651	85.9098	86.2293	94.5277	103.6293	106.2054	113.705
安徽	76.2485	75.3076	82.7362	86.0966	93.5925	101.345	100.7214	111.0956
福建	73.618	80.3529	82.6136	91.5201	97.4825	96.7385	101.5562	106.4981
江西	74.5633	80.3433	85.0357	89.1586	95.8622	101.903	106.9708	109.3576
山东	76.3621	78.2892	82.078	86.902	94.4586	100.7205	106.4058	112.4743
河南	71.621	80.2439	84.0511	86.8548	95.6271	97.7264	103.6881	114.4661
湖北	71.4305	79.4346	85.2557	85.7019	95.0569	96.9643	107.7284	114.5561
湖南	72.5277	81.0573	83.5802	90.287	92.5738	101.47	101.0826	114.5726
广东	73.0727	82.1676	80.2223	92.468	95.4056	101.0892	107.5988	113.0323
广西	75.3817	79.7089	87.6241	90.6517	96.4601	96.2209	103.5708	114.1721
海南	72.8194	82.5493	80.2778	85.2022	91.9957	97.8364	106.1277	105.3371
重庆	76.0974	82.0617	80.4391	89.9606	92.9238	101.0364	109.2359	113.2782
四川	70.8228	78.2259	82.5037	88.57	93.7138	104.333	108.9993	115.5191
贵州	75.9727	77.4672	86.7325	86.7193	98.468	96.1015	100.7354	106.1904
云南	73.8597	78.0723	80.8967	92.5947	98.9122	99.0933	109.8453	105.8048
西藏	75.499	81.5968	81.1492	93.4222	97.8168	103.2151	102.6136	111.6705
陕西	72.7024	75.4199	83.7088	89.9682	92.3093	100.5063	106.5474	109.9423
甘肃	70.7252	77.8642	82.6152	89.7789	91.1482	104.0291	108.7803	110.0219
青海	74.6207	78.4775	84.375	92.9319	96.7883	95.2077	107.7067	113.6616
宁夏	72.7421	77.7569	86.4935	87.5367	90.2044	98.1229	106.2349	114.1304
新疆	75.2266	78.3327	84.0928	92.0549	90.4418	95.6706	105.6933	105.7659

资料来源：构建综合评价体系并采用主成分分析法综合计算而得，数据参见经管之家论坛。

表 A3-16　　　　　　　2013～2020 年各省份财政自给率　　　　单位：%

省份	2013 年	2014 年	2015 年	2016 年	2017 年	2018 年	2019 年	2020 年
北京	87.72	89.00	82.33	79.31	79.58	77.44	78.52	77.06
天津	81.56	82.86	82.51	73.62	70.38	67.87	67.79	61.02
河北	52.06	52.31	47.04	47.11	48.71	45.48	45.00	42.41
山西	56.16	59.01	47.98	45.41	49.70	53.52	49.84	44.94
内蒙古	46.68	47.52	46.19	44.68	37.60	38.45	40.38	38.92
辽宁	64.34	62.84	47.47	48.07	49.04	49.01	46.17	44.16
吉林	42.15	41.31	38.21	35.24	32.50	32.74	28.40	26.29
黑龙江	37.91	37.89	29.00	27.17	26.79	27.43	25.20	21.15
上海	90.75	93.14	89.15	92.59	88.00	85.11	87.60	86.97
江苏	84.23	85.37	82.88	81.36	76.94	74.03	70.01	66.21
浙江	80.27	79.89	72.37	76.02	77.08	76.46	70.11	71.89
安徽	47.71	47.56	46.85	48.39	45.33	46.39	43.05	43.03
福建	69.06	71.44	63.58	62.10	59.97	62.23	60.12	59.03
江西	46.72	48.47	49.08	46.59	43.96	41.87	38.95	37.57
山东	68.17	70.04	67.02	66.93	65.87	64.21	60.77	58.40
河南	43.27	45.44	44.36	42.31	41.47	40.86	39.77	40.19
湖北	50.12	52.02	49.01	48.30	47.76	45.56	42.52	29.75
湖南	43.29	45.10	43.91	42.56	40.15	38.25	37.43	35.80
广东	84.19	88.12	73.02	77.27	75.28	76.96	73.16	74.14
广西	41.06	40.87	37.27	35.04	32.90	31.66	30.97	27.78
海南	47.57	50.49	50.64	46.31	46.68	44.50	43.80	41.37
重庆	55.29	58.17	56.83	55.67	51.94	49.89	44.04	42.80
四川	44.75	45.04	44.75	42.31	41.15	40.29	39.34	38.05
贵州	39.14	38.58	38.16	36.63	34.99	34.33	29.71	31.13
云南	39.33	38.26	38.37	36.11	33.02	32.83	30.63	30.35
西藏	9.37	10.48	9.93	9.82	11.05	11.69	10.15	10.00
陕西	47.70	47.71	47.07	41.78	41.52	42.30	40.01	38.06

续表

省份	2013 年	2014 年	2015 年	2016 年	2017 年	2018 年	2019 年	2020 年
甘肃	26.29	26.47	25.14	24.98	24.69	23.09	21.52	21.01
青海	18.23	18.68	17.63	15.64	16.09	16.56	15.14	15.42
宁夏	33.43	33.97	32.80	30.90	30.42	30.76	29.45	28.33
新疆	36.79	38.65	34.98	31.39	31.62	30.55	29.68	26.70

资料来源：根据 2014～2021 年中国统计年鉴的数据整理所得。

表 A3 - 17　　　　2013～2020 年各省份市场化指数（综合指标）

省份	2013 年	2014 年	2015 年	2016 年	2017 年	2018 年	2019 年	2020 年
北京	7.94	8.1	8.75	9.12	9.37	8.89	9.14	9.39
天津	7.06	7.43	9.02	9.42	9.29	9.44	9.78	10.12
河北	4.98	5.18	5.44	5.61	6.03	6.32	6.42	6.52
山西	4.51	4.59	4.79	4.97	5.15	5.48	5.66	5.84
内蒙古	4.46	4.53	5.19	5.19	4.96	4.84	4.8	4.76
辽宁	6.24	6.32	6.53	6.57	6.88	6.66	6.75	6.84
吉林	5.42	5.55	6.06	6.11	6.27	6.47	6.7	6.93
黑龙江	4.78	4.94	5.94	6.12	6.16	6	6.14	6.28
上海	8.79	8.89	8.7	8.94	9.77	9.73	9.93	10.13
江苏	8.59	9.18	9.94	9.86	9.64	9.3	9.26	9.22
浙江	8.18	8.31	9.28	9.37	9.73	10	9.97	9.94
安徽	6.12	6.42	6.25	6.5	7.4	6.98	7.09	7.2
福建	6.72	6.91	7.33	7.47	8.09	8.96	9.15	9.34
江西	5.61	5.8	5.68	5.83	6.74	6.82	7.04	7.26
山东	6.75	6.85	7.24	7.39	7.76	7.85	7.94	8.03
河南	6.08	6.19	6.34	6.51	6.85	7.05	7.1	7.15
湖北	5.5	5.7	6.21	6.58	7.16	7.35	7.47	7.59
湖南	5.47	5.68	5.7	5.84	6.78	7.09	7.07	7.05
广东	7.73	7.88	8.33	8.64	9.3	9.68	9.86	10.04

续表

省份	2013 年	2014 年	2015 年	2016 年	2017 年	2018 年	2019 年	2020 年
广西	5.13	5.31	6.19	6.31	6.48	6.26	6.43	6.6
海南	4.68	4.76	5.46	5.68	5.87	5.21	5.28	5.35
重庆	6.22	6.32	6.94	7.22	7.8	7.69	8.15	8.61
四川	5.75	5.81	6.03	6.18	6.52	7.01	7.08	7.15
贵州	3.53	3.59	4.33	4.49	4.81	4.52	4.85	5.18
云南	4.94	5.08	4.39	4.45	4.81	4.43	4.55	4.67
西藏	0.39	0.01	0.02	-0.23	0.71	1	1.02	1.04
陕西	3.92	4.31	5.11	5.62	6.29	6.21	6.57	6.93
甘肃	3.28	3.37	3.26	3.49	3.86	4.5	4.54	4.58
青海	2.37	2.33	2.55	2.76	2.53	3.13	3.37	3.61
宁夏	3.83	3.91	4.28	4.38	5.15	4.95	5.14	5.33
新疆	2.81	2.88	2.87	2.92	3.45	4.15	4.1	4.05

资料来源：借鉴王小鲁等（2021）学者测度的中国市场化指数并采用插值法补齐部分缺失数据，内容参见经管之家论坛。

表 A3-18　　　　　　　2013~2020 年各省份社会治安水平

省份	2013 年	2014 年	2015 年	2016 年	2017 年	2018 年	2019 年	2020 年
北京	0.0657	0.0251	0.0699	0.0235	0.0767	0.0871	0.0342	0.0205
天津	0.0829	0.0665	0.0366	0.0150	0.0354	0.0835	0.0879	0.0708
河北	0.0624	0.0380	0.0260	0.0929	0.0851	0.0951	0.0379	0.0951
山西	0.0969	0.0653	0.0106	0.0132	0.0896	0.0595	0.0763	0.0764
内蒙古	0.0376	0.0972	0.0211	0.0157	0.0907	0.0122	0.0686	0.0267
辽宁	0.0523	0.0818	0.0655	0.0903	0.0570	0.0834	0.0918	0.0945
吉林	0.0688	0.0867	0.0205	0.0589	0.0963	0.0165	0.0222	0.0917
黑龙江	0.0840	0.0198	0.0792	0.0707	0.0150	0.0869	0.0917	0.0301
上海	0.0371	0.0954	0.0150	0.0871	0.0398	0.0714	0.0380	0.0523
江苏	0.0974	0.0655	0.0199	0.0454	0.0887	0.0822	0.0215	0.0633

续表

省份	2013 年	2014 年	2015 年	2016 年	2017 年	2018 年	2019 年	2020 年
浙江	0.0608	0.0365	0.0798	0.0451	0.0688	0.0732	0.0457	0.0603
安徽	0.0537	0.0957	0.0965	0.0632	0.0566	0.0594	0.0223	0.0700
福建	0.0459	0.0953	0.0564	0.0424	0.0222	0.0451	0.0309	0.0878
江西	0.0339	0.0302	0.0608	0.0873	0.0541	0.0620	0.0559	0.0106
山东	0.0769	0.0985	0.0497	0.0511	0.0448	0.0166	0.0331	0.0534
河南	0.0815	0.0228	0.0304	0.0525	0.0243	0.0461	0.0681	0.0986
湖北	0.0505	0.0579	0.0795	0.0143	0.0896	0.0763	0.0385	0.0431
湖南	0.0990	0.0899	0.0332	0.0888	0.0634	0.0850	0.0391	0.0148
广东	0.0396	0.0478	0.0826	0.0356	0.0274	0.0990	0.0695	0.0201
广西	0.0396	0.0419	0.0452	0.0890	0.0695	0.0377	0.0716	0.0913
海南	0.0989	0.0370	0.0615	0.0743	0.0289	0.0324	0.0799	0.0767
重庆	0.0130	0.0800	0.0964	0.0997	0.0897	0.0601	0.0850	0.0222
四川	0.0257	0.0512	0.0701	0.0504	0.0389	0.0875	0.0462	0.0374
贵州	0.0196	0.0454	0.0222	0.0319	0.0381	0.0900	0.0301	0.0415
云南	0.0769	0.0709	0.0722	0.0913	0.0234	0.0672	0.0214	0.0164
西藏	0.0906	0.0211	0.0121	0.0611	0.0890	0.0912	0.0161	0.0745
陕西	0.0316	0.0390	0.0453	0.0462	0.0562	0.0624	0.0674	0.0880
甘肃	0.0190	0.0848	0.0969	0.0263	0.0696	0.0192	0.0245	0.0617
青海	0.0177	0.0961	0.0190	0.0548	0.0770	0.0807	0.0516	0.0242
宁夏	0.0848	0.0813	0.0427	0.0830	0.0309	0.0763	0.0584	0.0360
新疆	0.0742	0.0616	0.0602	0.0747	0.0975	0.0966	0.0767	0.0679

资料来源：根据 2014～2021 年中国检察年鉴和中国统计年鉴的数据整理所得。

参 考 文 献

[1] 安体富,岳树民. 宏观税负的含义及其衡量指标 [J]. 经济研究参考,1999 (45): 13.

[2] 安体富. "十三五"时期的税制体制改革 [J]. 经济研究参考,2016 (13): 29-31.

[3] 安体富. 优化税制结构:逐步提高直接税比重 [J]. 财政研究,2015 (2): 41-44.

[4] 财政部办公厅、税务总局等. 中华人民共和国财政史料(第一辑) [M]. 北京:中国财政经济出版社,1982.

[5] 财政部办公厅、税务总局等. 中华人民共和国财政史料(第二辑) [M]. 北京:中国财政经济出版社,1982.

[6] 财政部办公厅、税务总局等. 中华人民共和国财政史料(第四辑) [M]. 北京:中国财政经济出版社,1987.

[7] 财政部办公厅、税务总局等. 中华人民共和国财政史料(第八辑) [M]. 北京:中国财政经济出版社,1989.

[8] 财政部税务总局. 建国以来工商税收大事记(1949.9-1982) [M]. 北京:中国财政经济出版社,2000.

[9] 财政部税务总局. 中央税务法令汇集 [M]. 北京:中央人民政府财政部税务总局出版社,1952.

[10] 财政干部教育中心组编. 现代税收制度研究 [M]. 北京:经济科学出版社,2017.

[11] 蔡昌,刘万敏. 税收法定背景下我国消费税改革研究 [J]. 山东财经大学学报,2020 (5).

[12] 常世旺,韩仁月. 经济增长视角下的税制结构优化 [J]. 税务研

究，2015（1）：54 - 57.

[13] 陈平花，陈少晖. 企业自主创新的税收优惠政策激励效应评估——基于模糊层次分析法的实证分析 [J]. 经济研究参考，2019（23）：85 - 96.

[14] 陈平花，葛格. 新冠肺炎疫情冲击下纾解我国中小企业财务困境的税收优惠政策 [J]. 湖北经济学院学报，2020，18（4）：30 - 35.

[15] 陈如龙. 当代中国财政：上、下册 [M]. 北京：中国社会科学出版社，1988.

[16] 陈少克，王银迪. 我国现代税收制度建设中的直接税改革 [J]. 税务与经济，2019（5）：90 - 95.

[17] 陈少克. 税制结构的性质与中国税制改革研究 [M]. 北京：经济科学出版社，2013.

[18] 陈少克. 税制结构转型与经济发展方式转变 [M]. 北京：中国经济出版社，2019.

[19] 陈颂东，刘菁雯. 中国宏观税负测算与税制体系重构——基于国民经济核算视角 [J]. 地方财政研究，2015（7）：62 - 69.

[20] 陈为群. 财税体制改革的回顾与展望 [J]. 经济研究参考，1995（49）：2 - 6.

[21] 陈艳. 税收改革的宏观架构与国际借鉴 [J]. 国际税收，2018（11）：72 - 74.

[22] 陈征，李建平，郭铁民. 《资本论》选读 [M]. 北京：高等教育出版社，2003.

[23] 陈征. 《资本论》和中国特色社会主义经济研究 [M]. 太原：山西经济出版社，2005.

[24] 陈征. 《资本论》解说（第1卷）[M]. 福州：福建人民出版社，1997.

[25] 陈征. 《资本论》解说（第2卷）[M]. 福州：福建人民出版社，1997.

[26] 陈征. 《资本论》解说（第3卷）[M]. 福州：福建人民出版社，

1997.

［27］程恩富，胡乐明．新制度主义经济学［M］．北京：经济日报出版社，2005.

［28］程宇丹，龚六堂．财政分权框架下的最优税收结构［J］．金融研究，2016（5）：1-18.

［29］储德银，迟淑娴．中国税制结构变迁有利于降低收入不平等吗？［J］．经济与管理研究，2017，38（10）：114-124.

［30］储德银，纪凡．税制结构变迁与产业结构调整：理论诠释与中国经验证据［J］．经济学家，2017（3）：70-78.

［31］代灵敏．中国税制优化研究［D］．成都：西南财经大学，2014.

［32］道格拉斯·C. 诺思．经济史中的结构与变迁［M］．陈郁，罗华平等，译．上海：上海人民出版社，1999.

［33］道格拉斯·C. 诺思．制度、制度变迁与经济绩效［M］．杭行，译．上海：格致出版社，2008.

［34］邓小平．邓小平文选（第1卷）［M］．北京：人民出版社，1994.

［35］邓小平．邓小平文选（第2卷）［M］．北京：人民出版社，1994.

［36］邓小平．邓小平文选（第3卷）［M］．北京：人民出版社，1994.

［37］邓子基．财政理论与财政实践［M］．北京：中国财政经济出版社，2003.

［38］邓子基．国家财政理论思考［M］．北京：中国财政经济出版社，2000.

［39］邓子基．利税分流研究［M］．厦门：厦门大学出版社，1993.

［40］邓子基．马克思恩格斯财政思想研究［M］．北京：中国财政经济出版社，1990.

［41］邓子基，杨炳昆．《资本论》与社会主义财政理论［M］．厦门：厦门大学出版社，1988.

［42］丁淑芬．我国税制结构的优化与完善［J］．宏观经济研究，2004（10）：17-20.

［43］范子英，高跃光．如何推进高质量发展的税制改革［J］．探索与

争鸣，2019（7）：106－113，159.

[44] 范子英，张航. 促进消费的税制改革思路 [J]. 税务研究，2018（12）：5－10.

[45] 冯杰. 分税制下中国税权配置的进路选择 [J]. 税务研究，2018（6）：117－121.

[46] 冯俏彬. 深化供给侧结构性改革，大力推进减税降负 [J]. 经济研究参考，2017（48）：14－15.

[47] 冯守东，顾慧武. 新时代税收治理理念的形成与发展 [J]. 税务研究，2019（12）：29－34.

[48] 冯守东，刘建明. 供给侧结构性改革视角下的税制建设 [J]. 税务研究，2017（12）：26－28.

[49] 付敏杰. 新时代高质量发展下的税制改革趋向 [J]. 税务研究，2019（5）：30－33.

[50] 高峻伊东，安恩·克鲁杰. 税制改革的政治经济学 [M]. 北京：中国人民大学出版社，2001.

[51] 高培勇，刘尚希，金碚，吴俊培，张晓山. 中国的财税体制改革之路 [J]. 经济学动态，2018（10）：4－20.

[52] 高培勇. 共和国财税60年 [M]. 北京：人民出版社，2009.

[53] 高培勇. 新时代中国税收的主题和使命 [J]. 税收经济研究，2020，25（3）：1－2.

[54] 高培勇. 中国财税改革40年：基本轨迹、基本经验和基本规律 [J]. 中国财政，2018（17）：60－71.

[55] 高培勇. 中国财税体制发展道路 [M]. 北京：经济管理出版社，2013.

[56] 高正斌，张开志，倪志良. 财政压力、税收征管与企业税收负担 [J]. 现代经济探讨，2019（4）：37－47.

[57] 龚辉文. 消费税征收范围的国际比较与启示 [J]. 涉外税务，2010（5）：22－25.

[58] 郭朝蕾. 新中国成立六十年以来的税制变迁与发展 [J]. 毛泽东

邓小平理论研究, 2009 (8): 23 - 29, 86.

[59] 郭媛. 资源税从价计征改革的收入分配效应研究 [D]. 呼和浩特: 内蒙古财经大学, 2019.

[60] 国家税务总局成都市税务局课题组, 张津, 柳华平. 中国特色社会主义税收制度若干问题思考 [J]. 税务研究, 2019, 412 (5): 86 - 91.

[61] 国家税务总局税收科学研究所. 中国税收改革发展研究 [M]. 北京: 中国税务出版社, 2018.

[62] 国家税务总局所得税司课题组, 邓勇, 王海勇. 中国所得税制改革四十年: 回顾和展望 [J]. 税务研究, 2018 (10): 14 - 21.

[63] 国家税务总局. 中华人民共和国工商税收基本法规汇编 [M]. 北京: 经济科学出版社, 1994.

[64] 国家税务总局. 中华人民共和国税收大事记 (1949 - 1999) [M]. 北京: 中国税务出版社, 2000.

[65] 国家税务总局. 中国税收基本法规 (1949 年 10 月 - 1999 年 9 月) [M]. 北京: 中国财政经济出版社, 1999.

[66] 韩彬, 吴俊培, 李淼焱. 我国税制结构经济增长效应研究 [J]. 上海经济研究, 2019 (1): 89 - 98.

[67] 韩青. 我国税收征管模式改革的思路 [J]. 税务研究, 2013 (9): 76 - 78.

[68] 韩森. 建国后中国税收制度的历史考察与思考 [D]. 沈阳: 沈阳建筑大学, 2019.

[69] 何平. 宏观税负合理性判定标准研究 [J]. 财政科学, 2019 (6): 54 - 61.

[70] 何杨, 王文静. 英国税制研究 [M]. 北京: 经济科学出版社, 2018.

[71] 侯雅楠. 我国征收遗产税研究: 效应分析和制度设计 [D]. 大连: 东北财经大学, 2018.

[72] 胡小梅, 欧阳玲. 税制结构影响城乡收入差距的非线性效应研究——基于 281 个地级市面板数据的门槛回归分析 [J]. 税务研究, 2016

（4）：24 – 31.

[73] 胡怡建，徐曙娜. 我国税制结构优化的目标模式和实现途径 [J].
税务研究，2014（7）：11 – 16.

[74] 黄仁宇. 十六世纪明代中国之财政与税收 [M]. 北京：生活·读
书·新知三联书店，2007.

[75] 贾康. 财税政策调控与新一轮价、税、财配套改革 [J]. 红旗文
稿，2013（7）：22 – 23.

[76] 贾康. 加快财税体制改革　服务科学发展全局 [J]. 宏观经济管
理，2013（4）：33.

[77] 贾曼莹，王应科，丁子茜. 浅议税收文化对税收遵从的影响 [J].
税务研究，2009（10）：78 – 80.

[78] 江西财经大学课题组，王乔，席卫群. 法治背景下我国税制结构
的优化研究 [J]. 税务研究，2018（12）：20 – 26.

[79] 江泽民. 江泽民文选：第一～三卷 [M]. 北京：人民出版社，
2006.

[80] 蒋自强. 当代西方经济学流派 [M]. 上海：复旦大学出版社，
2018.

[81] 焦耘. 税制变迁的制度分析 [D]. 成都：西南财经大学，2008.

[82] 金鑫. 当代中国的工商税收 [M]. 北京：当代中国出版社，
1994.

[83] 靳东升. 中国税制改革 40 年：回顾、总结与思考 [J]. 地方财政
研究，2018（11）：20 – 26，33.

[84] 景明禹. "十八大"后我国减税降费政策效应分析 [D]. 济南：
山东财经大学，2018.

[85] 康玺，秦悦. 改革开放四十年税收制度改革回顾与展望 [J]. 财
政科学，2018（8）：56 – 71.

[86] 匡小平，刘颖. 制度变迁、税权配置与地方税体系改革 [J]. 财
经问题研究，2013（3）：77 – 81.

[87] 郎威. 中国绿色税收制度及其效应研究 [D]. 长春：吉林大学，

2020.

[88] 李大明. 论税制结构优化与税收征管的关系 [J]. 财政研究, 1999 (6)：3 - 5.

[89] 李付娟. 促进环境优化的绿色税制改革研究 [D]. 天津：天津财经大学, 2019.

[90] 李华, 樊丽明. 双重约束下的税制结构优化 [J]. 税务研究, 2014 (7)：53 - 58.

[91] 李华, 任龙洋. 中国省级税制结构优化：效率与公平的双重红利 [J]. 财贸经济, 2012 (10)：34 - 40.

[92] 李建军, 赵桂芹, 单年宏. 我国税收征管效率实证分析——基于修正的三阶段 DEA 方法 [J]. 税务与经济, 2012 (1)：85 - 91.

[93] 李建平, 李建建, 黄茂兴等. 中国 60 年经济发展报告 (1949 - 2009) [M]. 北京：经济科学出版社, 2009.

[94] 李建平. 《资本论》第一卷辩证法探索 [M]. 北京：社会科学文献出版社, 2006.

[95] 李梦涵. 促进中国产业结构升级的财税政策研究 [D]. 沈阳：辽宁大学, 2019.

[96] 李齐云. 深化税收体制改革研究 [M]. 北京：经济科学出版社, 2019.

[97] 李升. 税制结构优化研究：基于税负归宿的视角 [J]. 税务研究, 2015 (1)：58 - 62.

[98] 李时宇. 中国税制改革：迈向统一市场的步伐 [M]. 北京：经济科学出版社, 2018.

[99] 李万甫. 精准研判营改增效应的三个维度 [J]. 税务研究, 2017 (1)：10 - 14.

[100] 李万甫. 落实税收法定原则　推动税制改革成果法制化 [J]. 国际税收, 2014 (5)：9 - 10.

[101] 李文. 公平还是效率：2019 年个人所得税改革效应分析 [J]. 财贸研究, 2019, 30 (4)：41 - 55.

[102] 李文. 税制结构与我国企业税收负担 [J]. 东北师大学报（哲学社会科学版），2017（5）：16-24.

[103] 李曦. 中国现阶段税制结构合理性判别与优化研究 [D]. 杭州：浙江大学，2012.

[104] 李香菊，杨欢. 助推我国经济高质量发展的税收优化研究 [J]. 税务研究，2019（5）：18-24.

[105] 李晓娴. 中国税制结构调整与优化研究 [D]. 天津：天津财经大学，2018.

[106] 李昕凝. 金砖国家税制结构变迁：历程、成因及效应研究 [D]. 济南：山东大学，2016.

[107] 李永刚. 中国税制结构和宏观税负影响因素分析——基于时间序列数据的分析 [J]. 上海立信会计学院学报，2011，25（1）：91-96.

[108] 理查德·A. 马斯格雷夫，艾伦·T. 皮考克. 财政理论史上的经典文献 [M]. 刘守刚，译. 上海：上海财经大学出版社，2015.

[109] 梁红梅，郭晓辉，张卫峰. 我国税制结构经济增长效应的区域差异研究 [J]. 西部论坛，2016，26（5）：42-50.

[110] 列宁. 列宁选集：第二卷 [M]. 北京：人民出版社，1995.

[111] 林双林，刘怡，钱立. 中国税制改革与可持续发展 [M]. 北京：中国财政经济出版社，2013.

[112] 刘昶. 宏观税负、市场化与经济增长：基于供给侧结构性改革视角的分析 [J]. 宏观经济研究，2017（10）：41-53.

[113] 刘成龙. 我国现行税制收入分配效应的实证分析 [J]. 财经理论研究，2014（2）：41-50.

[114] 刘海庆，高凌江. 税制结构与经济增长——基于我国省级面板数据的实证研究 [J]. 税务与经济，2011（4）：83-90.

[115] 刘进，张德刚. 进一步提高税收征管水平的建议 [J]. 税务研究，2012（10）：96.

[116] 刘蓉，周川力. 论我国税权纵向配置的优化 [J]. 税务研究，2019（9）：11-16.

[117] 刘尚希，樊轶侠. 论高质量发展与税收制度的适应性改革 [J]. 税务研究，2019（5）：12－17.

[118] 刘颖. 产业转型升级与税制优化问题研究 [D]. 南昌：江西财经大学，2014.

[119] 刘玉龙. 最优税收理论分析框架：基于劳动价值论的视角 [J]. 财贸经济，2017，38（9）：18－30.

[120] 刘振亚，李伟. 我国税制演变影响因素分析——以税种结构变动为视角 [J]. 中国人民大学学报，2016，30（2）：69－78.

[121] 刘志诚. 中华人民共和国工商税收史长编 [M]. 北京：中国财政经济出版社，1988.

[122] 刘佐. 1978年以来历次三中全会与税制改革的简要回顾和展望 [J]. 经济研究参考，2014（4）：22－39.

[123] 刘佐. 1992年以来我国税制改革的回顾与展望 [J]. 税务研究，2002（9）：33－38.

[124] 刘佐. 2019年中国税制概览 [M]. 北京：经济科学出版社，2019.

[125] 刘佐. 新中国60年税制建设的简要回顾与展望 [J]. 经济研究参考，2009（55）：39－51.

[126] 刘佐. 新中国税制60年 [M]. 北京：中国财政经济出版社，2013.

[127] 刘佐. 中国税制改革：回顾与展望 [J]. 财政科学，2018（8）：19－22.

[128] 楼继伟. 深化财税体制改革研究 [M]. 北京：人民出版社，2015.

[129] 禄晓龙. 中国税制改革过程中的税收结构优化研究 [M]. 北京：中国经济出版社，2016.

[130] 马海涛，段琦. "供给侧"财政改革背景下的税制重构——基于直接税和间接税相对关系的角度 [J]. 苏州大学学报（哲学社会科学版），2016，37（3）：100－109，192.

［131］马海涛，李升. 纵向税权配置的改革建议及评估：基于现状的思考［J］. 河北大学学报（哲学社会科学版），2015，40（6）：19－26.

［132］马海涛，任强. 迈入新阶段的中国税制改革：回顾、借鉴及展望［J］. 会计之友，2015（7）：93－99.

［133］马海涛，肖鹏. 中国税制改革30年回顾与展望［J］. 税务研究，2008（7）：27－30.

［134］马金华. 中国赋税史［M］. 北京：清华大学出版社，2018.

［135］马克思，恩格斯. 马克思恩格斯全集：第四十六卷下［M］. 北京：人民出版社，1980.

［136］马克思，恩格斯. 马克思恩格斯全集：第二十五卷［M］. 北京：人民出版社，1974.

［137］马克思，恩格斯. 马克思恩格斯全集：第九卷［M］. 北京：人民出版社，1961.

［138］马克思，恩格斯. 马克思恩格斯全集：第七卷［M］. 北京：人民出版社，1959.

［139］马克思，恩格斯. 马克思恩格斯全集：第三卷［M］. 北京：人民出版社，1972.

［140］马克思，恩格斯. 马克思恩格斯全集：第四卷［M］. 北京：人民出版社，1958.

［141］马克思，恩格斯. 马克思恩格斯全集：第五卷［M］. 北京：人民出版社，1958.

［142］马克思，恩格斯. 马克思恩格斯全集：第一卷［M］. 北京：人民出版社，1995.

［143］马克思，恩格斯. 马克思恩格斯文集：第二卷［M］. 北京：人民出版社，2009.

［144］马克思，恩格斯. 马克思恩格斯选集（第1卷）［M］. 北京：人民出版社，2012.

［145］马克思，恩格斯. 马克思恩格斯选集（第2卷）［M］. 北京：人民出版社，2012.

[146] 马克思，恩格斯. 马克思恩格斯选集（第3卷）[M]. 北京：人民出版社，2012.

[147] 马克思，恩格斯. 马克思恩格斯选集（第4卷）[M]. 北京：人民出版社，2012.

[148] 马克思，恩格斯. 资本论（第1卷）[M]. 北京：人民出版社，2009.

[149] 马克思，恩格斯. 资本论（第2卷）[M]. 北京：人民出版社，2009.

[150] 马克思，恩格斯. 资本论（第3卷）[M]. 北京：人民出版社，2009.

[151] 马斯格雷夫. 比较财政分析 [M]. 董勤发，译. 上海：上海人民出版社，1996.

[152] 毛泽东. 论十大关系 [M]. 北京：人民出版社，1976.

[153] 毛泽东. 毛泽东选集（第1卷）[M]. 北京：人民出版社，1991.

[154] 毛泽东. 毛泽东选集（第2卷）[M]. 北京：人民出版社，1991.

[155] 毛泽东. 毛泽东选集（第3卷）[M]. 北京：人民出版社，1991.

[156] 毛泽东. 毛泽东选集（第4卷）[M]. 北京：人民出版社，1991.

[157] 倪红日. 中国经济新常态下财税改革的目标、路径以及面临的挑战 [J]. 经济体制改革，2015（1）：9-11.

[158] 潘施琴. 结构性减税框架下税制优化的路径 [J]. 经济研究参考，2017（36）：19-21.

[159] 冉美丽. 税收结构影响居民收入分配研究 [D]. 北京：中央财经大学，2015.

[160] 饶友玲，李月平，张志超. 国际税收 [M]. 北京：首都经济贸易大学出版社，2018.

[161] 任国哲. 大数据时代完善税收征管制度体系的思考 [J]. 税务研究, 2019 (9): 114-118.

[162] 沈娅莉, 李小梦, 杨国军. 税制结构研究演进脉络及对我国税制结构改革的启示 [J]. 税务研究, 2018 (10): 97-101.

[163] 施雨竹. 现行综合与分类个人所得税改革再深化研究 [D]. 开封: 河南大学, 2019.

[164] 时玉婷. 直接税为主体的税制改革: 必然选择与路径设计 [D]. 开封: 河南大学, 2018.

[165] 宋凤轩, 孙颖鹿, 等. 经济社会转型背景下直接税制度创新发展研究 [M]. 北京: 人民出版社, 2019.

[166] 孙化钢. 中国减税效应研究 [D]. 大连: 东北财经大学, 2016.

[167] 孙玉栋, 庞伟. 我国现代税收制度的改革趋势探究 [J]. 中国特色社会主义研究, 2019 (1): 12-19.

[168] 谭飞. 基于收入分配公平视角的税制结构优化研究 [D]. 南昌: 江西财经大学, 2019.

[169] 谭华荣. 税收数据分析方法与应用 [M]. 北京: 中国税务出版社, 2012.

[170] 汤贡亮. 税改双轮驱动——税收法定与税制改革 [M]. 北京: 中国财政经济出版社, 2018.

[171] 田效先, 鲍洋. 新常态下中国税制结构优化的路径选择——基于国际比较视角 [J]. 税务与经济, 2016 (5): 71-76.

[172] 田延. 新中国税收制度变迁研究 (1949-2008) [D]. 沈阳: 辽宁大学, 2009.

[173] 田志刚, 丁亚婷. 构建现代地方税体系的理念、路径与策略 [J]. 税务研究, 2015 (2): 62-67.

[174] 童伟. 俄罗斯税制研究 [M]. 北京: 经济科学出版社, 2018.

[175] 汪昊. 经济结构调整与税制改革研究 [M]. 北京: 中国税务出版社, 2018.

[176] 王冬梅. 深化税收征管改革与税收信息化建设 [J]. 税务研究,

2002 (9)：68 - 69.

[177] 王国清. 我国税制改革的回顾与展望 [J]. 四川财政, 1998 (11)：12 - 14.

[178] 王乐英. 中国现阶段税制结构优化促进产业结构调整的研究 [D]. 沈阳：辽宁大学, 2018.

[179] 王敏, 袁娇. 中国税制改革四十年回溯与发展趋向 [J]. 经济纵横, 2018 (6)：60 - 70.

[180] 王铭远, 邹自钦. 税收文化及其对税收的影响 [J]. 涉外税务, 1999 (6)：43 - 45.

[181] 王乔, 汪柱旺. "十二五" 时期税制改革回顾与展望 [J]. 税务研究, 2015 (11)：3 - 8.

[182] 王庆, 杨移. 我国税制结构与修正基尼系数关系的实证分析 [J]. 统计与决策, 2016 (20)：164 - 166.

[183] 王曙光. 财政税收理论与政策研究 [M]. 北京：经济科学出版社, 2019.

[184] 王雍君. 税制优化原理 [M]. 北京：中国财政经济出版社, 1995.

[185] 王宇. 财税改革过程中地方主体税种的选择 [J]. 税务研究, 2015 (4)：91 - 96.

[186] 王越. 公平视角下我国直接税制度建设路径研究 [D]. 保定：河北大学, 2018.

[187] 威廉·配第. 赋税论 [M]. 陈冬野等, 译. 北京：商务印书馆, 1963.

[188] 吴齐. 我国房地产税制改革问题研究 [D]. 南昌：江西财经大学, 2019.

[189] 武力. 中华人民共和国经济简史 [M]. 北京：中国社会科学出版社, 2008.

[190] 武力. 中华人民共和国经济史：上下卷 [M]. 北京：中国经济出版社, 1999.

［191］习近平.摆脱贫困［M］.福州：福建人民出版社，2010.

［192］习近平.习近平谈治国理政：第二卷［M］.北京：外文出版社，2017.

［193］习近平.习近平谈治国理政：第三卷［M］.北京：外文出版社，2020.

［194］习近平.习近平谈治国理政：第一卷［M］.北京：外文出版社，2014.

［195］项怀诚.中国财政50年［M］.北京：中国财政经济出版社，1999.

［196］谢旭人.中国财政与改革开放30年［M］.北京：经济科学出版社，2008.

［197］徐进，陈志刚，肖洁.中国税制改革的公平逻辑探析［J］.当代经济研究，2018（12）：75-82.

［198］许建国，蒋晓蕙，蔡红英.西方税收思想［M］.北京：中国财政经济出版社，2016.

［199］许敏，董佳慧.新中国70年税制研究的文献回顾与总结［J］.会计之友，2019（19）：154-159.

［200］亚当·斯密.国民财富的性质和原因的研究［M］.郭大力，王亚南，译.北京：商务印书馆，1974.

［201］闫晴.“人工智能＋税收征管”的理念确立与制度建构［J］.当代经济管理，2019，41（2）：77-83.

［202］闫少骧.关于加快构建适应高质量发展的现代税收制度研究［J］.税务研究，2020（3）：116-120.

［203］杨斌.税收学［M］.北京：科学出版社，2016.

［204］杨继瑞.加强税收征管信息系统建设的思考［J］.中国软科学，2001（8）：120-121.

［205］杨晓萌.提升税收治理能力视角下的税权划分优化［J］.税务研究，2018（4）：96-100.

［206］杨烨军.中国宏观税负水平测度与结构优化研究［M］.北京：

经济科学出版社，2019.

[207] 杨宜勇，党思琪. 中国现代税制结构的发展历程与前景展望 [J]. 河北大学学报（哲学社会科学版），2019，44（5）：74 – 81.

[208] 杨志清. 二十年我国税制改革回顾与展望 [J]. 中央财经大学学报，1998（11）：3 – 6，36.

[209] 姚林香，汪柱旺. 我国最优宏观税负水平实证研究——基于经济增长的视角 [J]. 当代财经，2016（3）：33 – 42.

[210] 叶振鹏，张馨. 双元结构财政——中国财政模式研究 [M]. 北京：经济科学出版社，1995.

[211] 叶振鹏. 中国历代财政改革研究 [M]. 北京：中国财政经济出版社，1999.

[212] 尹守香. 我国宏观税负合理性判断标准研究 [J]. 中央财经大学学报，2012（7）：9 – 13.

[213] 于俊. 国家治理视角下的当代中国税收制度改革研究 [D]. 泉州：华侨大学，2019.

[214] 余红艳，沈坤荣. 税制结构的经济增长绩效——基于分税制改革 20 年实证分析 [J]. 财贸研究，2016，27（2）：104 – 111.

[215] 余雁刚. 中国税收制度变迁研究 [D]. 厦门：厦门大学，2002.

[216] 袁从帅，罗杰，秦愿. 税制优化与中国经济结构调整——基于营改增的实证研究 [J]. 税务研究，2019（9）：34 – 41.

[217] 袁红兵. 关于先进税收文化建设的思考 [J]. 财政研究，2013（10）：36 – 38.

[218] 约翰·熊彼特. 经济分析史，第 1 卷 [M]. 北京：商务印书馆，2009.

[219] 约翰·熊彼特. 经济分析史，第 2 卷 [M]. 北京：商务印书馆，2009.

[220] 约翰·熊彼特. 经济分析史，第 3 卷 [M]. 北京：商务印书馆，2009.

[221] 岳树民. 中国税制优化的理论分析 [M]. 北京：中国人民大学

出版社，2003.

[222] 臧莹. 税收文化刍议 [J]. 财经问题研究，2004 (2)：69 – 72.

[223] 曾国祥. 赋税与国运兴衰 [M]. 北京：中国财政经济出版社，2013.

[224] 张冰，刘德强，金戈. 日本税制改革的脉络及其对中国的启示 [J]. 经济社会体制比较，2018 (6)：57 – 66.

[225] 张斌. 税制变迁研究 [M]. 北京：中国社会科学出版社，2014.

[226] 张春宇. 中央政府与省级地方政府间税收关系研究 [J]. 东北财经大学学报，2017 (3)：80 – 85.

[227] 张京萍，陈宇. 美国税制研究 [M]. 北京：经济科学出版社，2017.

[228] 张敬群. 中国税制演进规律初探——三条脉络、四个节点、五个阶段 [J]. 税务研究，2015 (3)：124 – 129.

[229] 张磊. 中国地方税体系改革与完善研究 [D]. 武汉：武汉大学，2018.

[230] 张敏，叶慧芬，童丽静. 财政分权、企业税负与税收政策有效性 [J]. 经济学动态，2015 (1)：42 – 54.

[231] 张德平. 对当前税收征管工作若干问题的思考 [J]. 税务研究，2007 (2)：94 – 95.

[232] 张洋子，刘建，张淑娟. 将特殊消费行为纳入消费税征收范围的国际经验与建议 [J]. 国际税收，2018 (3)：76 – 79.

[233] 赵丹宁. 供给侧结构性改革视角下的"减税降费"：理论分析与效应评估 [D]. 北京：首都经济贸易大学，2019.

[234] 赵仁平. 浅谈我国个人所得税税收文化建设 [J]. 税务研究，2016 (12)：43 – 46.

[235] 赵书博. 我国税收收入分权改革问题研究 [J]. 税务研究，2016 (8)：18 – 23.

[236] 赵涛. 数字化背景下税收征管国际发展趋势研究 [J]. 中央财经大学学报，2020 (1)：12 – 20.

[237] 赵西亮. 基本有用的计量经济学 [M]. 北京：北京大学出版社，

2017.

[238] 政务院财政经济委员会. 中央财经政策法令汇编（第 1 辑）[G]. 财经委员会印刷厂，1950.

[239] 政务院财政经济委员会. 中央财经政策法令汇编（第 2 辑）[G]. 财经委员会印刷厂，1950.

[240] 政务院财政经济委员会. 中央财经政策法令汇编（第 3 辑）[G]. 财经委员会印刷厂，1950.

[241] 中共中央文献研究室. 改革开放三十年来重要文献选编：上、下 [M]. 北京：中央文献出版社，2014 – 2018.

[242] 中共中央文献研究室. 建国以来重要文献选编第八册 [M]. 北京：中央文献出版社，1994.

[243] 中共中央文献研究室. 三中全会以来重要文献选编：上、下 [M]. 北京：人民出版社，1982.

[244] 中共中央文献研究室. 十八大以来重要文献选编：上、中、下 [M]. 北京：中央文献出版社，2014 – 2018.

[245] 中共中央文献研究室. 十二大以来重要文献选编：上、中、下 [M]. 北京：人民出版社，1988 – 1988.

[246] 中共中央文献研究室. 十六大以来重要文献选编：上、中、下 [M]. 北京：中央文献出版社，2005 – 2008.

[247] 中共中央文献研究室. 十七大以来重要文献选编：上、中、下 [M]. 北京：中央文献出版社，2009 – 2013.

[248] 中共中央文献研究室. 十三大以来重要文献选编：上、中、下 [M]. 北京：人民出版社，1991 – 1993.

[249] 中共中央文献研究室. 十四大以来重要文献选编：上、中、下 [M]. 北京：人民出版社，1996 – 1999.

[250] 中共中央文献研究室. 十五大以来重要文献选编：上、中、下 [M]. 北京：人民出版社，2000 – 2003.

[251] 中共中央文献研究室. 习近平关于全面深化改革论述摘编 [M]. 北京：中央文献出版社，2014.

［252］中共中央文献研究室. 习近平关于社会主义经济建设论述摘编 ［M］. 北京: 中央文献出版社, 2017.

［253］中央档案馆. 中共中央文件选编: 第十八册 ［M］. 北京: 中央文献出版社, 1992.

［254］中央人民政府财政部. 现行财政法规汇编 ［M］. 北京: 新潮书店, 1951.

［255］中央人民政府财政部. 中央财政法规汇编 ［M］. 北京: 中国财政经济出版社, 1951 - 1964.

［256］周恩来. 周恩来经济文选 ［M］. 北京: 中央文献出版社, 1993.

［257］邹洋, 郭玉清. 财税计量分析 ［M］. 天津: 南开大学出版社, 2011.

［258］Adam A, Kammas P, Lapatinas A. Income Inequality and the Tax Structure: Evidence from Developed and Developing Countries ［J］. Journal of Comparative Economics, 2015 (2).

［259］Angelopoulos K, Economides G, Kammas P. Tax-Spending Policies and Economic Growth: Theoretical Predictions and Evidence from the OECD ［J］. European Journal of Political Economy, 2007, 23 (4): 885 - 902.

［260］Angelopoulos K, Malley J, Philippopoulos A. Tax Structure, Growth, and Welfare in the UK ［J］. Oxford Economic Papers-New Series, 2012 (4).

［261］Prest R B A R, Geoffrey B, James M. B. The Power to Tax: Analytical Foundations of a Fiscal Constitutionby ［J］. Economica, 1981, 48 (192): 426 - 427.

［262］Behrendt S, Wamser G. Tax-Response Heterogeneity and the Effects of Double Taxation Treaties on the Location Choices of Multinational Firms ［J］. Cesifo Working Paper, 2018.

［263］Branson J, Lovell C A K. A Growth Maximising Tax Structure for New Zealand ［J］. International Tax and Public Finance, 2001, 8 (2): 129 - 146.

［264］Browning E K. The Burden of Taxation ［J］. Journal of Political Economy, 1978, 86 (4): 649 - 671.

[265] Cavalieri M, Ferrante L. Does Fiscal Decentralization Improve Health Outcomes? Evidence from Infant Mortality in Italy [J]. Social Science & Medicine, 2016, 164: 74 - 88.

[266] David G D. The Sensitivity of Taxes and the Distribution and Stabilization of Income [J]. Southern Economic Journal, 1963 (1): 73 - 75.

[267] Di Sanzo Silvestro, Bella Mariano, Graziano Giovanni. Tax Structure and Economic Growth: A Panel Cointegrated VAR Analysis [J]. Italian Economic Journal, 2017, V3: 239 - 253.

[268] Engel E M R A, Galetovic A, Raddatz C E. Taxes and Income Distribution in Chile: Some Unpleasant Redistributive Arithmetic [J]. Journal of Development Economics, 1999, 59.

[269] Escaleras M, Chiang E P, Escaleras M, et al. Fiscal Decentralization and Institutional Quality on the Business Environment [J]. Economics Letters, 2017, 159.

[270] Feldstein M. Incidence of a Capital Income Tax in a Growing Economy with Variable Savings Rates [J]. The Review of Economic Studies, 1974, 41 (4): 505 - 513.

[271] Widmalm F. Tax Structure and Growth: Are Some Taxes Better Than Others? [J]. Public Choice, 2001, 107 (3 - 4).

[272] Garrrison Charles B. Lee Fengyao, Taxation, Aggregate Activity and Economic Growth: Further Cross-Country, Evidence on Some Supply-Side Hypotheses: Economic Inquiry, 1992.

[273] Hallerberg M, Scartascini C. Explaining Changes in Tax Burdens in Latin America: Do Politics Trump Economics? [J]. European Journal of Political Economy, 2016, 3 (11): 23 - 78.

[274] Hungerford T L. The Economic Effects of Capital Gains Taxation [J]. Congressional Research Service Reports, 2010.

[275] Ibadin Peter Okoeguale, Oladipupo Adesina Olugoke. Indirect Taxes

and Economic Growth in Nigeria ［J］. Ekonomska Misao i Praksa, 2015, V4: 345 – 364.

［276］ I. J. TóTH, Á. ÁBRAHAM. Income Structure and Distribution of the Tax Burden (A Study of the Personal Income Tax Returns of 1994) ［J］. Acta Oeconomica, 1996, 48 (3 – 4): 271 – 295.

［277］ James Alm, Fitzroy Lee, Sally Wallace. How Fair? Changes in Federal Income Taxation and the Distribution of Income, 1978 to 1998 ［J］. Journal of Policy Analysis and Management, 2005, 24 (1): 5 – 22.

［278］ Jung J, Tran C. Optimal Progressive Income Taxation in a Bewley-Grossman Framework ［J］. Working Papers, 2017.

［279］ Koch S F, Schoeman N J, Tonder J J. Economic Growth and the Structure of Taxes in South Africa: 1960 – 2002 ［J］. South African Journal of Economics, 2005, 73 (2): 190 – 210.

［280］ Marsden K. Links between Taxes and Economic Growth: Some Empirical Evidence ［P］. World Bank working Paper, 1983 (605).

［281］ Mascagni G, Mengistu A T. The Corporate Tax Burden in Ethiopia: Evidence from Anonymised Tax Returns ［J］. Working Papers, 2016.

［282］ Musgrave R A, Peacock A T. Classics in the Theory of Public Finance ［M］. Palgrave Macmillan UK, 1958.

［283］ O'Connor B. The Lee Y, Gordon, R H. Tax Structure and Economic Growth ［J］. Journal of Public Economics, 2005 (1).

［284］ Onal A Y, Temelli S. Income Distribution in the Context of Capital Accumulation-Tax Structure Relationship: The Turkish Case 1960 – 2009 ［J］. Amme Idare Si Dergisi, 2011 (9).

［285］ Oto-Peralías, Daniel, Romero-ávila, Diego. Tracing the Link between Government Size and Growth: The Role of Public Sector Quality ［J］. Kyklos, 2013, 66 (2): 229 – 255.

［286］ Poschmann F, Mintz J M. Tax Reform, Tax Reduction: The Missing Framework ［J］. C. d. howe Institute, 1999.

[287] Sarac Taha Bahadir. The Relationship between Tax Burden and Economic Growth: The Case of Turkey [J]. Maliye Dergisi, 2015 (169): 21 –35.

[288] Scully G W. Taxation and Economic Growth in New Zealand: Pacific Economic Review, 1996.

[289] Scully G W. The "growth tax" in the United States [J]. Public Choice, 1995, 85 (1/2): 71 –80.

[290] Sthi. Faulty Fiscal Illusion: Examining the Relationship between Tax Burden in Major US Cities [J]. Local Government Studies, 2018, 44 (3): 416 –435.

[291] Structure of Ireland's Tax System and Options for Growth Enhancing Reform [J]. Economic and Social Review, 2013 (4).

[292] Tosun M S, Abizadeh S. Economic Growth and Tax Components: an Analysis of Tax Changes in OECD [J]. Applied Economics, 2005, 37 (19): 2251 –2263.

[293] Vrablikova Vera. The Impact of Indirect Taxes on Economic Growth [J]. Politicka Ekonomie, 2016 (2): 145 –160.

[294] Yushkov, Andrey. Fiscal Decentralization and Regional Economic Growth: Theory, Empirics, and the Russian Experience [J]. Russian Journal of Economics, 2015, 1 (4): 404 –418.

[295] Zyzynski J. Tax Rate as A Consequence of Economic Structure [J]. Ekonomista, 2008 (3): 357 –379.